•

Liberalism

Constitution

Civic Virtue

•

公法与政治理论译丛

美国公民身份的基础：
自由主义、宪法与公民美德

[美] 理查德·C. 西诺波利（Richard C. Sinopoli） 著

张晓燕 译

The Foundations of American Citizenship:
Liberalism, the Constitution and Civic Virtue

复旦大学出版社

"公法与政治理论"译丛总序

现代社会不可回避但同时也是最为根本的议题在于,如何在一个存在权威的共同体中安放并实现个体基于其自治需求的权利诉求。政治与法律的存在就是人类为回应和解答这一无尽的事业所进行的艰难探索,这也是两者在经验层面产生千丝万缕的联系的根本原因所在。然而,当试图从学术的视角去解释、反思乃至重构政治与法律的关系时,我们总是呈现出某种担忧和纠结。苏格兰启蒙的科学精神点燃了学科划分的火种,同时伴随着学科范式的不断强化,法学与政治学、伦理学、历史学的对话渐行渐远。此外,由现实经验所引发的前见和警惕,即"政治是一种天生不洁和非善的行当,法律不能沦为政治的工具",使得我们刻意回避着法律与政治之间的联系,尤其是伴随着专注法律体系自洽性和法解释学的实证主义法学的崛起,在法学、政治学、历史学以及伦理学等多学科的对话中去讨论和构建国家科学的学术路径逐渐势弱。但是,不同于私法可以在实证法体系中得以自洽地发展和繁荣,与国家行动紧密相关的公法体系的研究如果缺乏政治理论和其他学科的视野,就无法获得通透的理解和发展。

美国公民身份的基础：自由主义、宪法与公民美德

尽管罗马时期就存在公私法的划分，然而，现代意义上的公法体系是伴随着启蒙运动之后的国家哲学的转型出现的。从霍布斯开始，国家秩序从一种"朕即国家"的主观秩序转变为一种统治者有义务去维护的客观秩序，尽管契约论的出现使得美德与政治之间日渐疏离，产生了很多现代政治所无法承受其重的弊病，但是却使得政治独立于宗教等传统上依附的领域，成为一个自治的领域。建立在这一现代国家观念之上，公法作为调整公共领域的法典体系得以形成。现代公法由两个层面的体系构成：一个是由获得合法授权的国家立法机构所制定的实在法体系，另外一个则是构成政府建基之首要原则的法体系。前者法律是作为政府的统治工具存在的（拉丁语为 *lex*，法语为 *la loi*，德语为 *das Gesetz*）；后者则是公法的基础所在（拉丁语为 *ius*，法语为 *le droit*，德语为 *das Recht*），彰显的是正义的秩序，既对政府构成根本性制约，同时也是其权威和合法性的根本来源。后一种"法"就是黑格尔在《法哲学原理》中试图理解和刻画的"有关国家作为一个自在的理性存在的科学"。这种决定国家理性的宪法原则，不仅仅与权利相关、与实在法相关，还与道德相关、与历史相关、与人类的伦理生活相关。正是在这个意义上，对于公法的理解和构建，离不开政治哲学深邃的目光，离不开伦理学的温情和史学的冷峻。

走出私人领域，迈向公共领域，进入特定的政治共同体，这是人类的宿命所在。这个共同体将塑造每一个成员的正义感，影响他们对于善恶的理解，从根本上决定了他们对于自由理解和践行的深度和广度，一切关切好的生活的探索都必然要回到以公法为核心的"国家科学"当中——什么样的制度能够确保国家对资源的汲取和再分配能力最大化地成就每一个人对于自由的渴望;什么样的政府建基之首要原则能够在对国家构成有效约束的同时,成为国家权力的权威性和合法性之来源。正是在这个意义上,从伯丁、孟德斯鸠、霍布斯、卢梭、汉密尔顿、伯克、托克维尔到20世纪的施密特以及现今的马丁·洛克林等一系列欧洲法学家和哲学家试图从"政治的善"这一视角,借助政治学、伦理学、历史学等的理论成果,解读和重构公法。这一系列思想著作成了在实证法学之外透视公法不可或缺的视野,尤其是在当下的中国语境之下,这种政治的视野对于公法的研习尤为关键,这也是我想要做一套"公法与政治理论"译丛的根本动机。

学艺不精和学术能力、资源的有限,以及性格的散漫,注定了这套译丛的出版必然是一个漫长和艰辛的过程。我想这是译丛的责任编辑孙程姣女士"逼迫"我在仅仅完成一本译著时就必须要完成丛书序的原因。始终愿意倾其全力支持我的她,一定是担心我在困境和懒惰面前,会逐渐放弃和忘记自己的"所爱"。感谢她的支持和敦促,这份温情让我清楚地察觉到,心中无论是对于译丛本身,还是对于中国公法的期待,始终都保有一份"虽不能至,心向往之"的执着与热情,是为序。

张晓燕

2019年2月12日

译者前言

2009年，我带着"如何更好地实现央地关系法治化"的疑问开始了我的留学之旅。"央地关系是一个典型的国家官僚体系内部的议题"的固有知识框架使得我前期将大量的时间投入到对美国各州地方政府的组织形式以及各级政府人、财、事权的分配等组织法问题的研究上。但是，伴随着对美国文化和政府运行逻辑的逐渐了解和把握，我开始认识到，仅试图从官僚体系的权力结构内部视角去理解美国联邦和地方政府，并不足以诠释其地方政府运行、府际关系的政治理性和法治全景。美国政府运行的法治实践一方面展示了从阿历克西·德·托克维尔（Alexis de Tocqueville）到埃莉诺·奥斯特罗姆（Elinor Ostrom）所总结的公共行政的一般性运行智慧——公共行政的多中心供给模式。中央层级的政府无力了解一个大国运行中每一个社会角落的所有生活细节，单纯依赖中央政府的治理很有可能是徒劳无益的，公共行政当中应该引入行政分权的治理机制——将公共行政事务交由那些最靠近供给需求、最了解地方性知识的组织去完成，鼓励不同层次政府（乃至社会的力量）重叠性供给和管辖，通过竞争提高公共产品的供给质量。除此之外，尽管"政府官僚体系内部的组织分权"诠释了美国地方自治逻辑非常重要的一方面,但这并不是其全貌,美国地方自治的制度框架建立在对公民直接参与公共事务的管理和监督的自治权利的肯定这一基础上,蕴含了一种对积极公民身份的肯定。地方政府的有效运行、府际关系的良性运转除倚赖于理性分权、平衡制约的制度建设外,还需要公共理性和公民德性的有效支撑。

事实上,如果无力理解美国建立在其宗教传统和建国哲学基础上的对人民自我管理能力的肯定,如果不去关照其实践中的公民身份,很难对美国整体政治和法治逻辑有准确和深入的把握。尽管罗伯特·帕特南(Robert Putnam)带着浓重的"共和主义式的遗憾"在感叹美国社会网络的衰亡、公民参与热情的消退,但是,汉娜·阿伦特(Hannah Arendt)口中美国人民对"公共自由的珍爱"和"作为公共事务参与者的幸福感"依旧在其政治和公共治理的规范体系为公民预留的广泛参与空间中,在其公共实践所袒露的公民热情和理性中不断被发现、被彰显。没有对美国公民身份、公民文化的把握,是无法透彻理解美国公法背后的法治逻辑和政治理性的。不仅对于美国的研究如此,事实上,对于一切专注于公共领域"何谓好的生活"的探索而言,我们不仅仅要关心"如何组织我们的共同体",我们更需要看到共同体中每一个生动的个体,关心"苏格拉底式的对个人应当怎样生存的探究",尽管自霍布斯开始,政治似乎就成为一个与美德无关的议题。正如理查德·西诺波利(Richard Sinopoli)在本书中所言,"作为一个自由的政体要存续下去,仅有来自内部和外部的制约是不够的,必须要以具备德性的公民群体的存在为条件",这正是我引介这一关注公民身份的专著最直接的缘由和动机。

本书集中研习和讨论的问题是:在 1787 年美国宪法制定和批准讨论的过程中,作为美国宪法的创制者——联邦党人和反联邦党人是如何理解公民身份的,即他们理想中的公民对于国家应该有怎样的期待,以及应该如何行动的问题。在此之前的宪法研究广泛认为,公民身份、公民气质对于宪法创制者而言是一个完全不需要讨论的问题,对于《联邦党人文集》的作者尤为如此——普布利乌斯所有的论述都建立在人是自私的(selfish)以及政治疏离的(politics factious)和不合作的假设前提上。西诺波利开篇就否定了这种对于宪法创制者、对于美国宪法思想过于简单的标签化解读。他认为,之所以在相关文献中对公民德性作出消极的假设,这是因为宪法创制者们所面临的任务是政治性的,而基于对人类本性最不乐观的假设去设计政府计划是更为可行的现实选择。但同时他们也非常清楚,如果人类行动的动机仅仅来自对他人的压榨和觊觎,仅仅沉迷于私人领域的魅力和快乐,那么任何政府形式事实上都是不稳定的。无论联邦党人还是反联邦党人的政治考量中事实上从来都不缺乏对公民美德的关照,而且各自表达过关于美德极具代表性的不同构想。

通常我们在讨论个体或者是共同体的政治信仰和价值偏好时,带着有效推进讨论的理想期待,为了确保讨论的规范性,我们常常会自觉地将研究对象归入特定范式的规范体系和思潮脉络中,比如,自由主义或者共和主义。我们相信,

美国公民身份的基础：自由主义、宪法与公民美德

如果一个人信仰共和主义或者自由主义,他/她就会从他/她所认定的自由主义或者共和主义的基本原则中发展出一套具有可识别性的行动模式。但是,任何概念和规范体系的所指都是有限的,这种"先入为主"的讨论方式常常无益于问题的澄清和讨论的深入,相反,却容易陷入西诺波利在书中所描述的"自我设定的言辞陷阱"之中,过早地进入范式讨论或者过度地依赖范式讨论,"除了平添困惑,并不会在试图澄清的问题上取得任何的进展"。鉴于此,西诺波利注意到了二战之后开始兴起的对美国建国思想所采取的共和修正主义的解读,他非常警惕这种转向,带着"当对美国建国时期所采取的常规意义上的洛克主义的解读受到挑战之后,为什么就直接转向了对建国时期的共和主义解读"的疑问,直接开始具体追溯"宪法创制者在建国之首要原则以及公民身份问题上作出了什么样的政治承诺"的思想史脉络。西诺波利并不急于去判断宪法创制者们所展开的政治讨论的价值渊源是自由主义还是共和主义的问题,也没有囿于既有的共和主义和自由主义的分类和规范框架,他真正关心的是这些标签背后对于人性、美德以及这些美德如何可能的具体讨论。

与从共和主义视角对建国进行解读的约翰·波考克(John Pocock)、戈登·伍德(Gordon Wood)等思想家不同,西诺波利首先认为,联邦党人和反联邦党人所秉持的建国的首要原则并不存在根本性的政体性质认知的冲突。两者在讨论政治权力的必要性和如何对其进行制约时,明确地使用了契约论的论据,美国宪法时期"洛克式自由主义立国"的主张是不可撼动的;在此基础上,西诺波利围绕"公共协商"和

"公民的忠诚感来源"这两个公民身份的核心议题,梳理了联邦党人和反联邦人的对公民身份认知观念的演变。在这个过程中,西诺波利将自由主义和共和主义围绕公民身份认知的分歧逐渐地理清和深化,从而使得宪法创制者对于"理想公民"和"理想的国家与公民关系"的构想逐渐得以呈现。这一过程不仅有助于客观地认知宪法创制者的政治思想,从而更好地理解美国的建国历程乃至今天的宪法实践。更为重要的是,这一立场没有先行的学术探索,使得过去那些被过于简单地划归于特定共和主义或者自由主义范式,从而被阻却的思考或者无法获得深入讨论的分歧,在这里得到了更为深入的剖析和回应。

西诺波利最为鲜明和响亮的主张在于:"我并不赞同我在修正主义著作中所看到的一种趋势,即认为自由主义与公民美德的讨论与践行之间是相互冲突、无法相容的,一旦美德出现,自由主义就消失。"西诺波利在此基础上首先澄清和重申了对宪法创制者构成深刻影响的古典自由主义的如下核心主张。

(1) 关于共同善。古典自由主义赋予了"权利"高于"善"的优先权。社会是由形形色色的、存在多元差异的个体构成的,这些个体各自持有相异的目标、利益和对善的理解。因此,这样的社会只有受到那些兼容并包的对于"何谓善"没有任何前见式偏好、对个体生活方式极为宽容的原则治理时,才是最好的社会。这些治理规则的正当性并不取决于其在多大程度上最大化地实现了社会福利,或者是在多大程度上促进了共同善,而是取决于对于"权利"观念的肯认,这里的"权利"观念是一个道德范畴,先于"善"的概念存在,并独立于"善"的概念。自由主义关于"善"的定义更多地是一种程序性结论而不是实体性结论,即国家行为的正当性并不是源于价值优先理论,即认为有"更好"(better)的价值选择从而需要对另一选择予以压制,而是源于一种集体认同的(对于每一个个体)平等尊重要求的实现。在有关权力正当性论证的理性对话过程中,只有这个平等尊重的要求得以体现、得以实现,那么通过这个理性对话过程所确立的国家行动才具有正当性。

(2)关于权利。对于自由主义而言,一切基本权利是外源性的(exogenous)存在,即早于政治体而存在。而对于共和主义而言,没有前政治性(prepolitical)的权利存在,所有的权利都是在共同体形成以后,通过政治商谈产生的。对于共和主义而言,政治商谈所产生的共识优先于个体的利益主张,个人权利不能对推进公共利益实现的行动构成限制,相反,这些权利本身是由当下关于"善"的主导性观念决定的,并与之相一致的。

(3)关于共同体。自由主义在如何看待共同体的问题上强调社会关系与政治关系的区别。自由主义认同人的社会存在性,但是它强调,社会联系在非强制的情况下会获得繁荣发展,即社会联系不是通过国家权力来建立的,其不属于国家权力的范畴。处理共同体和个体关系问题的核心并不是个人价值和自主是否能够融入和被纳入社会交往的问题,而是这些社会关系的建立是不是必须要通过政治构建,以及作为政治关系呈现。

在传统范式中,"公共商议"(public deliberation)和"公民美德"(civic virtue)被视为共和主义的核心议题,而且自由主义不仅与美德不可兼容,似乎也从来不关心公共商议。西诺波利在自由主义与公共商议的关系上,与布鲁斯·阿克曼(Bruce Ackerman)的观点相一致,即,"为权力行使提供正当性理由"在政治中的中心地位使得政治对话成为自由主义政治的基本要素。他所定义的"自由主义"就是关于政治权力的对话,即追问什么样的权力行使行为对于一个自由、平等和理性的人而言是正当的。自由主义并不是不在意公共商谈,而是区分商谈中的绝对议题和相对议题——自由主义的政治确实不要求对根深蒂固的个人偏好和关切个体良心自觉的选择说明理由,如宗教信仰。但是,与此不同,对于那些更普通的偏好问题、公共选择问题,自由主义就要求其在一个讨论充分的政治辩论中论证其正当性。比如,到底是要在一个人的家乡建泳池还是艺术博物馆,或者是否需要通过提高税率来提升公共医疗的质量?

西诺波利对于宪法创制者有关"公民美德"的讨论的思想史爬梳同时关注了联邦党人和反联邦党人的政治主张,这在一定程度上弥补了建国思想史研究中对于反联邦人的忽视。更为重要的是,本研究不仅矫正了一贯"自由主义与美德不相兼容"的偏见,同时还极为敏锐地触碰到了宪法创制者的公民认知背后的思想渊源——苏格兰启蒙思想家的思想启发和点亮了美国建国思想中看待公民与国家关系的基本方式。这是他研究宪法创制者公民观的独特视角。因为受到苏格兰启蒙思想的影响,宪法创制者们围绕公民美德的讨论较少涉及亚里士多德式的有关善的本质(the nature of the good)或者正义的国家(just state)这些深层次的形而上的哲学分歧,而更多地是经验式的探讨。宪法创制者显然不太关心这些形而上的问题,而更多地是基于经验的前提去讨论一个大型的联邦共和国如何培育公民的情感和忠诚能力的问题。这种富有经验性的思考,借助于宪法解释的原旨主义等理论与实践的桥梁,对美国建国时期乃至其今天的政治和法治实践产生了现实和持续的影响。这就使得本书不仅仅被视为在政治思想史研究方面颇有建树的著作,同时也产生了广泛的伦理学、政治学和法学影响力。

以对共同体的认同为例,宪法创制者们显然在公民身份问题上是受到了 18 世纪有关道德感理论(moral-sense thinking)的影响,道德感理论由弗朗西斯·哈奇森(Francis Hutcheson)创设,并经由亚当·斯密(Adam Smith)和大卫·休谟(David Hume)获得了进一步发展。哈奇森的道德感理论认为,道德感来自人的仁爱,同时强调(自然)道德感本身受空间影响。这一观点对反联邦党人产生了广泛的影响,这是他们偏好小的政治共同体的很重要的原因。反联邦党人认为,小的共同体不仅能够解决代表的充分性问题,同时因为距离上的优势所带来的监督的可欲性能够确保代表勤勉尽责,而且更为重要的是,"政体规模是决定公民忠诚感的重要因素"这一道德感的生发机理决定了人民很难生发出对大型共和国的情感,因此,忠诚感和认同感更多地是在小型共和国中产生。

联邦党人则与反联邦党人不同,在这个问题上更多地受到了休谟的影响。休谟对道德感的讨论并不关注人性的善恶问题。休谟认为,我们所拥有的自然天性本身既可以为恶的目的所用也可以为善的目的所用,自然天性本身是可引导、可教育的,因此,关于人性的善恶问题的讨论无助于我们解答美德问题,如何引导人性才是问题的关键所在。休谟理论的一个核心启示在于其看到了理性的有限性。他认为,忠诚的美德只有在不再基于(理性)反思而(自然而然地)存在时,才真正对公民产生影响。这也激发了他对理性之外的人类行动动机的关注,在这其中非常强调"习惯"对公民忠诚和认同的重要意义。休谟主张,习惯和想象是决定人们对现存政府态度的决定力量——想象的首要原则即是"长期的拥占"(long possession),这种想象的力量使得我们保有"它们始终存在"的信仰成为可能,这是断裂的感知所无法提供的。休谟认为:"所有的理性推理都与习惯所引发的事实相关,习惯就是不断重复的知觉所产生的效应。"①鉴于此,休谟认为,政权需要从个体的正当感(opinion of right)和利益感(opinion of interest)中获得认同:正当感从政权的持续性中产生,而利益感则从政府的功能中产生。在这里,我们不仅看到了白芝浩(Walter Bagehot)对英国宪法荣誉功能和规范功能划分的思想渊源所在,同时也触碰到了英国保守主义思想最为核心的理论根基。受到休谟的影响,普布利乌斯驳斥了反联邦党人的"政体规模是决定公民的忠诚感的重要因素"这一

---

① David Hume, *A Treatise on Human Nature*, edited by L. A. Selby-Bigge; 2nd edn., edited by P. H. Nidditch(Oxford: Clarendon Press, 1978), p.194.转引自本书第147页注②。

主张，而将培育这种认同和忠诚感的主要政治要素归于有效且持续的政治运行和公共管理。

无论是哈奇森的道德感理论还是休谟对于"习惯"和"想象"在构建政治正当性中所具有的根本力量的强调，事实上都将我们对公民行动的动机的关注从理性扩展到了理性之外的意义世界。启蒙运动以来的社会契约理性传统，使得我们在理解国家与公民的关系时，更多地聚焦于市场、有限政府、正当程序这些理性的纽带。事实上，理性的伟大毋庸置疑，但理性也有其边界和局限性。如果在理性之外没有某种超越科学和利益的纽带连接国家与公民，强有力的国家认同和忠诚是很难被构建的。正如保罗·卡恩（Paul Kahn）极富洞见地指出过，通过科学和利益我们都不能发现美国政治想象的基本架构。事实上，权利和程序的理性视角并无法把握和理解政治依赖的全部条件，这样的视野对人民主权政治中信仰的特质不够关注，忽略了作为政治认同重要土壤的政治爱欲基础。对于公民而言，对主权的诉求除却理性与利益，事实上需要建立在认为特定社群具体表达了一套独特的意义体系的基础上，这个承载了人类除利益之外的价值追求的"意义体系"受益于理性之外的情感（爱）、精神、意义等其他因素，从而使得共同体具有了统摄其成员心灵的巨大能量。正是在这个意义上，在高扬理性的火炬出走多年之后，我们不仅仅在私人领域呼唤温情，我们也在习惯借助契约理性理解的公共领域开始回归爱、回归意义世界。

"如何在自由的政体中平衡作为市民社会的成员身份（bourgeois）和政治社会的成员身份（citoyen）"成为现代国家

产生以来所要应对的核心议题之一,甚至在一定程度上可以认为,共同体与个体的关系是现代社会最大的张力。如何去理解和应对这种张力,即是本书作者研究的初衷,也是译者引介的初衷。在浩瀚如海的有关共和主义和自由主义公民美德的讨论和著作中,本书的贡献在于不囿于传统范式的前见影响,落脚到具体的问题当中,将共和主义和自由主义作为建国之首要原则的对公民身份之理解的共识和分歧的讨论向前推进了一步。在本书的理论框架中,西诺波利显然成功地在自由主义和美德之间建立了联系,做到了在不舍弃自由主义精华的基础上,发展出了更为丰富的共同体概念和公民美德内涵,从而为深化"何谓好的生活"的理论和实践探索提供了更具包容性的理论洞见。在本书的分析中我们看到,美国的宪法创制者们在围绕宪法展开的探索中依循了政治思想的两条线索:洛克思想和苏格兰启蒙思想——涉及有关国家机构的基本建制和公民基本权利的正当性论证,无论是联邦党人还是反联邦党人,使用的都是具有极强洛克色彩的语言,即提到政治的根本原则、首要原则时,宪法创制者们都是洛克主义者,但是,正如洛克自己所认识到的,当用来解释人民是如何能够遵守这些原则行动时,洛克的理性主义基本就没有什么解释力可言了,这在很大程度上就是人的情感和感觉的问题,而不是理性的问题。理解了这一点,那么在如何能够按照首要原则行动这个问题上,苏格兰道德哲学为什么获得了宪法创制者们更多的运用,对我们而言就不足为奇了。因此,宪法创制者们,尤其是联邦党人,在宪法的创设过程中同时服膺于"洛克式"的理性和"休谟式"的经验,这种在哲学上的分工并没有任何的逻辑问题。

全球化和市场化所引发的多元主义语境之下,各国的民主和宪政框架均遭受不同程度的挑战,今天的政治广场要么因为"伟大让位于魅力"的公共热情的退却过于安静;要么因为怀疑"道德事实"和"公意"是否真的客观存在,从而转向诉诸利益而过于喧嚣。为此,我们的共和理想将何所持,将何所去?"商谈"这个建立在公民信息充分和一般性公益考量基础上的"考虑周到的互动和意见形成过程"(thoughtful interaction and opinion formation)似乎很难实现。当然,这一智识趋势对于民主实践可能的贡献依旧是一个需要在理论层面不断求索的议题,但是,在西诺波利对于宪法创制者的政治思想解读中这种立场不予先行,回归分歧和问题本质的研究和讨论径路对于我们思考人民主权的实现、思考商谈理论的可欲性本身,以及思考"我们应该如何对话"和"共识何以形成"是有所启发的。

更为重要的是,西诺波利在带领我们回到美国建国时期,回到苏格兰启蒙的同时,让我们超越了"理性"和"制度"的羁绊,回到了"人性""美德"这些更为生动和丰富的存在和议题,而这些议题在当下显得弥笃珍贵和迫切。2017年10月23日出版的那期《纽约客》(*The New Yorker*)以人类向满大街行走的机器人乞讨的图片作为封面,我想,在全球化时代、人工智能(AI)时代,人类依旧对未来持乐观的态度而不至于失掉方向感的唯一理由就在于,人类会做并且只有人可以做,而机器人不能做的事情,就是创造性、关爱感和归属感。在这样一个"伟大逐渐让位于魅力"的时代,在真实感知到科学精神、理性精神的异化给人文成长所带来的不得不去面对的镣铐和障碍时,无论对于私人领域还是公共领域,除了回归爱、回归意义世界、回归美德,我们还有其他选择吗?当然,这不是一种基于对亚里士多德时期的公民形象乡愁似的眷恋的简单回归,而是一种直面现代性困境基础上诉诸公共勇气、公共热情和理性力量的自觉和努力。2019年第十二届上海双年展上有一个名为"坏代码"(Bad Code)的专题,以该展览序言中的一段话来结束作为译者的我的絮叨似乎不失恰当:"假如代码是当前世界里最彻底的实用语言,那么坏代码就是蠢蠢欲动的诗。即便是自己创造的规则,人类也有可能下意识地违背。人在自我机器化的过程中,会发现自己永远有无法机器化的部分。这些应被认为是 ERROR 的存在,恰好是赛博格时代人之为人的地方。"

张晓燕

2019 年 2 月 26 日

目　录

第一章　引言：宪法创制者的自由主义与公民美德 / 001
　　关于自由主义和共和主义 / 011
　　宪法创制者的自由主义与公民美德 / 022

第二章　自由共同体和公民美德：一种分析的视角 / 029
　　自由主义的对话：证成政治权力合法性 / 034
　　共和主义对自由主义的批判 / 041
　　自由主义会损毁共同体吗？——共和主义主张之中的真理萌芽 / 053
　　自由主义的义务与公民美德 / 060

第三章　约翰·洛克：践行自然法义务和公民动机问题 / 070
　　践行责任：从自然法到人类行动 / 074
　　洛克论道德教育与公民教育 / 087

第四章　公民身份的心理影响：苏格兰启蒙的贡献 / 098
　　苏格兰思想在北美的传播：美国人了解苏格兰思想的路径和时点 / 103
　　哈奇森主义的起源：美德是否可以被限缩为一种感觉？道德是否可以被作为一种科学来对待？ / 116

休谟和斯密:习俗、想象和道德哲学 / 121
托马斯·里德:对休谟式道德的回应 / 131
建国者当中的苏格兰理性主义和经验主义 / 136
休谟和斯密:正义、忠诚和美德的哲学政治 / 138
一种休谟式的美德政治:与建国的初步联系 / 154

第五章 联邦主义者:自由主义的承诺 / 161
自由主义的正义和自利:合作所要面临的问题 / 165
自由主义的正义:权利和道德价值 / 182

第六章 普布利乌斯的自由主义和公民美德 / 193
公民身份的义务:从理论到实践 / 197
如何确保政府的稳定(一):限制公共参与 / 221
如何确保政府的稳定(二):确保公职人员勤勉尽责 / 226

第七章 反联邦党人和公民美德 / 245
自由、社会和权力中心:布鲁图斯、卡托和联邦农夫的主张 / 252
小型政体的优越性(一):忠诚与利益 / 259
小型政体的优越性(二):忠诚与仁爱 / 273
布鲁图斯、卡托、联邦农夫和弱共和主义 / 279
附言:一个农夫向往的共和主义 / 288

第八章 总结:建国时期的美国公民身份 / 298
新保守主义和新共和主义的公民身份 / 300
新共和主义的考量 / 311

附录 关于方法的说明 / 327

第一章
引言：宪法创制者的自由主义与公民美德

让·雅克·卢梭(Jean-Jacques Rousseau)在其发表的第一篇演讲稿中就感叹："我们的社会从不缺物理学家、几何学家、化学家、天文学家、诗人……但公民在我们当中已经消失。"[①]当他这么说的时候，他其实指出了人类政治生活中长期存在的，甚至是永恒的一个困境——个体如何能够将其私人的才华运用于公共生活中，并将个人目标与公共参与的机会进行融合，实现良好的互动？对此，卢梭的解决方案不禁让人想起了斯巴达，他期待通过一场教育和社会化运动让每一个政治共同体的成员认识到，共同体的善比每一个共同成员的个人利益来得更为重要，更应该获得优先考量。卢梭认为，如果你是一位诗人，你就应该用你的诗歌来歌颂祖国的培育之恩；如果你是一名化学家，你就应该将服务共同体作为终生的志业。因为，在某种意义上，每一个个体都应该具有服务于公益的公共属性。无论你怀揣怎样的特殊才华，公民身份总归是你众多角色中的第一要义，你不仅仅应该恪尽职守地做好本职工

[①] 参见 Jean-Jacques Rousseau, "Discourse on the Sciences and Arts (First Discourse)," in Roger D. Masters, cd., *The First and Second Discourses*, trans. Roger D. Masters and Judith R. Masters(New York: St. Martin's Press, 1964), p.59。

作服务国家,更应该在此之外,在国家治理中发挥积极的作用。

然而,卢梭这种试图去调和私人生活与公共生活的不同需求之间张力的努力,无论是在建国时期还是当下,都不被绝大多数美国人认同和接受。本研究中所涉及的无论是1787年宪法的创制者,还是在宪法批准讨论过程中的反对者,都是卢梭所批判的自由个人主义(liberal individualism)的信徒①。作为他们中的一员,杰弗逊(Jefferson)极具代表性和总结性地从自由主义的视角对卢梭的共和思想进行了回应。杰弗逊指出,如果认为一个独立的个体应该享有比邻人更少的权利,或者认为个体权利弱于集体权利,这是极其荒谬的②。

杰弗逊并未试图否定或者诋毁在一个自由的联邦中,每个共同体成员对他人所应尽的责任和义务。他所反对的是,共同体理所当然地享有某种伦理上的优先性,从而能够以公共利益或者他人利益之名对个体行动进行支配,无论这种支配是涉及宗教信仰还是涉及职业选择。杰弗逊认为,国家对个体的任何诉求都应该受到个人权利的制约。

尽管如此,宪法创制者们依旧意识到,"如果个体完全能够搭便车,而无需承担公共义务成本,那为何还要选择做一个有美德的公民"?并对此进行了深入的思考。本研究聚焦于研习1787年美国宪法制定和批准讨论过程中对公民身份认知观念的演变。当时,围绕宪法批准展开的讨论和辩论是广泛的,这种讨论不仅仅限

---

① 出于术语使用上的便利,我一般将参与到宪法制定和批准的讨论和辩论中的人统称为"宪法创制者"(constitutional founder)。显然,建国(the founding)历程涵盖了一个远远超越本书所涉及的时空范围和思想疆域,本书所讨论到的作者并不足以反馈出整个历程的变迁。

② 转引自Don Herzog, "Some Questions for Republicans", *Political Theory* 14 (August 1986), p.483。

第一章 引言：宪法创制者的自由主义与公民美德

于承担批准宪法职责、决定宪法命运的州议会范围内。除此之外，全国的报纸、各种宣传手册都围绕相关议题进行了热烈的讨论。其中比较有代表性的就是《联邦党人文集》。1787年9月费城召开的制宪会议休会后不久，亚历山大·汉密尔顿(Alexander Hamilton)、詹姆斯·麦迪逊(James Madison)和约翰·杰伊(John Jay)三人为争取新宪法的批准在纽约报刊上就共同以"普布利乌斯"(Publius)为笔名发表了一系列论文，并最终集结成册，以《联邦党人文集》命名出版。该文集成为当时发行量最大的读物。除此之外，新宪法的反对者也展开了与宪法支持者势均力敌的讨论。这些讨论所形成的反联邦党人的文集作品质量之高，所涉议题之详尽，关注范围之广泛足以令任何研习宪法反对者政治思想的学生应接不暇。

无论是对反联邦党人的核心立场和思想进行阐述，还是将联邦党人与反联邦党人作一个全面客观的对比都非易事，但是，对两者论争的审视能够清晰地展示美国人在核心政治价值和公民身份概念认知上的多元性。同时也能够帮助我们认识两种对宪法创制者思想内涵的权威解释——自由主义和共和主义的分歧所在，在此基础上理解这两种解释对美国宪法产生了什么样的实质性影响。

显而易见，无论是联邦党人还是反联邦党人在围绕宪法展开的论辩中都认为，卢梭式的公民观是不可欲也不可行的。与此同时，无论是联邦党人还是反联邦党人似乎都没有明确讨论和表态，他们理想中的公民应该如何看待自己的国家，对自己的国家应该怀有怎样的期待，以及作为好公民应该如何行动。事实上，截至目前的研究广泛认为，公民气质对于宪法创制者而言，是一个完全不需要讨论的问题，至少对于《联邦党人文集》的作者尤为如此。普布利乌斯所有的论述都建立在人是自私的(selfish)和政治派系斗争的(politics factious)假设前提上——至少我们一直是被从这个

美国公民身份的基础：自由主义、宪法与公民美德

角度引导如何理解普布利乌斯的,要实现和保障政权的稳定性,只能倚赖在政府内部构建"用野心来对抗野心"的分权机制以及社会中不同政治派别之间的相互制衡①。宪法创制者这样的治理观念被认为是对洛克自由主义政治哲学的吸收和继承。洛克的自由主义政治哲学将个体的自利(selfish interest)放置在优先于共同善(common good)的位置。

事实上,我们已经无法将美国宪法的创制者,即使是《联邦党人文集》的作者们也不例外,理所当然地视为洛克式的自由主义者。美国宪法解释的研究中已经出现了一个流派,他们将宪法创制者对于公民的关注在其政治理解中提高到了一个举足轻重的位置,这就是共和修正主义学派(Republican-revisionist)。共和修正主义学派对于建国历程的解读,将关注点聚焦于宪法创制者对于古典共和主义政治思想的借鉴上。古典共和主义非常强调公民秉持共同善观念参与到政治事务讨论中以培育公民美德的重要性。始于亚里士多德的古典共和主义传统认为,个体真正的、彻底的自我实现源于作为共同体成员对于政治共同体政治生活的积极参与;作为自由人的存在应该是同时作为统治者与被统治者的存在②。

---

① 相关表达参见 Gordon Wood, *The Creation of the American Republic*, 1776-1787(Chapel Hill: University of North Carolina Press, 1969), p.428。罗伯特·达尔的《论民主》[*A Preface to Democratic Theory* (University of Chicago Press, 1956)]是一部不强调公民德性,强调政府与社会的制度性分权制衡对于保持政治稳定性的经典著作。

② 修正主义讨论共和主义对于早期美国的影响的主要著作包括:Bernard Bailyn, *The Ideological Origins of the American Revolution* (Cambridge, Mass.: Harvard University Press, Belknap Press, 1967); Bernard Bailyn, *The Origins of American Politics* (New York: Vintage Books, 1968); Lance Banning, "Jeffersonian Ideology Revisited: Liberal and Classical Ideas in the New American Republic", *William and Mary Quarterly*, 3d ser., 43(January 1986), pp.3-19; Drew McCoy, *The Elusive Republic: Political Economy in Jeffersonian America* (Chapel Hill: University of North Carolina Press, 1980); J. G. A. Pocock, "Between Gog and Magog: The Republican Thesis and the Ideologica Americana", *Journal of the* (转下页)

第一章　引言：宪法创制者的自由主义与公民美德

我必须承认共和修正主义者们所持的观点在某些方面是正确的,特别是对于宪法创制者思想的解读更具公共性,更关注承担公共义务的公民品格。这样的解读,相较古典自由主义的拥占性个人主义(possessive individualist)的解读或者是多元主义的解读,让我们对于公民的公德心有了更多的期待。事实上,一旦意识到了这点,我们就会对宪法批准辩论过程中围绕公民德性的讨论,无论是其广度还是深度,都印象深刻。因此,尽管这样的宪法解释视角在很多主要问题上被认为具有一种误导性,但是在研究宪法创制者的思想时,我依旧非常认真地对待共和修正主义。尽管如此,我并不赞同我在修正主义著作中所看到的一种趋势,即认为自由主义与公民美德的讨论与践行之间是相互冲突、无法相容的——一旦论及后者,前者必然消失。事实上,更具建设意义的做法应该是,重新理解自由主义政治信仰的全貌,而不仅仅因为宪法创制者

(接上页) *History of Ideas* 48(April-June, 1987), pp.325-346; Pocock, *The Machiavellian Moment*(Princeton, N.J.: Princeton University Press, 1975); Pocock, "*The Machiavellian Moment* Revisited: A Study in History and Ideology", *Journal of Modern History* 53(March 1981), pp.49-72; Gerald Stourzh, *Alexander Hamilton and the Idea of Republican Government*(Stanford, Calif.: Stanford University Press, 1970); and Wood, *The Creation of the American Republic*, *1776-1787*。
对于共和主义这个主题更多的评论和批判参见以下文献: Joyce Appleby, "Republicanism in Old and New Contexts", *William and Mary Quarterly*, 3d ser., 43(January 1986), pp.20-34; James T. Kloppenburg, "Christianity, Republicanism, and Ethics in Early American Political Discourse", *Journal of American History* 74(June 1987), pp.9-33; Isaac Kramnick, "Republican Revisionism Revisited", *American Historical Review* 87(June 1982), pp.629-664; Isaac Kramnick, *Republicanism and Bourgeois Radicalism: Political Ideology in Late Eighteenth-Century England and America* (Ithaca, N.Y.: Cornell University Press, 1990); Robert E. Shalhope, "Toward a Republican Synthesis: The Emergence of an Understanding of Republicanism in American Historiography", *William and Mary Quarterly*, 3d ser., 29(January 1972), pp.49-80; Jean Yarborough, "Representation and Republicanism: Two Views", *Publius* 9(Spring 1979), pp.77-98; Jean Yarborough, "Republicanism Reconsidered: Some Thoughts on the Foundation and Preservation of the American Republic", *Review of Politics* 41(January 1979), pp.61-95。

美国公民身份的基础：自由主义、宪法与公民美德

的言行无法为 20 世纪贫乏且已经过时的自由主义定义所包容，就割裂自由主义与宪法创制者之间的联系①。

围绕宪法批准所展开的讨论和论辩中，拟建立的政府是否有能力通过非强制的手段建立起公民广泛的认同和忠诚，是一个被反复提及和讨论的议题。在相关的研究中，路易斯·哈茨（Louis Hartz）的研究是较接近当时有关核心政治思想的历史事实的。哈茨提到，当时围绕宪法制定和批准所展开的论辩，都是建立在对自由主义基本价值的广泛认同的基本框架内②。但是，哈茨几乎没有在其著作中阐述何谓自由主义者，我更趋向于认为，哈茨在其著作中刻意回避了这个问题，通过各种修正有意识地构建了这种有关自由主义的共识。但是与此同时，哈茨低估了自由主义之外的其他思想对于早期美国政治思想的影响，如宗教、共和主义。

在我看来，某种政治共识的达成不需要也并不意味着对于其核心政治价值的完全认同。因此，我并不打算从美国的建国历程

---

① 对自由主义作为捍卫资产阶级财产权的理论基的批判观点，参见 C. B. Macpherson, *The Political Theory of Possessive Individualism* (New York: Oxford University Press, 1962)。当代学者，如约翰·罗尔斯（John Rawls）、罗纳尔多·德沃金（Ronald Dworkin）、罗伯特·诺齐克（Robert Nozick），无论是在捍卫还是复兴自由主义政治思想时，在其著作中使用自由主义时，基本上采用了与当代建国问题研究所普遍使用的观点相差无几的自由主义理论。尽管将当代作者作为理解自由主义的路标本身存在一个时代背景的悖论，但他们如从洛克到康德的自由主义传统的关键性人物一般，极大地丰富了自由主义社会契约论的道德根基。他们引发了对古典自由的再思考，不仅仅局限于当下对于自由主义的狭隘定义。尽管国父们是拥占性个人主义者的观念广受质疑，麦克弗森（Macpherson）的核心自由主义原则的正确性却并未受到广泛挑战。事实上，正如波考克所指出的，不仅仅是共和修正主义者，即使是很多坚决捍卫宪法创制者是自由主义者的人也对当下对自由主义狭隘的定义和原则确立提出了批判。这些批评指出，恰恰是在这个狭隘意义上的自由主义政治承诺导致了当下美国生活核心中的物质主义和利己主义。参见 J. G. A. Pocock, "Between Gog and Magog", pp.338-339。

② 相关的论述参见 Louis Hartz, *The Liberal Tradition in America: An Interpretation of American Political Thought Since the Revolution* (New York: Harcourt, Brace and World, 1955)。

第一章 引言：宪法创制者的自由主义与公民美德

中生硬地还原出共和主义，也不打算夸大建国时期在思想上所形成的共识，毕竟，从思想的争鸣角度，建国时期确实是美国政治历史上最为璀璨的一页。联邦党人和反联邦党人围绕"一个正义国家中适格的公民角色"这一问题存在着严重分歧。这一分歧的很大部分聚焦于经验式的争论，比如政府规模与个人忠诚度的关系。当然，也有一部分的分歧是更偏理论层面的。反联邦党人确实在论辩中有倡导共和主义的价值，尽管在深度和广度上都并没有达到共和修正主义者所宣称一般的强共和主义主张的程度。在反联邦党人的作品中频繁地表达了一种被称为"共和主义式的遗憾"（republican regret）的观点，反联邦党人认为，经济的扩张有损社会平等的基石，从而导致治理中广泛的公民参与的衰落，这是一种遗憾。但是，在抱有这种遗憾的同时，他们同样也强烈地感知到，经济扩张所带来的改变是不可逆的，如果要采取措施去阻止这些改变，不仅无法解决相关问题，而且必然会削弱"天赋"的生命权、自由权和财产权。换句话说，共和主义所追求的共同善需要受到基本权利的约束。事实上，尽管存在着各方面巨大的分歧，联邦党人和反联邦党人这些历史上观念相左的各方几乎在"什么样的国家可以被视为是正义的"的标准上并不存在太大的争议。从这个角度，自由主义确实成为当时社会一定程度的共识。总而言之，尽管我们不能低估了哈茨所作出的学术贡献，但是也不能轻视他的批评者们（共和修正主义者）的价值所在。我将尽可能客观地对待和处理那些共和修正主义的文献中所呈现出来的、建国者之间在广泛共识基础上可能存在的差异。

现在的问题就在于，对于那些联邦党人和反联邦党人的重要代表人物而言，他们是如何思考公民身份和公民美德问题的。无论是联邦党人还是反联邦党人都认同，作为一个自由的政体

美国公民身份的基础：自由主义、宪法与公民美德

要存续下去，无异于其他的政体，必须要以具备德性的公民群体的存在为条件。事实上，他们都认识到，尽管对于政权的稳定而言，无论是来自机构内部还是社会外部的分权与制约是其必要的保障，但是仅有来自内部和外部的制约是不够的。一个稳定的政权需要其社会成员实质性地承担起公民责任，甚至愿意付出那些似乎能够通过搭便车避免的代价，包括为了捍卫共和国的安全牺牲生命。同时，无论是联邦党人还是反联邦党人，他们都注意到了，强调个人自由并承认个体贪婪动机的自由主义很难在现实中为公民责任的承担提供具有说服力和影响力的理性基础。有充足的理由让联邦党人和反联邦党人相信，公民都倾向于搭便车，而统治者都倾向于专制独裁。

不考虑两者的分歧，我认为，联邦党人和反联邦党人都极其关注公民忠诚感(a sentiment of allegiance)的培育问题，因为只有从这种忠诚感当中才能够生发出承担公民责任的自觉。围绕宪法所展开的相关论辩更多地是基于经验的假设前提去讨论一个大型的联邦共和国如何培育公民的情感和忠诚能力，而较少涉及什么是善的本质(the nature of the good)或者正义的国家(just state)这些深层次的哲学分歧。采用经验主义的进路来讨论公民身份问题很大程度上是受到18世纪有关道德感理论(moral-sense thinking)的影响，道德感理论由弗朗西斯·哈奇森(Francis Hutcheson)创设，并经过亚当·斯密(Adam Smith)和大卫·休谟(David Hume)获得发展和改进。相较之他们的反对者而言，联邦党人在公民忠诚感问题上，接受了更为纯粹的休谟式结论。这些宪法创制者们充分地注意到了那些促使人们忽略自身公民责任的狭隘的自利和仁义。他们同时也认识到，自由主义的政治秩序是会鼓励这种类似的动机的，正如麦迪逊在其著名的类比中所提到

第一章 引言：宪法创制者的自由主义与公民美德

的，"自由之于党争就如空气之于火"①。同时，他们对于仅仅依靠理性说服来抵消和引导这些更为自私的倾向的有效性深表怀疑。

即使对是否能够被说服从而成为好公民抱有疑问，但是公民们至少还有做好公民的意向，并常常会出于自我发展、利己主义的动机愿意这样做。围绕宪法批准展开的论辩在很大程度上是围绕什么样的制度性的、社会性的以及心理性的条件最有助于培育公民的忠诚感，有助于培育大公无私以及守法的意愿这些与公民美德有关的问题展开的。在这个过程中，无论是《联邦党人文集》的作者还是反联邦党人宣传册的主要执笔者都发展了大量与心灵纽带（psychological ties）相关的，虽然具有争议性但引人瞩目的思想。他们都认为存在一种心灵纽带，能够将政府与公民联系和团结起来，令公民自愿服从政府，统治者愿意自觉履行宪法和法定的义务。鉴于此，挖掘深植于宪法论辩中有关政治心理的假设和相关讨论的预设前提将成为本研究的核心任务之一。

在宪法支持者与宪法反对者之间的论辩中，始终处于风口浪尖的议题是如何认知人以及公民这些根本问题。考虑到作为原旨的制宪者意图在我们今天的法律与政治文化中依旧扮演重要的角色，这些问题事实上依旧萦绕在我们身边。对于很多对美国的公民身份状态表示担忧的美国人而言（他们常常质疑：我们是否充分地参与了选举？我们是否过度依赖诉讼？我们是否有国家共同

---

① 参见 Alexander Hamilton, James Madison and John Jay, *The Federalist Papers*, edited by Clinton Rossiter(New York: New American Library, 1961), p.78。麦迪逊认为，自由是党争得以发生的条件，就如空气是火得以存在的条件。这一比喻显示了麦迪逊笃信，只要自由受到尊重，党争就如影随形。我在本书中使用自由主义的政治秩序是会（could）鼓励这种自利的动机的，而不是采纳必然导致（enabling condition）自利，就是希望对"麦迪逊是否认为自由主义就是自私的哲学"这一问题保持一种开放性的讨论，即使他确实是这样认为为的，我们是否要必然地接受他的这个结论也是个问题。由于这些问题在本书的第二章会有详细的讨论，在此，我只建议，不要将《联邦党人文集》第十篇视为麦迪逊政治哲学宣言的全貌。

美国公民身份的基础：自由主义、宪法与公民美德

体的认知?），我对建国时期的解读可以说是忧喜参半。其中比较消极的一方面是，关于美国共和主义传统的说法，至少在宪法批准论辩时期，事实上是被夸大了。这对于社群主义者以及倡导参与式民主的当代政治批评家而言，并不是一个受其欢迎的利好消息，他们始终致力于在美国建国这一关键时刻能够找到美国共和主义的渊源和谱系所在，以证成他们的观点①。

无论是在对宪法比较有代表性的捍卫或者是批判的观点中，都很难找到公民共和主义的强有力的依据。即使是反联邦党人，尽管他们积极捍卫地方政府的权利，希望通过轮流执政、罢免以及缩短任期等政策加强民主参与，但是在追问他们的理论源头和首要政治原则时，他们事实上还是自由主义者。事实上，正如本书第七章所展现的，即使是他们在证成以上政策的必要性时，也更多地还是以自由主义为依据。对于反联邦党人而言，首要的也是最为迫切的问题是如何制约统治者权力和贪婪的欲望。尽管"（公民）参与有助于相关（公民）美德的培育"这样的论题确实有出现，但并不像共和修正主义所宣称的那样讨论深入和广泛。与普布利乌斯无异，对于大多数的反联邦党人而言，政府得以存立的根本价值在于能够更好地保护和实现个体那些被视为天赋的权利。政治权力得以行使的正当性无一例外地建立在社会契约论的基础上。此外，他们的契约主义当中所描述的前社会的状态、天赋人权的主张

---

① 不能将当代的社群主义与18世纪所理解的古典共和主义或者说共和主义混为一谈。尽管确实是很多主要的对当代自由主义进行批判的社群主义的批评家（communitarian critics），如迈克尔·桑德尔（Michael Sandel），马克·图施耐特（Mark Tushnet），本杰明·巴布尔（Benjamin Barber），罗伯特·贝拉（Robert Bellah），以及威尔逊·凯里·威廉姆斯（Wilson Carey McWilliams），他们的观点后文会有所涉及，始终要将共和主义追根溯源至建国时期，呼吁美国人回归那些在自由主义所取得的最终胜利中所失去的公民美德。桑德尔就如这个阵营中的其他人一样，旗帜鲜明地认为，美国共和主义的传统为当代美国社会复兴公共生活、重塑社群意识提供了可能性和光荣前景。（转引自 Kramnick, *Republicanism and Bourgeois Radicalism*, p.39。）

以及自然状态的概念,更多的是洛克的观点,而不是卢梭的观点。

而我的解读中比较积极的一面在于,自由主义并非如共和主义的批评者所描绘的那样抵触社群和积极公民身份。即使是《联邦党人文集》的作者们,尽管他们被视为是典型的自由主义者,认为政治不过就是自利者之间的斗争,他们依旧期待大多数的公民,甚至大多数的统治者,在多数情况下,都是有德性的。但是关于何谓美德,相较我们今天所认为的理想美德而言,他们概念中的美德显得更消极。我将试图向大家尽量还原、介绍那个时候的美德概念,而不是去捍卫什么既有概念。事实上,相较之麦迪逊、汉密尔顿的理解,更为丰富的共同体和公民美德观念事实上是与自由主义的政治价值相容的,甚至是其所需要的,我们不能拘泥于宪法创制者在如何最好地满足不同的政治需求上最终说了什么去理解两者的关系。事实上,麦迪逊和汉密尔顿(以普布利乌斯之名)已经给出了"如何在公共生活中保持个体与共同体,政府效率与公共参与,自由与平等的适当平衡"这一问题的答案。我相信,在不舍弃自由主义精华的基础上可以发展出更为丰富的共同体概念。如果我们想要这么做,并且避免卢梭式共和国反自由主义的宿命,我们必须更多地依靠自身,而不是依靠国父们去理解自由主义与共同体、与公民美德的关系。这一规范层面的探索以及它对当代政治的影响将在本书接下来的章节中进行讨论。

关于自由主义和共和主义

托马斯·霍布斯(Thomas Hobbes)认为,真理依赖于使用概念对给定的事物命名并恰当地使用概念,因此,真理的探索者需要清楚地牢记他所使用的每一个名称的准确指代,并恰当地使用它们,否则就会将自己困在这些概念中,就像困于沾有黏鸟胶树枝的鸟儿,越挣扎,被困得就越厉害①。事实上,几乎无人可以像霍布斯一般严格且成功地遵循这样的警示,更多的时候,就像霍布斯口中被困住的鸟儿,我们掉入了自我设定的言辞陷阱,努力想要摆脱陷阱,但是除了平添困惑,并没有在试图澄清的问题上取得任何进展。

我们从未如霍布斯所言做到将日常生活中的一切准确定义、清楚表达,尤其是在讨论我们的政治信仰与政治承诺时,更是无法满足准确性的要求,似乎作为公民的我们也没有理由必须这样做。用来讨论政治的语言是极其丰富和复杂的,作为公民,我们经常需要在一系列相互竞争的善和道德之中寻求平衡,我们的政治语言常常反映了这一任务的复杂性。一种对于哲学家或者是法律人而言恰当的表达方式,对于公民或者是立法者而言则未必,尤其是他们在公共空间进行意见交换和讨论时。

美国早期政治语言的丰富性在弗吉尼亚1787年费城制宪会议召开前的代表任命宣言节选中得以很好地体现:

> 危机时刻到来了,善良的美国人民将要严肃抉择,是用他们的智慧和大无畏的胸怀来接纳他们光荣获取的独立这一正义果实以及用鲜血浇筑的联邦?还是要用嫉妒、偏见以及局部、短视的利益来对待这些革命成果,从而将福祉拱手相让,让敌人最终胜利的铁蹄践踏那些凭借美德与勇气成就今天这番事业的英雄们的身躯?那些高尚而具有真知灼见的见解以及兄弟般真挚的情感在最初始的时候让共和国中的每一个公民与其他州的兄弟姐妹们联合起来建立一个联邦政府,但是

---

① 参见 Thomas Hobbes, *Leviathan*, edited by Michael Oakeshott(New York: Macmillan,1962), p.36.

第一章 引言：宪法创制者的自由主义与公民美德

在当下，他们作为同样重要的驱动力，却无法敦促各州求同存异，共谋发展……因此，建章立制对于确保政府建立之伟大目标的实现以及确保美国当下获得如战争中荣耀般的幸福而言，显得必要而紧迫。①

勇气、正义、荣耀以及友爱这些概念共同构成了这一文献的修辞力量，共同构成了对弗吉尼亚人民振聋发聩的号召，希望他们能够不受蝇头小利和之前一直困扰他们的嫉妒心理的困扰，去拥抱通过革命所获取的不易果实。但是，当这些概念各自独立使用时，事实上会唤起完全不同的政治想象。荣誉，如托克维尔和孟德斯鸠告诉我们的，更多地是一个贵族社会所擅长的美德，而不是民主社会的美德。对于智慧、宽容以及德性的呼唤其实更多地是一种对古典共和主义美德的呼唤，而对于兄弟情义的寻求更多地是基督教信仰的反映。

因此，尽管公民们善于摄取、借鉴广泛的政治传统和丰富的语言来表述和讨论他们的政治信仰，但是，我们学者的任务就是要按照他们的表达方式去剥开修辞的外壳，准确把握公民言辞的所指。卡尔·马克思指出了这一项任务的艰巨性所在，在他看来，人民在经历最为剧烈的革命之时，常常会拼凑建构起一个关于过去的镜像，并躲到这个想象出来的过去的斗篷中来诠释革命的意义。对于马克思而言，所有逝去数代的传统对于活着的这一代而言，都是梦魇。而有人却认为，马克思口中的梦魇恰恰是理想仙境。无论是梦魇还是仙境，事实上有一点是一致的，那就是处于这一特殊时期的人民，他们总是战战兢兢地请出那些逝去的亡灵，借用它们的名字、战斗口号和戏服，借助传统不受质疑的正当性以及那些借来

---

① 参见 Max Farrand, ed., *The Records of the Federal Convention of 1787*, rev. edn., 4 vols.(New Haven, Conn.: Yale University Press, 1966), Vol.3, p.560。

的语言来演绎和陈述他们对于世界历史的新诠释①。

确实,想要将个体真正的历史影响从其经过各种粉饰试图扮演的角色中甄别出来,并非易事。人们并不是总能做到知无不言、言无不尽,那些试图说服人们接受其主张的政治家尤为如此。我们总是试图时刻伪装自己,不仅仅是当我们穿着那些久受崇敬的历史戏服之时,也包括我们试图用共同善来为我们自私的利益进行辩护之时。因此,我们前面所提到的这项学术澄清工作只有在我们首先澄清了我们所适用的概念和词组本身的含义之后,才有可能进行。特别是当我们想要去判断给宪法创制者的思想赋予共和主义意识形态的印章是否正确时,我们首先要明确,作为一个共和主义者意味着什么,有什么样的突出特征。至于建国那一代人中有没有特殊的个体符合这些特征,是一个之后再讨论的问题。

真的很难想象宪法创制者总是一而再、再而三地被用模糊不清的言辞描绘为"作出共和主义承诺的一代"。一名追求参与式民主政治模式的作者是这样介绍宪法创制者的政治观点和承诺的:"宪法创制者认同一种共和主义的良好政府观念,认为公民应该是具有美德的,公共秩序应该依照基本法塑造的、有益于共同善的实现,政体是一个节制和稳定的共同体,人民在其中被统治者善待,同时当他们自身作为统治者出现时,也能够善待自身,成为好的统治者。"②

如果我们接受用这样的标准来定义或者说描述共和主义的话,我们会发现共和主义所指之宽泛,完全超出我们的把握能力。用一种最简单的方法就可以说明,这样定义共和主义显得过于宽泛了。

---

① 参见 Karl Marx, "The Eighteenth Brumaire of Louis Bonaparte", in Robert C. Tucker, ed., *The Marx-Engels Reader*, 2nd edn. (New York: W. W. Norton, 1978), p.595。
② 参见 Benjamin R. Barber, "The Compromised Republic: Public Purposelessness in America", in Robert H. Horwitz, ed., *The Moral Foundations of the American Republic*, (Charlottsville: University Press of Virginia, 1977), pp.20-21。

第一章　引言：宪法创制者的自由主义与公民美德

这个方法就是试着找出作者所定义的共和主义的消极对立面。这个时候就会发现，无论是作者本人还是其他任何人都有理由相信，很少有人会支持一个基本无助于共同善和个体幸福之发展的有瑕疵的政府，很少有人会允许对公共权力和私人权力的公然滥用。因此，这么宽泛地定义共和主义显然就没有太大的意义，对于作者这样做的动机，最好的解释就是试图让听众能够认同和接受自己，特别是他们试图向对方证明自身的某种积极主张时，尤其会在宽泛的意义上使用修辞。当然，这名作者也许会继续主张，后来的美国政治家们是认同和继承了宪法创制者这些好的思想和承诺的，现实之所以不尽如人意，只不过是因为他们并没有像创制者一般，将这些承诺付诸行动。但是，类似的主张具体所指为何及其本质何在，还是需要在更为广阔的政治理论背景之下细化对共和主义这些用词的定义，这里显然是没有进行这项工作的。

上文中所适用的概念和术语基本没有作语境上的区分。所列举的政体的善，其定义是如此之宽泛和根本，以至于这种"善"对于每一个有序的政体而言都是必不可少的，因此，根本无法将它们视为任何特定的政治意识形态的特定特征，当然也就不能将它们视为自由主义或者说共和主义专属的实质特征[1]。同样的问题也出

---

[1] 杰弗里·C.艾萨克（Jeffrey C. Isaac）也持同样的观点，尽管他采取了完全不同的阐释方法。艾萨克认为，自由主义在阐释其所理解的好的生活的时候，是吸纳了亚里士多德建立在个人独立基础上的共和主义价值观和爱国主义的（p.375）。这样的观点认为，自由主义的社会中也存在着他们的公共领域，并且依赖共和主义的美德实现其功能，从而提供合法性论证。美德本身并不能帮助在自由主义者与共和主义者之间的基本世界观中作出明确的区分。艾萨克对自由主义与共和主义二分法的处理是很有意思的，并且具有说服力。我一个有些吹毛求疵的反对意见在于，一些对于亚里士多德式共和主义的解读，我在下文称为"强共和主义"，事实上是无法与核心的自由主义价值相容的。尽管如此，他的核心观点——即使在自由主义的政体中，公民美德的话语与实践需求也并不弱于其他形式的政体，依旧被全面接受了。参见 Jeffrey C. Isacc, "Republicanism vs. Liberalism? A Reconsideration", *History of Political Thought* 9 (Summer 1988), pp.349-377。

美国公民身份的基础：自由主义、宪法与公民美德

现在当人们试图用"美德话语"(language of virtue)与"权利话语"(language of rights)来区分共和主义和自由主义时，这种表达路径常常认为共和主义强调的是"政治平等"(political equality)、"公共商议"(public deliberation)，或者说专注讨论"公民美德"(civic virtue)或者是"共同善"(common good)①。事实上，一般语境之下这些概念所指是如此宽泛，概念组合对于表达任何思想皆有可能，因此，根本无法利用它们表达任何特定的观念②。

如果说秉持特定的政治意识形态意味着什么，那就是意味着一个人在认知和观点上的一致性，比如对特定社会的分配正义持不同的观点，就会导致对不同政治或者是经济制度安排的支持或者是排斥③。因此，自由资本主义的信徒不可能倡导将社会的分配原则从"按劳分配"向"按需分配"转换。而致力于追求亚里士多德式的美德之人不可能将纯粹的市场原则视为分配正义最好的标

---

① 波考克第一次作了这样的区分，参见 Pocock, *The Machiavellian Moment* pp. 531-532。凯斯·R.桑斯坦(Cass R. Sunstein)认为，公共商谈/公共理性和政治平等是共和主义两个鲜明的特征。参见 Cass R. Sunstein, "Beyond the Republican Revival", *Yale Law Journal* 97(July 1988), especially pp.1548-1553。

② 这一区分方式是由罗纳尔多·德沃金提出的，参见 Ronald Dworkin, *Take Rights Seriously*(Cambridge, Mass.: Harvard University Press, 1978), p.134。

③ 我所使用的意识形态概念是从大卫·高契尔(David Gauthier)处获得的。一个人所秉持的意识形态可以从她的言辞和行动中推导出来，并可以为其言辞和行动提供最为合理的解释。当我们认为某人秉持特定的意识形态时，并不需要这个人事实上表达了该意识形态的基本前提，或者是对意识形态有清楚的认知，当然也不要求在任何时候她的现实表达都与其秉持的意识形态保持一致(如果不这样认定的话，就会有人怀疑我们是否能够准确地识别不同的意识形态)。但是，在构成特定意识形态的基本原则上还是应该始终统一的，这些原则彰显了特定意识形态所持的特定的理性概念，这种理性是排斥有关合作的原则和政治体系的。这一特定的理性概念即使不能明确指明任何现有机制的必要性，至少能够为可能的机制的适用设定限度。如果不是这样在基本原则上有内在的统一性，或者换句话说，如果一个意识形态体系是临时构建的，或者是由随机的政治判断任意构成，事实上都无法清楚回应如何在共同体内部从原则上解决这些有关权利与善的相互竞争的不同观点之间的矛盾，同时也无法说清楚，共同体成员之间是否能够以及如何就其诉求基础相互沟通、对话。参见 David Gauthier, "The Social Contract as Ideology", *Philosophy & Public Affairs* 6(Winter 1977), p.131。

第一章　引言：宪法创制者的自由主义与公民美德

准。"经济理性人"(economic man)恰恰是亚里士多德概念中"完整的人"(well-rounded person)的对立面所在,后者的发展和完善是城邦的主要任务。当然,这并不是说,一旦你宣称自己是一个自由主义者,或者是一个共和主义者,我就能推测出你所偏好的分配正义的具体方案。两种政治思想的所指如普罗透斯似的脸变化无穷,因此根本无法做到一一准确对应。但是,如果你宣称秉持特定的政治意识形态,那么你的选择在一定程度上还是要有所顾忌。共和修正主义受困于自身的表达,其所适用的语言缺乏清楚的所指,从而丧失了表达所应该具有的力量感,即无法确切地指出什么是其思想体系中所排斥的,更无法准确表达其思想的所指。

约翰·波考克(John Pocock)提供了一种避免不确定性问题困扰的有关共和主义,或者说公民人文主义的强烈主张。波考克认为:"公民人文主义致力于推行这样的一种思想,即个人的自我实现和发展只有在个体承担起公民角色之后才有可能。公民角色的承担意味着在一个自治的政治共同体中,如城邦或者是共和国,成为一个自觉与自主的公共参与者。"[①]从这个意义上,公民人文主义就是一种公民身份理论,这是在严格的亚里士多德意义上使用这一术语。按照波考克的理解,个人道德和理性的全面发展有赖于个体践行其公民身份。即只有积极参与共同体的政治生活,承担共同体的公民义务,个体才能成长成为有德性的、全面发展的个体。公民的自主性建立在财产的基础上,只有对物享有排他的所有权,才能够确保所有权人在政治参与中独立于他人的意志。腐败被视为自治最大的威胁,它会损害公民的道德品质,使得他无法充满美德或者是按照共同善的要求行动,唯有美德和共同善才

[①] 参见 J. G. A. Pocock, "Civic Humanism and Its Role in Anglo-American Thought", in *Politics, Language and Time* (New York: Atheneum, 1971), p.85。

能抵消特殊个人利益的不当影响①。因此,腐败成为这一传统关注的核心问题。鉴于此,波考克表达了一种公民性的、爱国性的理想图景,在这个图景中,"个人品德建立在财产权基础上,同时在公民身份中得以完善,但是始终受到腐败的威胁"②。

我称这样的共和观点为较强的共和主义观点,因为其展示了一个清晰一致的公民身份观念,并指出了其在一个综合的、大众熟知的政治理论中的准确定位。要甄别出这一意识形态并不存在太大的问题,但是如果要将其归于特定政治人物的政治信仰则有可能没有那么容易。波考克的定义阐释得很清楚,在其理论背景下,公共参与是一种必要的善,是每一个个体都应该追求的善,那些不追求这种善的个体在其品格上将存在根本的瑕疵③。对于自身的福祉有着透彻理解的个体,应该最大化地寻求自身潜在能力的发展和完善,而波考克认为,只有通过公共参与、公民参与,个体在道德和理性方面的能力才能得以根本的完善和发展。因此,一个人的道德身份是与其公民身份紧密相连的,无私利的公共参与、公共行动不仅是个体实现的表征,同时也是自我实现、自我满足的必要手段。如果一个人不愿意承担公共责任,或者说仅仅将公共参与视为有助于其实现自我私利的手段,不仅仅他的品格要受到质疑,同时,他是否真正理解"何谓健全的人"本身也是值得怀疑的。

包括波考克在内的,从共和主义的视角对建国进行解读的思想家们认为,在经历了漫长的转型过程——从亚里士多德时期到

---

① 参见 Pocock, "*The Machiavellian Moment Revisited*", pp.75-76。
② 参见 Pocock, *The Machiavellian Moment*, p.507。
③ 法律学者弗兰克·米歇尔曼(Frank Michelman)提供了类似的界定方法。"在最强的共和主义观点中",他写道,"公民身份——平等地参与到公共事务中,追求共同的善——应该是最基础的、最根本的、最本质的个人利益所在。"参见 Frank Michelman, "Law's Republic", *Yale Law Journal* 97(July 1988), p.1503。

第一章　引言：宪法创制者的自由主义与公民美德

包括1787年宪法批准论战在内的18世纪的美国政治争议历程，共和主义的思想得以幸存，始终不变。历史学家们发现，在宪法批准的论战过程中，大众宣传手册的撰写者们，他们自称为布鲁图(Brutus)、加图(Cato)、普布利乌斯(Publius)以及瑞帕布里克斯(Republicus)，用其特定的语言表达方式强调了这些典型的古典共和主义的议题，如公民美德和腐败、公共教育以及小型共和国的优点等。尽管修正主义者们普遍认同"反联邦党人对于宪法的批评则很大程度上是来自共和主义的政治话语传统"这一观点，但是对于"联邦党人在多大程度上打破了这一共和主义的范式"的问题上存在着争议和分歧。

戈登·S.伍德(Gordon S. Wood)在《美利坚共和国的缔造》(*The Creation of the American Republic*)一书中，将反联邦党人视为保守的共和主义者。尽管他对于共和主义的理解，较之波考克的理解而言，更不具确定性。他倾向于认为美国18世纪80年代的政治争论实现了一个根本性的突破，即从古典和中世纪的政治讨论向现代政治讨论的转型，尽管反联邦党人依旧秉持老旧的世界观。这种老旧的世界观将社会视为一个有机的、等级有序的整体，这一整体依靠一种独特的机制运行，每一种等级秩序带来了整个共同体的善。然而，与这种古典理论不同，美国语境下的共和主义融入了平等主义的因素，这与古典理论中对等级的强调是完全对立的。因此，伍德在美国共和主义与混合政体理论之间作了区分，尽管后者是亚里士多德或者波利比乌斯(Polybius)所阐释的古典共和主义的本质所在，而且混合政体理论在美国宪法的发展中也有一定的影响。伍德认为，对于美国的共和主义者而言，共和主义意味着个体作为公民都平等地享有行使公共自由的权利。伍德非常认同波考克所持的有关公共参与和良善生活关系的观

美国公民身份的基础:自由主义、宪法与公民美德

点,即基于共同善的公共参与是良善生活的核心所在,对于良善生活具有无限价值①。

事实上,我认为,大多数早期美国人所秉持的是一种弱形式的共和主义(a weak version of the republican thesis)的论点显得更为合理,即使对在这里提到的反联邦党人的宣传册的撰写者们而言,也不例外。相较强共和主义的论点,弱形式的共和主义论点较难描述,也更难理解如果秉持弱的共和主义的信仰,会有什么样的制度性和观念性的结果产生。尽管如此,弱共和主义的信徒们出于其特定的目的依旧认同公民参与的价值所在,不仅仅是将其视为保护权利、促进权益的手段。他们也同样期待能够扩大公民参与的人数范围,如果可能,也希望扩大国民规模,把那些之前被排除在参与范围之外的族群也容纳进来,而且认为参与的公共活动范围本身也应该有所扩展,不仅仅局限于类似投票选举这样最小程度的参与。

弱共和主义不同于自由主义、马克思主义和亚里士多德式共和主义。比如作为古典自由主义者,就必须反对比例平等(proportionate equality),否则就会受到意识形态内部不自洽的指责;与此不同,弱共和主义并没有如此棱角分明的主张,它与自由主义或者是马克思主义这类意识形态并不存在明确的冲突,因此后者没有理由强迫其信仰者放弃对弱共和主义的偏好。回到建国语境之下,我认为,宪法创制者们几乎一致认同自由主义的意识形

---

① 参见 Wood, *The Creation of the American Republic*, pp.viii, 59-60。在最近发表的一篇文章中,伍德修正了他早前所提出的谁是共和主义传统真正的倡导者的观点。现在他认为,联邦党人是代表了共和主义思想的无偏私的精英阶层,他们总是基于公共利益作决定,相反,反联邦党人则是现代利益导向的自由主义政治的先驱者。参见 Wood, "Interests and Disinterestedness", in Richard Beeman, Stephen Botein, and Edward C. Carter II, eds., *Beyond Confederation* (Chapel Hill University of North Carolina Press, 1987), pp.69-109。

第一章　引言：宪法创制者的自由主义与公民美德

态,尽管他们进行了大量有关弱共和主义语境中美德的讨论。围绕这一讨论所产生的分歧基本上可以视为(尽管不限于)是联邦党人与反联邦党人的差异。

这些自由主义者们有能力也确实在现实中针对广泛的政治参与存在的利弊展开了激烈的讨论。但是,他们无法一以贯之地支持波考克提出的强公民人文主义的观点。本书的第二章将集中讨论自由主义、社群和参与的相互关系。本书中我们能够达成一种共识:对于自由主义而言,其核心观念在于,每个人在不影响他人自由的前提下,都享有自由追逐他/她所理解的好的生活的权利。这样的观念源自面对一个特殊困境的无奈和困顿,那就是发现在共同体内部想要形成所有政治共同体成员都接受的"何谓善"的共识根本就是无解的,不可行的。鉴于此,自由主义尊重其成员对于善的理解,允许其成员各自追寻其所理解的好的生活方式,从而使得存在差异的我们能够更好地生活在一起。自由主义的做法通过对每个个体尊严的尊重获得了道德意义上的捍卫。强迫个体接受大多数人关于善的定义是对其尊严的损毁,无论这个善的认知是有关宗教或者是政治的,哪怕这一关于善的认知是获得大多数人最真诚的确信的。

如果宣称公共参与在关乎何谓好的生活的解答中具有优先价值①,就会与以上所提及的自由主义的核心信仰不相容,尽管这是以波考克为代表的公民人文主义者的立场。为此,有一点是无比

---

① "privileged locus of the good life"这一表达参见 John Rawls, "The Priority of the Right and Ideas of the Good", *Philosophy & Public Affairs* 17 (Fall 1988), pp.272–273. 在此文中,罗尔斯对古典共和主义和公民人文主义作了区分(似乎有些怪异的区分)。罗尔斯指出,古典共和主义认为,对于一个民主社会的公民,如果他们想要保有基本的权利和自由,包括那些确保其私人生活自由的公民自由权,他们就应该具备足够的政治美德,而且愿意参与到公共生活当中;而公民人文主义,与自由主义是不相容的,因为其承袭了亚里士多德的观点,认为"政治参与是好的生活的核心、中心所在"。

美国公民身份的基础：自由主义、宪法与公民美德

真实、毋庸置疑的，如果认为一位宪法创制者是信仰自由主义的，那么将强共和主义的意识形态强加于他，就显得极为不相容，除非他在对自由主义的最基本前提认知上就与一般自由主义的定义存在巨大分歧。但是，事实上在后续章节对于有关文本的探索和解读中，我们基本上没有遇到类似的根本性分歧。

宪法创制者的自由主义与公民美德

在共和修正主义发展的早期，约翰·波考克宣称，建国一代的美国人除了古典共和主义之外，没有受到其他传统的影响和教育①。因此，波考克不仅仅提供了一种共和主义的强理论，他同时还宣称这种共和主义对于早期美国人有排他的影响。戈登·S.伍德——波考克的研究主要就是建立在他的研究基础之上，也宣称："1787年，古典共和主义成为美国人思考的原点——他们所有的观念都是以此为前提的。"②然而，在他们最近的著作中，波考克宣称，他自己具有开创性意义的著作《马基雅维利时刻》描述的是"隧道（直通）式的历史"，在本书中，他有意识地"忽略掉了一些并行的现象"③，从而有助于核心主题的证成和彰显。伍德也基本上全盘否定了他早期的观点，改口主张："对于早期的美国人而言，并没有任何明确的传统作为其行动的依据和注释，无论是自由主义的还

---

① 参见 Pocock, *The Machiavellian Moment*, p.507。
② 参见 Wood, "The Intellectual Origins of the American Constitution", *National Forum* 64 (Fall 1984), p.6。
③ 参见 Pocock, "*The Machiavellian Moment Revisited*", p.53。这一极易理解的核心思想的转变并没能阻止波考克对那些反对他的批评家的斥责，这些批评家针对《马基雅维利时刻》中波考克震耳欲聋地提出的"除了古典共和主义之外，国父们没有受到任何其他传统的影响"的观点对他进行批判。参见 Pocock, "Between Gog and Magog", p.342。

第一章 引言:宪法创制者的自由主义与公民美德

是共和主义的。"①

较之早期认为国父们只是排他地受到共和主义观念的影响,现在这种认为国父们事实上秉持了不同的政治思想的认知其实更合理。尽管我认为对于建国期间的共和主义解读有些言过其实,但是并不意味着从时空以及本书主题的角度,我掌握了早期美国政治思想的全貌。尽管如此,我确实认为,反联邦党人努力在自由主义与弱共和主义之间试图达成一种不稳定的和谐。但是,无论怎样,正如上文所指出的,我们应该抵制这样的一种趋势,即在对建国时期的解读中、在定义自由主义时,一旦看到"公民美德""公共利益/共同善""公共理性"这样的表达,就将使用者视为是共和主义的追随者和信仰者。这样的观念比认为这些善是与自由主义的传统不相容的观点更具前见性和主观性。

以历史学家兰斯·班宁(Lance Banning)为例。他认为,自由主义"是认可经济理性人的假设的,认为个体的目标就是实现自我利益最大化,而在公共福祉的创设上,个人基本上是消极的,没有特定的责任和义务的"。而"古典共和主义则认为,经济理性人并不代表完整的人格","无限制地追求纯粹个人利益,是无益于共和国的保有的"②。如果自由主义被视为是等同于自私的自我利益最大化,并且主张个体除了实现自我利益最大化,对于共同体不承担任何的特定责任(是因为他们对此不承认任何道义责任还是共同体的保有无须他承担这样的责任,我们不得而知),这就难怪会得出"宪法创制者们除了自由主义之外,还受到其他政治思想影响"的结论。因为,按照以上的理解和定义,一旦提到公共福祉、共

---

① 参见 Wood, "Review of The Lost Soul of American Politics by John Patrick Diggins", *The New York Review of Books*(28 February 1985), p.30。
② 参见 Banning, "Jeffersonian Ideology", p.12。

美国公民身份的基础：自由主义、宪法与公民美德

同善、公民美德，就认为这些提法一定是来自自由主义传统之外的政治话语①。

我并不认可一种关于自由主义的前见式的消极定义，即一旦美德出现，自由主义就消失。同样的道理，如果宣称一旦提及权利和利益，自由主义就出现或者说占据主导，这样的说法也是站不住脚的。这些术语的所指都过于宽泛，可以用来支撑任何观念和思想，比如，"利益"这个概念不仅仅在自由主义中扮演重要的角色，它在共和主义理论中也同样举足轻重。在使用这些词汇和表达的时候，只有将其还原到宪法文本以及宪法讨论的语境中，我们才能准确定义这些词汇所要表达的内涵。在开始诠释性任务（exegetical task）之前，首先要进行分析性任务（analytical one）。我们首先要考虑，什么样的公民美德概念是与自由主义的首要原则（消极）相容的，即使没有被视为（积极）构成要素。我很清楚，并不是所有的读者都能够认同我对特定宪法创制者所作出的政治承诺的归类，这个领域实在是争议太大，太多专业学者涉足这个领

---

① 马克·图什耐特也存在类似的问题，他在阐述他对自由主义的理解，以及自由主义作为一种政治理论的弱点时，其实是以上理解的变体。在他最为重要的著作 *Red, White and Blue: A Critical Analysis of Constitutional Law* (Cambridge, Mass.: Harvard University Press, 1988) 中，他所定义的自由主义的传统，在之前的版本中都被称为"洛克式的自由主义"。他之所以做这样的变更，是为了与当下的学术讨论保持一致，当下的学术讨论认为，传统观念中的自然法在洛克具有神学意义的政治概念中意义重大（pp.4-5）。洛克就不再符合图什耐特关于自由主义的定义，而是被明确地排除在其自由主义的传统之外，尽管洛克所极力倡导的宗教宽容、有限政府、天赋人权以及其他的善，传统上与自由主义相联系。我认为，如果一种对自由主义传统的理解无法与洛克达成共识，那么这种理解很有可能是错误的。对这种理论反躬自省可能比采取图什耐特的排除性观点更为合理。图什耐特同时宣称，他对自由主义传统的理解源自 C.B.麦克弗森（C.B.Macpherson）的 *The Political Theory of Possessive Individualism* 以及路易斯·哈兹（Louis Hartz）的 *The Liberal Tradition in America*。麦克弗森笔下的洛克是一个纯世俗化的代表，只为资产阶级以及他们所代表的财产关系代言。在麦克弗森笔下，洛克是一个完全的自由主义者。而图什耐特当下所赞同的有关于洛克的新学术观点却完全站在麦克弗森的对立面上。

第一章　引言：宪法创制者的自由主义与公民美德

域,从而根本不要期待有任何一锤定音式的结论为大家广泛接受。尽管如此,我还是希望能够在"核心的自由主义观点与特定的公民美德的概念之间的理论联系"问题上有所澄清。

为了实现这个目标,公民美德可以正式定义为,公民中所普遍拥有的一种德性,这种德性使得他们愿意参与到任何能够促成和保有正义的政治秩序的行动中。首先,这一定义并没有任何特别的有关正义的价值偏好,这种正义可能是柏拉图式的,也有可能是自由主义的,或者是民主式的。因此,所使用的术语也没有任何前见式的定义存在。其次,这一定义有可能为波考克以及其他学者所提出的关于早期美国政治思想的核心理论问题提供解决方案,即宪法创制者们在使用美德和利益这些词汇时,是如何将这两者相互联系起来的?

事实上,宪法创制者们总体上都是意识形态层面上的自由主义者。有关人性、社会以及政府的"拥占性个人主义"(possessive individualist)的假设大量地出现在创制者们的作品中。他们是否关注公民身份以及公民美德这本身已经不成其为问题,真正的问题是,他们在何种意义上使用公民身份、公民美德这些术语。进一步可以追问,他们适用这些术语所指称的观念是如何与他们核心的意识形态保持一致的,或者说是如何受到他们所推崇的意识形态的限制的? 他们所作出的意识形态承诺,为共和主义所主张的政治中的善预留了哪些空间? 也许正是因为宪法创制者们如此敏锐地认识到人类行动的卑微动机,因此,当他们在思考公民美德与公民参与的时候,到达了一种极为深刻的境界。

在进入宪法批准辩论的有关研究之前,我首先要指出,关于自由主义的国家能够以何种方式激发其公民的忠诚感、认同感和凝聚力,有大量极具见地性的观点提供给宪法创制者们参考。其中

美国公民身份的基础：自由主义、宪法与公民美德

包括洛克以及其他主要苏格兰启蒙运动思想家(从弗兰西斯·哈奇森到亚当·斯密，再到大卫·休谟)的著作都对这些问题进行了透彻的论述①。事实上，本书将以研究宪法创制者的思想的同样热情去关注一个在自由主义政治思想中几乎被忽略的问题。鉴于今天关于自由主义的理解，就像认为特定宪法创制者是自由主义者一样，充满了各种争议，本书将专辟章节集中于研究洛克以及其他苏格兰启蒙思想家的思想，这是对宪法创制者进行研究的前提。

考虑到如果理解了自由主义者是如何理解公民美德以及看待政治共同体的发展的，(在我看来)是有助于帮助我们避免一些简单粗暴的认知对立的，如公共美德与个人利益的对立、个人权利与共同善的对立。这种简单的对立，并没有为围绕宪法创制者的政治思想的争论带来任何的曙光，不过是火上浇油。因此，在第二章之后，我将在第三章集中研究洛克，主要聚焦于洛克思想中是如何诠释他所理解的自由主义视野中的正义与(个体)自由主义行动动机之间的相互联系的。第四章进一步讨论这一主题，分析其他苏格兰启蒙思想家的政治思想，他们在美国建国之前提供了大量成熟发展的经验式的政治心理学研究成果。之所以要对这些对美国宪法创制者而言是自由主义先驱者的思想家的政治思想展开讨论，主要是基于两个方面原因的考虑：一方面，我相信，他们对美国

---

① 当然，是否能够将这些苏格兰启蒙思想家称为自由主义者本身是可争论、可讨论的。亚当·斯密和休谟都不接受洛克式的自然权利的概念，休谟对于社会契约理论本身的态度也有些模棱两可。对此，我们将在第四章进行相关的讨论。但是，尽管与洛克的表达不相一致，现在我们还是有足够的理由相信，在苏格兰启蒙思想家中已经形成了一些关于古典自由主义政治哲学的基本要素的共识，特别是涉及财产关系以及国家权力的有限性方面。其次，大量的休谟式政治心理其实都是试图去解释，为什么在任何国家中，认同都有可能形成，无论这个国家秉持什么样的政治理念。即使是像麦迪逊这样的自由主义者也是可以接受苏格兰启蒙思想家的相关理解的，即使休谟和他在最基本的政治价值认知上存在着根本分歧。

第一章　引言：宪法创制者的自由主义与公民美德

宪法创制者们事实上构成了直接的影响,如休谟对麦迪逊和汉密尔顿的影响;另一方面,他们的哲学(形而上)著作能够帮助我们更好地理解那些实践气息更为浓重的美国人民的著作。后一澄清价值对我而言更重要,当我主张苏格兰启蒙思想对国父有直接影响时,我将力求将这种影响呈现得清晰明朗①。

第五章和第六章将专注研究《联邦党人文集》的政治思想。一方面总结出联邦党人政治思想的核心意识形态假设和前提,在此基础上,将这些假设与前提和《联邦党人文集》的作者们所展现的关于忠诚和公民美德的特殊理解联系起来,从而澄清后者的所指。第五章将集中论述第一个问题,同时重申一个相对无争议的议题,即《联邦党人文集》的作者们都是自由主义者,但更为重要的观点是,他们所信奉的自由主义大体上采纳了我在本书第二章中所概述的自由主义的基本框架。第六章的分析将让我们看到,《联邦党人文集》的作者们发展出了一种对于政府的认同和忠诚的理解,这种理解建立在受到休谟启发的极其复杂的道德心理学的基础上。这种理解运用了利益、责任以及习性等概念来阐述对于刚刚建立的全国性政府及其法律的忠诚是如何凝聚而成的。我在这里的目标是想要展示,在一个自由主义的政权中一组重要的自由主义政治家是如何看待公民美德的,我并不试图主张这种对于美德的理解是自由主义者关于美德的唯一阐释或者是最好的阐释。

第七章将继续围绕以上两个方面对反联邦党人思想进行研究和探讨。这些探讨和研究将围绕那些获得一般性认同的,认为是反联邦党人作品中最好的宣传作品展开。反联邦党人有关公民美德的观念以及对于构建忠诚的有效资源的论述事实上也是依赖一种极为复杂的道德与政治心理,这种道德和政治心理是依靠彼此

---

①　关于方法论的讨论,参见本书的附录部分。

的熟悉程度(ties of personal acquaintance)以及同胞间的仁爱之心(the bonds of benevolence)来建立政治忠诚的。反联邦党人同时认为,对于一个大型的、不断扩展的共和国而言,这种政治忠诚具有其不可避免的弱势存在。这些观点虽然不是直接发源于弗兰西斯·哈奇森,但是本质上就是哈奇森式的思想。正如我所主张的,这些观点最终不及普布利乌斯所倡导的政治心理更具合理性。我同时也对这些文本中所涉及的弱共和主义的政治承诺(其中有一个例外的,呈现强共和主义的例子)进行了讨论和评估。

最后一章将围绕宪法创制时期所展开的论辩与当下的相关性及其对当下的启发展开,同时又回到了第二章所引发的规范性问题。我认为,我们依旧可以在今天所热议和争辩的"公民在正义的国家中应该扮演什么样的角色"的议题中听到当初宪法辩论的回声。规范层面上,我得出结论:自由主义作为一个认同共同体和参与的价值的概念有两点是值得欢呼的,尽管这样的自由主义观念并不是如麦迪逊和汉密尔顿这样的自由主义者所支持的。此外,我还进一步涉足了以下两个问题的讨论:宪法创制者们关于宪法的讨论是如何呈现那些被认为是共和主义关注的问题的?这些议题在今天依旧会对我们产生什么样的影响?

第二章
自由共同体和公民美德:一种分析的视角

作为其众多广为流传的演讲之一,詹姆斯·麦迪逊(James Madison)在弗吉尼亚批准联邦宪法大会的发言中提到:"我们当中难道真的不存在美德吗?如果果真如此,我们将陷于一种极其不幸的境况当中。如果人民当中不存在美德,那么没有任何理论层面上的制约手段和任何的政府形式能够让我们安全无忧。离开了人民的美德,任何寄望于特定政府形式来保障我们的自由与幸福的想法都是不切实际的。"①

毫无疑问,公众对他这一演讲的兴趣主要源于麦迪逊在这里所呈现出来的观点与他在《联邦党人文集》中那些广受关注的文章中所反映出来的观点有一种极为明显的不一致。在《联邦党人文集》中,正如其在宪法批准的论战中所展现的一样,麦迪逊宣称,政府存在的目的就是保障自由——一种不受他人意志支配的独立,幸福和工业所带来的繁荣。在《联邦党人文集》的第十篇和第五十一篇都没有提及美德在创造和保有这种理想状态中有何作用。事

---

① 参见 Jonathan Elliot, ed., *The Debates in the Several States on the Adoption of the Federal Constitution*, 5 vols. (Philadelphia: J. B. Lippincott, 1901), Vol. 3, p.489。

实上，在以上这些文章中，麦迪逊对人性抱有一种极为消极的评价，他认为人类总是趋向于为了蝇头小利而相互伤害、压榨，并且包容性有限，小团体主义盛行，为了维护小团体的利益不惜牺牲他人利益和共同善。鉴于此，在《联邦党人文集》的相关文章中，麦迪逊似乎认为，作为一种必要性的措施，制度性以及社会性的分权制约结合起来，足够保有一个维护自由、促进幸福的稳定政治体。

麦迪逊在弗吉尼亚批准联邦宪法大会上的议会辩论演讲确实与其在《联邦党人文集》第十篇中的观点完全不一致，如果认为后者的重点在于强调人类自私的一般本性的同时排除和否决了人类基于美德的行动能力。但是，如果就以这样的方式理解麦迪逊，不仅忽略了麦迪逊关于人类心理和动机更为丰富的理解，同时也忽视了《联邦党人文集》的真正用意所在。《联邦党人文集》旨在捍卫和证成一种政府形式和政府计划。受到休谟的影响，麦迪逊深信，基于对人类本性最不乐观的假设去设计这样的政府计划是更为可行的最佳选择。因此，麦迪逊并不愚蠢，他很清楚，如果人类行动的动机仅仅来自对他人的压榨和觊觎，那么任何政府形式事实上都是不稳定的。他并不认为他在《联邦党人文集》的两篇重要文章中针对人类不合作本性所作的绝对性阐述就足以涵盖和解释人类行动的多变本质。之所以在文章中对人类本性作如此消极的表述，是因为在这里，他所面临的任务是政治性的[①]，而不是描述性或者是形而上的。

那种试图去调和麦迪逊思想中的两面性所导致的困惑，在现在很多有关自由主义的本质以及所谓的它与共同体的冲突问题的一般性讨论中都有所体现。在描述自由主义的时候，常常将其想

---

① 因为是政治性的，所以其言辞一定要具有说服力，而绝对性的修辞在影响力上的优势更为明显；因为是政治性的，所以从可行性的角度考虑，必须对人性作最为悲观的假设。——译者注

第二章 自由共同体和公民美德：一种分析的视角

象为一种有损共同体的自私哲学。今天很多自由主义的批判者，包括大量试图扭转我们对美国宪法创制者意识形态起源认知的学术著作的作者们（他们认为宪法创制者们更多地是受到非自由主义的古典共和主义的影响）在内，都认为自由主义由于过度强调个体权利，完全忽略了作为公民基于共同善的观念所追求的目标和价值，因此，将从根本上损毁共同体①。

思考今天有关对自由主义道德认知的分歧有助于厘清围绕 1787 年宪法批准所展开的论战的核心问题，同时，也有助于准确把握围绕论战所展开的学术评价。当我们分析文本时，事实上是带有一定理论框架的前见性认知的，这些前见影响着我们对于文本的分析，从而让我们有意识地关注和证成一些观点，同时导致我们忽略掉另一些特定的观点。我们常常很容易在别人的著作中发现这种前见是如何影响作者对于特定文本的解读的，而对于自己写作中存在的同样的问题却常常不自知。事实上，当下对美国宪法创制者的意识形态研究中所展现出来的分歧把这一问题表现得淋漓尽致。在这个领域中，很多批判意见一针见血地指出，在对美国宪法创制者思想的翻译过程中，完全受到译者当下的规范目标的左右，这已经成为一种极为常见的现象②。我希望这一作为方

---

① 参见 Benjamin R. Barber, *Strong Democracy* (Berkeley: University of California Press, 1984); Robert N. Bellah, et al., *Habits of the Heart: Individualism and Commitment in American Life* (Berkeley: University of California Press, 1985); Michael J. Sandel, *Liberalism and the Limits of Justice* (New York: Cambridge University Press, 1982)。

② 比如，关于迪金斯的论述动机参见 Benjamin Barber, "Review of *the Lost Soul of American Politics* by John Patrick Diggins", *The New York Times Book Review*, 13 January 1985, p.9; 关于波考克的论述动机，参见 Cesare Vasoli, "The Machiavellian Moment: A Grand Ideological Synthesis", *Modern History* 49(December 1977), pp.661-670。关于波考克和其他当代产主义者试图复兴对建国时期的共和主义解读的动机参见 Kramnick, *Republicanism*, pp.37-40。关于波考克反驳和贬斥以迪金斯、克拉莫尼克为代表的异见者的动机的论述参见 Pocock, "Gog and Magog", especially p.339。

美国公民身份的基础：自由主义、宪法与公民美德

法论的哲学反思前奏，能够提醒读者注意我对自由主义理论及其对公民美德和共同体的影响的评估是否也存在同样的前见。无法否认的是，自由主义理论及其与共同体和公民美德的关系是一个无论在建国时期还是在当下都极富争议性的问题，尽管其表现形式有所差异。

事实上，这一部分作为一种前奏式的阐述，主要目的是用来矫正许多共和修正主义者对于自由主义的理论解读。在他们看来，自由主义没有为公民美德留下任何的空间。很多当下的理论文献在描绘国父们的形象时，偏好于将反联邦党人描绘为旧式的共和主义者，认为他们非常强调一个同质社会的善，在那样的共同体中人民有共享的关于好的生活的观念，对于积极公民的认知极为丰富；而在描绘联邦党人的时候，则认为他们代表了一种更为个人主义的趋向，一种更为自私的政治形态，在这种政治形态中，个体很少基于对共同善的审慎考虑达成共识，而更多为最大化自己或者是某个团体的所得，同时将自己的损失降低到最低进行各种政治博弈、利益斗争[①]。

在接下来的章节中，我将质疑这种观点的历史准确性。无论是联邦党人还是反联邦党人，在关乎社会的本质、政府的角色，以及个人权利对于正义的政治共同体的核心意义问题上，事实上都共享了自由主义的观念。他们都认同公民美德的重要性所在，并有各自关于美德的不同构想。因此，"个体权利和公民美德何以共

---

① 这样的对比参见 Barber, "Compromised Republic"; Wilson Carey McWilliams, "Democracy and the Citizen: Community, Dignity, and the Crisis of Contemporary Politics in America", in Robert A. Goldwin and William A. Schambra, eds., *How Democratic Is the Constitution?* (Washington, D.C.: American Enterprise Institute, 1980); Wood, *Creation*, p.428; Pocock, *Machiavellian Moment*, especially pp.516-517, 531; and Banning, "Jeffersonian Ideology", p.12。

第二章 自由共同体和公民美德：一种分析的视角

处"这个理论问题在这里显得非常的重要。首先要明确的是，自由主义远没有像它的批评者（包括那些美国宪法创制者思想的阐释者）所指出的那样，对共同体和公民美德充满敌意。因此，上文所提到的，麦迪逊所展示出来的前后不一致，即"两个麦迪逊"的冲突更多是表面的，而不是实质性的冲突。作为《联邦党人文集》作者的麦迪逊，是将美国政治蓝图建基于个体的自利性之上的国家设计者，这一形象与弗吉尼亚宪法批准大会上那个作为公民美德颂扬者的麦迪逊之间，并不矛盾和冲突。

确信无疑的一点在于，对于公民对正义有所担当的德性的关注始终内在于自由主义的话语中。公民所要承担的最低限度的正义责任包括遵纪守法，接受政府关于权利合法性的裁决并忠实、无偏私地履行公职义务。但是，这些政治担当如果从经济理性人的角度思考，是完全无法被审慎理性所接受的，相反，恰恰是经常规避公共责任、避免相关行动成本更能够满足审慎理性的判断。同样的道理，任何的英雄行为，如为了捍卫共和国而牺牲自己的生命，也无法在经济理性人的理性面前证成行动的必要性和合理性。

自由主义传统深谙依靠理性的深思熟虑（rational prudence）来推动政治城邦的稳定所存在的局限性。霍布斯同其他政治哲学家一样认识到了这个问题，而且在这一问题的思考上具有开创性，甚至其思考直至今天依旧继续为我们理解社会合作的逻辑提供了一种清醒的认知。对于这种局限性的认知除了或多或少地存在于自由主义的思想中外，在观念的历史演变过程中，自由主义还有更多关于人的自利应该如何被限制、如何避免以及如何防止它陷入狭隘的自私的讨论和认知。

本章的主要目标是提供一些有关自由主义的一般性理解，同时对共和主义以及社群主义对自由主义提出的一般性批判进行考量。在此基础上,本章将从理论层面讨论审慎理性思考在确保政治稳定方面的有限性,以及如果由道德的动机,或者说至少是非狭隘意义上的自利动机取而代之,在确保政治稳定上是否会有所突破。至于国父之前的特定的思想者们是如何看待自由与社群、自由与公民美德的关系的,将在下一章节涉及。

自由主义的对话:证成政治权力合法性

"秉持自由主义的政治哲学意味着什么"是一个极富争议性的问题。没有一种关于古典自由主义的理解能够获得当代人的一致认同,更不要说获得宪法创制者以及对他们构成思想启蒙的前辈们的认同,对于他们而言,甚至没有自由主义这一概念的专属认知。但是,作为讨论的基础,还是应该在初始阶段就对一些基本概念进行界定,提供一些简单的概念框架,至于创制者们在多大程度上认同这些界定以及他们围绕这些基本概念所发生的观念演变及其重要性将在后面的讨论中涉及。

迈克尔·桑德尔(Michael Sandel)在他最近的著作中为我们提供了一个有效的讨论起点。在他看来,康德是义务论式(deontological)的,或者说权利本位(rights-based)的自由主义政治观念的集大成者,但是自由主义的基本要素成形于霍布斯、洛克,甚至是卢梭的思想中。自由主义的核心思想可以阐述如下:

> 社会是由形形色色的、存在多元差异的个体所构成的,他们各自持有相异的目标、利益和对善的理解。因此,这样的社会只有受到那些对于何谓善没有任何前见式偏好的原则治理时,才是最好的社会。这些治理规则的正当性并不

第二章 自由共同体和公民美德:一种分析的视角

取决于其在多大程度上最大化地实现了社会福利,或者是在多大程度上促进了共同善,而是取决于对于"权利"观念的肯认,这里的"权利"观念是一个道德范畴,先于"善"的概念存在,并独立于"善"的概念。①

从自由主义的社会契约论传统角度,桑德尔是完全正确的,他陈述了这一传统的本质所在。但是,如果我们期待在对宪法创制者所秉持的自由主义观念进行归纳时能够获得同样的理论纯粹性,这是不合理的,桑德尔的定义无法对每个人的政治观点予以全面的覆盖和介绍。但是,它确实帮助我们甄别出了一些核心自由主义信仰。

人们之所以愿意放弃其在自然状态下享有的自然权利,是因为只有通过一些合作计划,他们才有可能获取追求自身目标所必需的安全和独立。正是由于在古典自由主义当中赋予了权利高于善的优先权,因此古典自由主义排斥对个体追求自身善构成限制的社会合作原则,如果这种限制超出了确保所有社会成员获得平等自由的必要范畴。因此,基于"至善论者"(perfectionist)原则而建构的政权合法性论证是为自由主义所拒斥的。这一合法性论证认为,从历史发展的角度出发,一些社会成员为了其他成员更好地追求自由应该放弃他们自身的发展。在自由主义者看来,这样的观点显然没有平等尊重和对待每一个个体。

更为重要的是,自由主义也极力反对至善主义者的正义理论。至善主义者在对正义的理解中,有一种不言自明的、绝对的信仰,他们认为,有一种关于善的概念是能够为所有受过良好教育、具有

---

① 参见 Sandel, *Liberalism and the Limits of Justice*, p.1。

美国公民身份的基础：自由主义、宪法与公民美德

美德的个体理性地接受的①。而自由主义观念最基本的认知前提就是认为，理性的人即使是在经过大量的审慎理性思考之后，也很难在"何谓好的生活"的基本认知方面达成一致和共识。古典共和主义者，包括中世纪的理论家们，不同于自由主义者，在这一问题上则表现得更为乐观。他们偏好于认为是存在这样的可能的，即智者（the "best" men）可以通过借助正义理性（right reason）发现具有共识性的善②。

契约论的自由主义者也拒绝任何通过牺牲特定社会个体的权利来获取社会总体幸福最大化的合作原则。历史上，自由主义者们关于"谁可以视作是特定社会中具有主体资格的个体"这一问题本身是存在分歧的。但是，在大多数的情况下，在自由主义的政体中，作为权利义务享有主体的具有健全人格个体与无人格个体之间基本的区分标准就是其财产享有的状况。但是，在自由主义传统的政治话语中，居于中心地位的观点是：每一个在政治意义上被视为享有主体资格的个人，基于个体在选择和实践理性生活计划能力上的平等性，都应该获得平等的尊重。

自由主义要求从每一个个体的立场出发去证成政治权力的正当性。自由主义认为，无论是宗教的，还是世俗的，没有任何一个单一的关于善的概念能够在一个政治共同体中获得完全的认同。

---

① 我之所以介绍这是一个更为重要的特征，是因为首先提到的包括古典共和主义在内的至善主义理论所呈现出来的精英偏见，是伴随着"谁可以视为公民"这一观念的扩展在不断变化的，"现代共和主义"以卢梭的观点为代表，事实上更为强调平等，但并不意味着更强调多元。现代共和主义很少强调，甚至不再提及具有美德的精英的价值，而是更多地强调政治共同体文化同质性的重要性。

② 正如施内韦德（Schneewind）所宣称的，古典美德理论几乎没有提及一个具有美德之人是如何说服他的反对者去接受他关于美德的标准以及如何接受他"何谓最好的政治与社会生活形式"的观点。至少根据亚里士多德的说法，我们相信，有人根本不具备任何美德，而且在事实上还存在道德瑕疵。参见 J. B. Schneewind, "The Misfortunes of Virtue", *Ethics* 101(October 1990), p.62.

第二章 自由共同体和公民美德：一种分析的视角

如果要以公共事业为由限制个体对善的追求，在没有陈述任何令人信服的急迫的国家利益之前，这种限制是不允许的。如果为了公共秩序必须有所牺牲，每一个个体都必须获得平等的考量和尊重。如果没有做到任何一点，就意味着有人为了其他人的福祉被作为工具对待了。

尽管自由主义宣称其对于"善"的认知是完全价值中立的，难道不能认为自由主义预设了一个特定的善的观念吗？对此，是与不是两种回答皆可。自由主义的基本假设是极为明显的道德范式——认为个体伦理平等，权力的正当性应该通过理性的对话证成。事实上，自由主义在道德观上并不是中立的、价值无涉的，自由主义国家在其权力行使时也并非在"好生活"的观念上完全中立。自由主义国家认为，虽然允许个体自由追求好的生活，但是，以"好的生活"的名义所采取的行动要受到个人权利的制约。最后，"能够对个体追求善所构成的唯一限制就是权利"的主张表征了自由主义在定义公共的善的标准上，并不是价值中立的，而是站在了"权利"这一边。如果是这样的话，自由主义事实上就是不自洽的、前后不一致的，并不值得被作为一种真正的政治哲学来认知对待。

虽然社会中对于宗教和文化信仰存在着巨大分歧，但这种分歧带来了更为丰富但是也更充满争议的道德理论和价值观念，自由主义认为，它的正义观中的两个重要指标——伦理平等和理性对话——构成了这样的社会中关于道德的底线认知，也成为了社会所要形成的共识目标[①]。当然，我们无法确保即使是这样最低

---

① 参见 Charles Larmore, "Political Liberalism", *Political Theory* 18(August 1990), pp.339-360; John Rawls, "The Idea of an Overlapping Consensus", *Oxford Journal of Legal Studies* 1(1987), pp.1-25。

限度的道德理论就一定能够在特定的社会中或者是社会的全体人民中得以有效认可和实现,比如说,当下就没有任何自由主义的解决方案能够用于处理黎巴嫩的治理问题。即使在美国,在特定的事件中,也有很多人认为,自由主义的道德观是让人极度失望和厌恶的。言论的权利,或者更具争议性的堕胎的权利,导致了一系列被很多人视为与一个道德得体的社会不相匹配的言辞和行动大行其道。对于这些反对自由主义道德观的人而言,仅仅是做到不讲禁忌性的语言和终止妊娠行为一样,都是不能容忍的,对其期待的社会而言,这样的行为限制远远不够。因此,如果有人发表了受到言论自由权保护的有关言论或者是有堕胎的行为,也必然会招致他人的攻击和反感。

自由主义的社会哪怕不能为这些极富争议性的问题提供任何解决方案,却也能为此提供一个讨论的公共论坛。因此,以色情方式表达的贬低女性的言论是否应该以"平等尊重"的名义获得保护,以及胎儿是否应该获得生命权保护,这些问题都成为合理的公共问题。权利是(经过公共讨论之后)确立的,不仅仅是被发现的,确立权利的过程最终就是一个政治过程。一旦通过政治程序正式确认某种权利,国家就必须保护权利的保有者免受那些反对者的侵害。当然,这也许会对社会中的那些不认同这些经过政治确认的、作为该社会秩序基础的"善"的观念的少数派的行动能力构成限制。比如,在废除种族隔离的问题上,对那些反对种族平等的群体而言,任何废除歧视、废除隔离的政策措施的施行对他们都构成了一种限制。

国家行为的正当性并不是来源于价值优先理论,即认为有"更好"(better)的价值选择从而需要对另一选择予以压制,而是源于一种集体认同的关于平等尊重要求的实现。在有关权力确定的理

第二章 自由共同体和公民美德：一种分析的视角

性对话过程中，只有这个平等尊重的要求得以体现，那么通过这个理性对话过程所确立的国家行动才具有正当性。由此可见，认为自由主义国家意在保护权利的权力实施行动是价值中立的观点，可能是不太准确的。更为准确但是却不太简洁的表达方式应该是，自由主义者寻求最低限度的道德共识，即使这种最低限度的共识没有广泛地获得全体理性人的同意。

"为权力行使提供正当性理由"在政治中的中心地位使得政治对话成为自由主义政治的基本要素①。鉴于此，以这样的方式定义自由主义并无不恰当之处，即自由主义就是关于政治权力的对话，追问什么样的权力行使行为对于一个自由、平等和理性的人而言是正当的。在美国，这一对话主要发生在法庭上，围绕宪法设定的基本权利的解释展开。

正如罗纳尔多·德沃金（Ronald Dworkin）所宣称的，自由主义的对话中并没有预设什么可以理所当然地宣称为自由权②。如果确实如此，那么即使是"驾车必须靠右行"这样合乎情理、无害的法律也应该受到质疑。因为这显然对"靠左行驶"的权利构成了限制。对于自由主义的对话而言，其核心的价值是对所有法律主体予以平等的考量和尊重。如果认为靠右行驶的法律违背了这一基本价值，似乎显得太令人难以置信和接受。但是，如果说一部确立某种宗教信仰的法律违背了这一核心价值，却显得较为合理。我想，在任何的论证中，显而易见的是确立宗教信仰的法律会更多地影响个体对于善的自主追求，而不是确立右行的法律，后者并不会

---

① 关于自由主义的对话性本质，可以参考 Bruce A. Ackerman, *Social Justice in the Liberal State* (New Haven, Conn.: Yale University Press, 1980), especially pp.70-75; Larmore, "Political Liberalism"。

② 参见 Ronald Dworkin, "What Rights Do We Have?" in his *Taking Rights Seriously*, p.271。

美国公民身份的基础：自由主义、宪法与公民美德

对个体对于善的追求构成实质意义上的限制。因此，要求靠右行且伴生法律制裁的政治权力的行使可以获得正当性的认可，但是确立特定宗教信仰且要求法律保护的政治权力就无法证成其正当性所在。

这些关于自由主义证成权力正当化的例子并不旨在否定，事实上对于自由主义而言，适用这套论证逻辑也会遇到很多棘手的现实案例。自由主义的对话，和其他政治思想形态下的对话一样，争议不断。因此，关于权利的范畴以及权利之间的冲突所引发的争论和问题，在自由主义的政体中变得越来越普遍。例如，言论自由的权利是否构成对国家规制色情文学的权力的否决？类似的规制是否意味着秉持一种前见式的对于"好的生活"的理解，从而对色情爱好者的自由发展和自主选择构成了抑制？最高法院的判决将以上问题交给那些认为被诉的色情小说"没有任何可取的价值，从而可以令其免于被苛责"的当地社区去解决，这说明最高法院认为这并不是根本性重要的问题。法院始终秉持自由主义的基本原则，并试图不要那么苛刻和强势地去设定严格的"社会价值"裁量标准。但是，法院坚持认为，如果特定的做法要排除国家的干预和规制的话，那么，受到争议的做法至少要和政治共同体中的部分成员所持的好生活的理性规划之间存在特定的联系①。自由主义的话语在这里也是彰显了各种矛盾和纠结，摇摆不定。

必须提供进一步的注解性证据才能证明美国宪法创制者们事

---

① 参见 Roth v. United States, 354 U.S. 476(1957); and Miller v. California, 413 U.S. 15(1973). 布伦南大法官在"罗斯案"的多数意见中指出："所有的意见，即使是对于社会影响微乎其微，基本没有什么重要性的意见，包括非正统的意见、充满争议的意见，甚至是对当下获得普遍认同的观点充满敌意的意见，都应该获得第一修正案的全面保护，除非它触碰了那些更为重要的利益的禁区。"淫秽作品是不受保护的言论，因为它没有任何可取的社会重要性存在。参见 Roth v. United States, 354 U.S. 476 (1957), p.1507.

第二章 自由共同体和公民美德：一种分析的视角

实上是秉持了类似的自由主义的观点。比较有共识的是，前文的描述基本抓住了自由主义社会契约传统的要点所在。社群主义和共和主义的批评者指出，这一传统在很多方面都不利于共同体的发展和公民美德的培育。但事实上，这些批评基本上忽略了自由主义促进这些目标的可能性所在。社群主义和共和主义对于自由主义的上述批判，在美国语境中的相关例子中得到了很好的体现。

共和主义对自由主义的批判

以下的观点在目前极为常见，即认为强调普遍公民身份和公民美德的非自由主义价值在早期美国政治文化中所产生的影响，主要是通过古典共和主义对美国宪法创制者的影响实现的。共和修正主义最新的战果就是对美国法学界的影响，尤其是宪法解释领域。法学家凯瑟琳·艾布拉姆斯（Kathryn Abrams）称其为"我们最新的发现"，它对美国宪法解释的影响处于刚刚被发掘的阶段[①]。另外一名法学家，凯斯·R. 桑斯坦（Cass R. Sunstein）总结了修正主义的贡献，同时也对"共和主义在美国建国中发挥了什么样的作用"这一历史性问题如何影响了当下的宪法解释进行了阐释：

> 现代历史学界最大的学术成果之一，就是揭示了共和主义思想在美国宪法批准之前、批准过程中以及宪法批准之后所发挥的作用、产生的影响。现在不再可以轻易地证成建国时期大家仅仅形成了一种洛克式的共识，或者说将建国之父

[①] 参见 Kathryn Abrams, "Law's Republicanism", *Yale Law Journal* 97(July 1988), p.1591。这一期的《耶鲁法律评论》至少有十篇文章探讨共和主义及其对宪法解释的影响。同时参见 Richard H. Fallon, Jr., "What Is Republicanism and Is It Worth Reviving?", *Harvard Law Review* 102(May 1989), pp.1695-1735。

们仅仅视为将自利作为其政治行动背后不可避免的动机的现代多元主义者。与此相对,共和主义在建国时期发挥了一种核心作用,提供了一套强有力的政治观和宪制观。①

显然,如果洛克或者洛克式自由主义依旧是以那种大家所熟知的方式来理解,认为建国时期仅仅存在一种洛克式的共识的观点是站不住脚的②。与之相反,共和主义,桑斯坦总结到,"已经深植于法律学术当中,即使还没有获得法教义学的认同"③。

比较奇妙的是,当对美国建国时期所采取的(作为常见意义上的)洛克主义的解读受到挑战之后,为什么就直接转向了对建国时期的共和主义解读?从逻辑上讲,当常见意义上的洛克主义受到挑战之后,还应该有一种选择,那就是采取非常规的方式去解读作为洛克式自由主义者的国父们。所谓的非常规方式是指,可以质疑常见意义上对于洛克式自由主义的表达,如洛克真的可以被视为一个多元主义者吗?以及"自利是人们政治行为背后不可避免的(inevitable)动机"这样语焉不详的表达到底指代什么?(这是人们行动的唯一动机吗?洛克在哪作了类似的论述?什么叫作"不可避免的"?有没有可能并不是这样的动机绝对超越了其他的动

---

① 参见 Cass R. Sunstein, "Beyond the Republican Revival", *Yale Law Journal* 97(July 1988), p.1540. 桑斯坦、法伦以及艾布拉姆斯在讨论、评估共和主义理论对于宪法解释的影响方面时都是极为审慎的,我并不打算对他们所阐述的共和主义的价值作一般性的认同和表态,但是对于共和主义对于美国早期政治思想的影响本身也并不存在什么疑问。这里我更关心的是桑斯坦用于区分共和主义和自由主义的方式。尽管他想要证明,自由主义和他所引用的共和主义所追求的四种善(four republican goods)之间并不冲突,可以共存,因此建国者们是"自由派共和党人",我想要知道的是,他是如何在一开始就将这些善视为是自由主义与共和主义的差异所在?我的观点是,它们根本不具备可以用于实例化任何特定意识形态的鉴别内容、区分标准。从共和主义的视角对自由主义进行明确批判的宪法性理论著作,参见 Mark Tushnet, *Red, White and Blue*。

② Sunstein, "Beyond the Republican Revival", p.1540, n.4.

③ Ibid., pp.1540-1541.

第二章 自由共同体和公民美德:一种分析的视角

机,而是其他动机直接被对自由主义的一般定义所排除了?)

桑斯坦进一步论证,将共和主义与自由主义区别开来的主要有四个基本特征,即共和主义有以下四个方面的承诺:(1)政治过程中的商谈(deliberation in government);(2)政治平等(political equality);(3)通用原则(universality),或者称为"作为共识的国家治理图景"(agreement as a regulative ideal)[①]以及(4)公民身份(citizenship)。这四个特征从表面上看,没有任何一点是与从常识角度对自由主义政治的理解所不相容的。事实上,桑斯坦也承认,它们没有不相容的地方[②]。但是,当桑斯坦在使用这些术语的时候,也许赋予了它们不同于一般理解的特殊含义,这些特殊含义产生了与自由主义的分歧和不相容性,从而使得桑斯坦将它们视为共和主义的明显特征。

为什么公共商谈被视为在共和主义的框架当中更为本质、更为突出、更为擅长,而不是在自由主义的框架之内?因为自由主义"将个人偏好视为是政治的外源性存在(exogenous)",是客观、独立于政治存在的(并不伴随政治过程发生改变),而共和主义则"并不认为当下的偏好或者是权利是先前确定的、固定不变的(相反是会伴随政治过程发生改变)"。例如,共和主义者倾向于将财富的分配视为是一个"政治配置"的过程。因此,对于共和主义者而言,前政治(prepolitical)时刻以及自然权利这些完全是陌生的概念[③]。财富的分配是为了促进共同体的善,而非对某种先存的观念的肯认,比如,对财产所享有的自然权利。事实上,由于共和主义观点

[①] Sunstein, "Beyond the Republican Revival", p.1554.
[②] Ibid., pp.1567–1568.
[③] Ibid., pp.1549, 1551. 马克·图什耐特同时认为将欲望和追求本身视为是"前政治性的"是自由主义定义最为明显的特征之一。参见其著作 *Red , White and Blue*, pp. 270–272。

美国公民身份的基础：自由主义、宪法与公民美德

中是如此强调公共商谈的核心位置，因此共和主义展现了一种追求政治平等的自然趋向，进而产生了均衡财富的诉求，因为唯有财富上的平等才会带来政治影响力的平等。

在后面的阐释章节中，我会指出无论是联邦党人还是反联邦党人都同样地依赖这些先存的自然权利来捍卫或反对宪法，对于自然权利的强调在其观点中占据核心的位置，不仅仅是粉饰门面的工具而已。更重要的是，即使是被视为更偏共和主义的反联邦党人也没有强制要求按照共和主义或者其他标准进行再分配。尽管他们当中那些更具洞见的成员已经认识到，平等享有权利的个体之间的自愿交易会导致社会发生不利于公民美德生成的变化。因此，针对这些可能的变化，确实存在一种共和主义式的遗憾和担忧，但是这并没有带来任何联邦党人或者是反联邦党人的共和主义的行动。共和修正主义者的困境在于，如果一个人信仰共和主义，他就会从他所认定的共和主义的基本原则中发展出一套具有可识别性的共和主义行动模式，但是美国的建国者们并没有参与到这样的行动模式当中来。除此之外，尽管在描述共和主义的时候提到了一系列善的形式，但是这些善并没有与自由主义的价值不相容，因此，这些善无法提供一套反自由主义的，或者说纯粹共和主义的政治意识形态主张。

从观念区分的角度，桑斯坦认为，自由主义是限制公共商谈的，或者说将公共商谈降格为利益集团的博弈和讨价还价，因为在自由主义看来，"个人的偏好"从根本上不是由政治讨论所塑造的。例如，共和主义围绕财富分配的讨论首先要问的问题就是，我们的共同体所追求的理想图景是什么？如果相较富足，我们更看重政治平等的话，我们就应该注重退税政策或者从根本上限制财富集中在少数人的手中。通过产生共识的公共讨论所决定的共同体的

第二章 自由共同体和公民美德：一种分析的视角

善,相较共同体任何个体成员的偏好而言,具有优先性。

当下,如果公共商谈是以这样的形式存在,即强调共同体的善优先于其成员的诉求,那么这一公共商谈就可以被视为是共和主义的对话形式。在共和主义当中,个人权利不能对推进公共利益实现的行动构成限制,相反,这些权利本身是由当下关于善的主导性观念所决定的,并与之相一致。但是,这并不意味着公共商谈仅仅能以这样的形式开展。如果有人接受我对自由主义的理解,即自由主义是从个人的立场出发来证成权力的正当性的,那么我们将进一步得出结论:"自由主义的公共商谈"这一表达本身并不存在任何矛盾之处,自由主义政治理论的基本理念是具有对话性的。而且,从现有的经验来看,自由民主政体中所发展起来的公共商谈的繁荣景象是当下所出现的所有其他类型政体都无可匹敌的。

让我们再回到上文所提到的围绕财富的再分配所展开的讨论。不同于共和主义,如果这一讨论发生在自由主义的语境之下,并不会在讨论的一开始就追问共同体追求的理想图景是什么,甚至根本不会追问这样的问题。自由主义的讨论应该首先就问,自由主义的基本原则要求我们如何对待这个问题？全面和广泛的公众讨论就是以此为前提展开。被我们称为"左翼自由主义者"的人会问,不断扩大的收入分配的不平等是否会导致自由主义"平等对待和尊重每一个个体"的主张变得徒劳？而右翼自由主义者(里根主义保守主义者和自由主义者)会问,用富人的财富接济、帮助穷人是不是将富人作为了实现"社会效用"目标的手段[①]？很多人会认为,这本身也构成了对人权利的侵犯,违背了只将人作为目的而不是手段对待的承诺。这些在基本原则要求上所展现出来的不确

---

① 这一观念被罗伯特·诺齐克(Robert Nozick)在其著作 *Anarchy, State and Utopia* (New York: Basic Books, 1974)中予以主张。

定性和分歧绝不会减弱,相反,是强化了在自由主义前提之下所产生的争论①。

类似的争论在自由主义的政体当中比比皆是,比如,关于持枪的权利,动物保护、堕胎问题以及其他公共议题。因此,很难得出结论认为,自由主义的政体中是缺乏公共商谈的,同时,认为"在自由主义的政体中,个人偏好是一种独立于政治的外源性存在"的观点也很难立得住。桑斯坦认为,在自由主义的政体中,人们知晓并决定自身所好,进入政治程序就是为了获得自身所好,政治不过是另外一种形式的商业谈判和博弈。而共和主义者则是将个人偏好的决定权交给公共商谈,在此之前并无前见式偏好,而且在他们心中,他们认同公意(the general will),认为其正当性和正确性毋庸置疑。

我想,这里一定存在着某种对于共和主义的浪漫主义想象,以上关于共和主义的描述只有在关于善的根本观念并无冲突的时候才是行得通的。正因为如此,在共和主义的对话中非常强调共同体文化同质性的重要性所在。但是,即便是在这样一个同质的共同体当中,当我们要构建某种共识并为此必须进行投票时②,就会出现多数派和少数派的对峙,那么此时自由主义的问题依旧会出现,少数派依旧可能会提出那些对多数人的权力构成限制的自由主义式的问题。

---

① 这与我所持的、认为自由主义政治具有对话性的观点形成了对比。参见 Mark Tushnet,"The Constitution of Religion", *Review of Politics* 50 (Fall 1988), pp.628-658。

② 参见 Jon Elster, *Sour Grapes*: *Studies in the Subversion of Rationality*(New York: Cambridge University Press, 1983), p.38。埃尔斯特认为,即使有无限的时间进行讨论,全体一致的、理性的共识也未必能够形成。难道不存在各自正当而且无法化解彼此分歧的有关于共同善的本质的不同观点吗?在最终的价值认同上是不是也应该存在多元化的问题?

第二章 自由共同体和公民美德：一种分析的视角

先搁置这些意识形态本身的理论吸引力不谈，事实上，只有在一个很有限的意义上才会认同以下观点：自由主义认为个人偏好相对于政治而言，是一种外源性存在，从而限制了政治协商、政治讨论的议题范畴。毫无疑问，偏好是不可能整齐划一的。自由主义的政治确实不要求对根深蒂固的个人偏好（更为准确地讲，是一种信仰）去说明理由，比如宗教信仰。没有人会被要求在一组公民面前去解释他为什么是一个天主教徒或者是犹太教徒或是其他教徒。逐渐地，在个人的性取向问题上也是如此，因为性取向越来越多地被认为是一种个体与生俱来的、不可选择的个人特质，而不是一个个体的选择①。但是，与此不同，对于那些更普通的偏好问题，却更多地需要在一个讨论充分的政治辩论中论证其正当性所在。比如，到底是要在一个人的家乡建泳池还是艺术博物馆，或者是否需要通过提高税率而提升公共医疗的质量？支持建艺术博物馆的人会遭到这样的反驳，认为这一选择事实上会为了某些只能让社区中的富裕阶层受益的工程加重工薪阶层和穷人的税负。或者还会有这样的反驳意见，鉴于更多的人喜欢游泳而不是艺术，因此政府所要做的就是简单地满足多数人的需求即可，而不是试图去"教化"人们的偏好，告诉他们何谓善。

当然，我们无法确保这样的自由主义论争最终可以达成一种共识，即使是共和主义在讨论"我们共同体的理想图景是什么"这个问题时，也并不能确保更有可能达成共识。那些在共同体基本原则对其成员提出的要求上存在分歧的自由主义者们，通常在有关善的观念上也存在分歧。但是，很难得出"共同体基本原则到底提出了什么样的要求"的正确答案，并不意味着缺乏相关的讨论和争论，尽管

---

① 关于自由主义的容忍从宗教向性领域扩展的讨论参见 Ron Replogle, "Sex, God and Liberalism", *Journal of Politics* 50 (November 1988), pp.937-960。

这可能意味着这些讨论和争辩将永无止境。结论产出的渺茫性并不表明自由主义缺乏这样的公共争论、公共讨论。自由主义不仅仅有公共讨论，而且，更重要的是，自由主义的这些公共争论帮助我们定义正义原则和矫正了我们关于正义原则的认知。

类似的对话结束之后，人们在多大程度上调整了他们的偏好是无法提前预知和确定的。很大程度上取决于道德原则发挥了多大的作用。对于人性本质认知的乐观者和悲观者围绕这个问题的论战绵延不绝。然而，无论是联邦党人还是反联邦党人表现出来的基本都是一种悲观主义。但是，没有任何具有说服力的理由足以让我们相信，自由主义是这种悲观主义产生的必要或者是充分理由。毫无疑问，这种悲观主义的起源是极其复杂的，尤其是不能忽视加尔文主义的影响[①]。无论如何，没有任何先验性的理由足以让我们相信下面的观点：在自由主义的政体中，偏好并不会随着政治参与而发生改变，或者认为相较其他政治体制，自由主义体制之下这样的改变会更少。

即使承认上文所力证的公共商谈同时也是自由主义的政体所精通和擅长的，但是对自由主义到底是不是培养了人的自私、造成了对共同体的贬损依旧存在争议。共和主义和社群主义这样批判自由主义：自由主义权利导向的道德观在很多方面都会鼓励自私和贬损共同体。其中最具根本性影响的是在如何看待社会关系这个问题上，自由主义依循社会契约的传统培育了一种原子论的个人主义。自由主义被认为鼓励人们尽量地弱化我们对自身社会本位、政治存在的认知，无论是作为社会存在还是政治存在，个体都

---

① 最近有关加尔文主义在早期美国政治思想中的重要性研究，参见 John P. Diggins, *The Lost Soul of American Politics*: *Virtue*, *Self-Interest and the Foundations of Liberalism* (New York: Basic Books, 1984)。

第二章 自由共同体和公民美德：一种分析的视角

受到相互交往的影响和塑造。

社会契约论中的契约缔结者被要求将自己首先想象为处于自然状态下或者是处于无知之幕当中，在这个基础上选择一种政治联合的形式。正如指责这个理论的人所主张的，在这个前提下，事实上社会联合或者说社会归属本身就变得极为松散，并不构成我们存在的核心。由于自由主义鼓励"不受拘束的自我"(unencumbered self)的观念，认为个体与家庭、社区以及国家的联系能够像脱衣服一样轻松地解除，这就在我们的思维模式中注入了很强的个人主义偏见。我们在思考的时候，基本不考虑自身作为一个广泛意义的共同体成员(比如作为儿子、兄弟、朋友或者是邻居)，如何做是符合善的原则的，而更多地是将自己视为脱离大量社会关系存在的独立个体，无视"自身的存在很大程度是社会性的"这一客观事实[1]。

秉持这样的自我认知，对待政治关系的态度相应也会随之调整。这里面最为核心的就是，自由主义会将与他人的关系视为是实现自我独立甄别出来的私人的善的手段，而不是这一行动本身的善[2]。本应该被视为本质的、目的性存在的东西最后被视为手段性的、工具性的存在。国家在这些各种各样的、相互竞争的关于好的生活的观念中是保持中立的，鉴于此，自由主义的政治论坛完全否决和拒绝了自身在古典共和主义观念中所承担的一个核心功能，即追问"我们应该如何生活"这个根本性的问题[3]。

---

[1] 关于自我概念的认知以及这一认知对自由主义理论的影响的全面讨论，参见 Sandel, *Liberalism and the Limits of Justice*。
[2] 参见 Allen E. Buchanan, "Assessing the Communitarian Critique of Liberalism", *Ethics* 99(July 1989), p.857。
[3] 正如布坎南所指出的，社群主义者并不总是很清楚，他们所宣称的共同体的内在价值是一种心理诉求还是一种规范诉求。到底是因为我们心理上伪装的需求，我们碰巧追求某些东西；还是基于道德和规范的原因，我们应该追求某些东西？参见 Allen E. Buchanan, "Assessing the Communitarian Critique of Liberalism", *Ethics* 99(July 1989)。

美国公民身份的基础：自由主义、宪法与公民美德

上文这种界定自由主义的个人观以及社会关系的视角是值得怀疑的。首先，也是最为重要的一点，这样的视角忽略了社会关系与政治关系的重要区别所在。自由主义的观点其实是认同人的社会存在性的，但是它强调，社会联系只有在非强制的情况下，才会繁荣发展，即社会联系不是通过国家权力来建立的，这不属于国家权力的范畴。评论家威尔·金里卡（Will Kymlicka）非常恳切地提出了以下的观点：

> 自由主义者们一般认为，社会依赖一份拟制的社会契约得以存续、发展。对于天生就不合群、自私的个体而言，要在一个社会中共同生活，一个强制的国家机器是必不可少的。但是，除此之外，自由主义者还秉持了一种与之相对的观念，尽管人天生自私、不合群，但自由主义者们相信人们同时天生地就会构建和自觉加入社会关系、公共论坛，从而理解和追求善。国家不需要专门提供这样的公共语境促进社会交往、构建公共论坛。相反，国家的介入很有可能会扭曲集体商谈的正常程序，妨碍文化的发展。恰恰是社群主义者们认为，如果没有国家积极地引导个体参与对于善的集体评估和追逐，个体就很容易失范并且相互孤立，整个社会就会分崩离析。①

正如金里卡所总结的，问题的核心并不是个人价值和自主是否能够纳入和融入社会交往的问题，而是这些社会关系的建立是不是必须要通过政治构建，作为政治关系呈现②。

我们很容易就想到很多的例子证明自由主义的政体是倡导和培育社群发展的，自由主义的政体中公共行动受到国家权力保护

---

① Will Kymlicka, "Liberal Individualism and Liberal Neutrality", *Ethics* 99 (July 1989), p.904.
② Ibid.

第二章 自由共同体和公民美德：一种分析的视角

的同时，也免受国家的干涉。因此，结社的自由在所有对于有序的自由而言举足轻重的权利中，始终占据核心的地位。事实上，自由主义的国家只有在这一权利的行使导致公民平等享有的居住、教育等权利受到损害，从而无法平等地对待每一个人时，才会对其进行限制。与此同时，自由主义也坚持认为，个体应该被允许自主选择与谁一起去追求他们共同理解和认同的善。鉴于自由主义传统上是如此重视结社的权利，我们确实无法认同那种对自由主义鼓励去社会化的自我中心的指责[①]。

这样，我们就会以完全不同的视角来理解"不受拘束的自我"。自由主义者事实上非常清楚，围绕社会契约论所形成的哲学观中最为核心的一点就是，尽管人们很清楚，相较其他生活方式，他们有自己的偏好，同时希望能够不受那些与自己观念相异或者是冲突的人的打搅和干涉，完全自主地追求这种生活方式。但是与此同时，人们也认识到自身是一个完全的社会性存在（fully social beings）。为此，人们会有一种自觉去淡化和转移自我意识、认同自由的契约论主张。如果不淡化这种自我意识，他们就无法接受其他和他们有着同样目标的人享有同样不受侵犯的权利，他们就无法平等、理性地对待自己和他人的不同立场。秉持过强的自我意识的人是危险的、莽撞的，甚至是面临自我毁灭的危险的，这样的人应该获得帮助，或者通过使其遭遇痛苦的方式，或者通过教育的方式，让他们能够幡然醒悟。

[①] 托克维尔对于民间组织在美国社会中所发挥的重要作用的讨论是一个很好的佐证。他指出，一个像美国一样的自由民主社会对志愿行为的鼓励绝非偶然。这种非强制的、建立在平等基础上的合作构成了托克维尔在美国的民主社会中最常见、也是最有积极影响的一方面——大众政治行动最有效的动力机制。参见 Alexis de Tocqueville, *Democracy in America*, edited by J. P. Mayer (Garden City, N.Y.: Doubleday, 1969), especially pp.513-517。

美国公民身份的基础：自由主义、宪法与公民美德

无论个体的生活在多大程度上与一个更为广泛的社群、共同体相互联系，有一点对于自由主义而言是不可撼动的，那就是这依旧是我自己的生活，不是共同体的生活。我认为，自由主义的美德之一就是强调人与人之间的差异性，同时强调实现这种差异性不能对共同体、对社群有害。例如，我所需要的医学教育如果没有国家的大力支持就无法开展和获得这一事实，并不意味着国家因此获得了一种无限的权力可以对我医疗服务的领域和工作量提出任意的要求。这并不是说所有的公共服务的义务都是不合理的，而是个体不应该成为国家行动的对象和客体。个体的个人目标和价值应该在尽可能大的范围之内获得尊重。"我"不能被简单地等同为通过社会交往所获得的社会属性，还应该看到个体的"个性"所在。任何政治哲学如果完全无视个体社会角色隐蔽之下的自我，那么就会完全无视人与人之间的差异，无视自由主义所强调的一些限制手段的用意和价值，这些限制手段旨在避免将个人视为实现他人目标或者是社会整体目标的手段。

有一点至少是可以讨论的，是不是相较其他政治共同体，成员会对认同和尊重每一个成员的尊严的共同体有更强的忠诚感？按照古典亚里士多德式的共和主义，或者是功利主义所建构起来的社会，会要求个人牺牲自我以促进他人的善的需求。毫无疑问，当对我而言至关重要的利益完全可以被合法地牺牲掉，从而去满足对他人而言可有可无的善的需求（a lesser good）时，这种反差会导致我对政体的归属感因此而减弱。

此外，我们会看到，在民权斗争中，尤其是在争取那些对于自由主义传统而言必不可少的政治与民事权利时，这些诉求实现的过程本身会培育参与者的一种社群感和归属感。对于社群、共同体的认知和忠诚，在一定程度上，是这些诉求实现之后

第二章 自由共同体和公民美德:一种分析的视角

的副产品。这就解释了为什么那些单纯为了构建共同体而付出的努力总是事倍功半。如果你怀疑这一点,试着回忆一下那些你曾经热血沸腾地参与到一个共同目标中的令人激动的时刻,这样的时刻一定不在少数。比如,运动会,提出高中游行的动议,或者是反对一个核设施项目的建设等。在这些例子中,对于共同体的社群感都是伴随着对一个独立于它的目标(比赛、游行动议和反对核设施)的追求而产生的。与此相反,那些单纯为了将人们聚集在一起从而建立社群的努力,常常无法培育出这种共享的社群感,根本的原因是这样做实在是太刻意、太具有强迫性了。

在民权运动中,无论是试图将权利扩展到新的社会阶层的努力,还是对剥夺和否定生命、自由和财产等天赋人权的抗议,事实上都能够成为培育社会团结的、令人难以置信的强有力手段和动力机制[1]。这些在结社自由保障之下广泛追求特定权利的非强制性合作,表明了自由主义的社会在培育社群、培育共同体方面的能力,但是,不同于共和主义,自由主义只是将社群的培育视为一种权利保障过程中产生的副产品来对待,而不是目标本身来对待[2]。

自由主义会损毁共同体吗？——共和主义主张之中的真理萌芽

尽管社群主义和共和主义所持的较为绝对的主张,即认为自

---

[1] 关于民权运动在民权运动者之间发挥对抗与团结功能的比较好的历史描写,参见 Taylor Branch, *Parting the Waters: America in the King Years*, 1954-63(New York: Simon and Schuster, 1988)。

[2] 关于国家、共同体本质上不过是副产品,而不是有意识构建的目标的有趣讨论,参见 Elster, *Sour Grapes*, pp.43-108。

美国公民身份的基础:自由主义、宪法与公民美德

由主义与共同体的衰落、损毁之间存在必然的联系,受到了越来越多的质疑,但是,权利本位的自由主义确实会在很多方面导致自私的性格,从而对共同体带来不利的影响。这里我将介绍与此相关的三方面观点,尽管据我了解这三个方面的批判观点并非社群主义所持。首先,就是所谓的"权利幻象"(rights illusion)。由于权利被视为自由主义政治道德中最为本质的一部分,因此,自由主义者常常就认为"权利"等于道德本身。其次,在某些情况下,有权做某事的认知会演变为想要做某事的一种欲望(desire),从而忽略其行为对他人的影响。最后,过度强调自我依赖(self-reliance)、自给自足和个人成就(individual achievement)的政治哲学会导致成功者盲目自信、狂妄自大,忽略他人为我们的成功所作出的贡献。

尽管"权利幻象"在我们的政治文化中很常见,但是,事实上我想不到任何一个主要的自由主义思想家曾经将"权利"视为道德的全部,即使是洛克也没有。洛克认为,先于特定的权利,我们对他人也负有特定的自然义务、自然责任,比如父母对孩子的责任[1]。但是,下面这个例子中的说理部分证明了对大多数的读者而言,这种权利幻象并不陌生。郊区的房屋所有者常常会宣称,他们对于自己的财产享有充分的权利。这些权利里就包括了在自己所拥有的土地的最东部建一个烧烤坑的权利。当他的邻居抱怨说,烧烤

---

[1] 在后面的章节中,将对这个问题进行深入的讨论。当洛克介绍家长对孩子的义务时,他并不认为这是源于对孩子特定权利的尊重,这种对孩子的关怀对于父母而言是一种先在性的责任,这种责任更多地是源自上帝将世间父母视为其延续人类种族大业的工具。洛克在《政府论》(第二篇)中所涉及的反对财产权侵害的讨论也是这样的例子。所有的这些责任都没有被视为孩子享有的用于对抗父母的权利,或者是个人享有的对抗所有人的自然权利。参见 John Locke, *The Second Treatise of Government*, pars. 31 and 58, in John Locke, *Two Treatises of Government*, with introduction and notes by Peter Laslett (New York: Cambridge University Press, 1960), pp. 332, 348-349。

第二章 自由共同体和公民美德:一种分析的视角

的浓烟导致了他的玫瑰的枯萎的时候,房屋所有者一定不以为然。因为房屋所有者的行为没有构成对既有契约权利的损害,因此也就没有任何的法律依据可以对其提起诉讼,他们就理所当然地认为他们的道德义务也因此获得了满足。

我们也许认同,烧烤者确实没有侵犯任何的契约性权利,甚至他没有忽略任何对他的邻居应该承担的自然责任。但是,他还是应该意识到,他的行为在特定方面还是有害的。对于邻居的意愿无所顾忌、视而不见,这对共同体、社群而言,是极具破坏性的。这样的行为很不友善,而且会导致想要构建舒适的居住环境和邻里关系变得极为困难。受到建烧烤坑的房主的影响,玫瑰的种植者甚至不愿意把修剪钳借给除建烧烤坑房主以外的其他邻居。因此,必须要提醒烧烤者,尽管他的行为没有损害任何的契约权利,但是,他的行为还是有害的。

这种将复杂的道德问题转化为权利话语的趋向会带来一种风险,这种风险就是限制道德对话的范畴,并且可能会导致对话陷入僵局。比如,美国有关堕胎问题的争论就是一个很好的佐证。这场争论中,女性主宰自己身体的权利和胎儿的权利之间形成对峙,各自的支持者都认为,以权利为基础,各自所持的都是绝对的、互不相容的道德诉求。

对于自由主义者而言,在这一富有争议性的问题上,权利本位的论述是最根本的,但是,这种通用的权利本位的论述未必是最好的选择[①]。完全用权利的话语来讨论美国堕胎问题,会导致对这一问题的讨论停滞不前,无法将其放置到一般性的儿童保护问题

---

① 朱迪思·贾维斯·汤姆森(Judith Jarvis Thomson)在这一讨论中加入了极有意思、引起一定波澜的观点,她认为,即使承认胎儿有生命权,但是也不应该强加给母亲一种在任何情形之下都必须将其生下来的义务。参见 Judith Jarvis Thomson, "A Defense of Abortion", *Philosophy & Public Affairs* 1(Fall 1971), pp.47-66。

美国公民身份的基础：自由主义、宪法与公民美德

或者是公共卫生问题这些更广泛的语境之下进行讨论①。甚至这样的讨论会鼓励人的冷漠。对于那些倡导生命权的人，一个怀孕的女性无异于一个暂时用于看管胎儿的围栏，除此之外，什么都不是。而对于那些支持个人选择、支持堕胎的呼吁者而言，他们坚决捍卫女性主宰自身的权利，在他们眼里，胎儿与人身上的肉瘤、痣无异。不知道共和主义在讨论这些争议问题的时候会不会显得更为人性化。事实上，如果他们仅仅考虑多数人的意见，让最终决定取决于当时的公共意见状态，很难会认为共和主义会表现得更为人性化。但是，这依旧改变不了一个事实，那就是如果将"权利"视为是道德的全部，那么无论对于公共商议，还是对共同体本身，这样的理解都是有害的。

除了以上的第一点之外，认为权利本位的道德观将会导致自私倾向，从而有损共同体的第二方面主张在于，对于某种善享有的权利本身会演变为一种当然的请求权、一种欲望。例如，约翰非常讨厌烟味，因此在飞往纽约的航班上，他不想坐在吸烟区。他最近刚好了解到，依据法律规定，航班必须为提出要求的非吸烟者在非吸烟区找到座位。诉诸该权利，他要求航空公司必须为他提供非吸烟区座位，尽管这就意味着将启用另外一架飞机来专门为约翰

---

① 关于美国与欧洲在堕胎问题上法律规定的差异，比较有启发性的讨论参见 Mary Ann Glendon, *Abortion and Divorce in Western Law* (Cambridge, Mass.: Harvard University Press, 1987)。格伦登认为，关于这些问题的公共讨论，相较欧洲，在美国显得范围更为狭窄，因为美国有一种趋势，就是把这些问题完全归结为权利问题。与此不同，欧洲大陆的讨论经常是放在一个更为广阔的背景之下来讨论相关的问题，比如，对社会以及个人的家庭成员而言，什么是好的选择。当然，作为一个基本原则，他们是尊重个人在生育以及怀孕期间与自由主义基本原则相一致的个人选择权的。尽管在一些特定的国家，如法国，相较罗伊诉韦德一案（Roe v. Wade）中所确立的妇女享有的权利，设定了更为严格的限制。格伦登在表达其观点时非常审慎，她不想夸大美国和欧洲在处理路径上的差异。但是她确实举了一个具有说服力的案例证明，欧洲的讨论在一定程度上要比美国更为丰富，因为他们没有将自己局限于权利话语的讨论中。参见 Gledon, *Abortion and Dirorte in Western Law*, especially pp.112-142。

第二章 自由共同体和公民美德：一种分析的视角

服务，他将成为那趟航班上唯一的乘客。完全可以想象，没有这项权利，约翰将需要艰难忍受坐在吸烟区所带来的一切不便，这确实有不合理之处，但是，事实上，除却要求航空公司为其提供专机服务，如果约翰并不将其享有的权利理解得如此绝对，或者还有另外一种可能，他可能会问问其他乘客愿不愿意和他换位置，即使不是全程换位置，至少可以暂时换换。

很多人都会认为，毫无疑问，从健康意识的角度而言，约翰所享有的权利表征了一种进步。无论这种权利在多大程度上得以实现，这种权利至少赋予了约翰一种不妥协的能力，如果没有这一项权利，约翰根本没有这样的对抗能力。如果没有这项抵抗权，约翰只能屈服，他没有任何的选择，只能被烟熏，或者想办法换位置，换航班，自己承担不便和相关代价。但是，如果没有这项权利，至少会有一种可能性，那就是约翰会对其他乘客能够心存善念有一定的期待，并有动力通过对话、通过沟通解决他所面临的困境。

在这个例子中，约翰所享有的权利赋予了他一种不妥协的抵抗权，在自己的权利主张上坚决不让步，但是并不是所有的权利都会产生同样的效果，或者说并不是所有的权利主张者都会主张"因为有了某种权利，所以必须实现这一权利，必须要实现这一目标"。比如说，如果认为是因为堕胎权的创设才带来了人们堕胎的请求权、对堕胎的欲望，这一欲望在堕胎权被确立之前根本不存在，这样的看法实在是令人难以置信、难以接受。这一权利的产生只是为怀孕妇女提供了一种选择，我们很难想象一个怀孕妇女会这样表达："我因为被赋予了堕胎的权利，所以我想要而且必须这样做。"当然，抵抗权的产生、欲望的出现，这不仅仅是自由主义政体所要面对的独特的问题。所有的成文法都会创设权利，比如，右行规则确立了右行权利的同时也就禁止左行。任何社会如果不考虑它核心的政治原则的差异，只要它通过专门的立法确立特定的权利，就会产生约翰式的不妥协和抵抗。如果说在权利本位的自由主义当中，这种抵抗和不妥协更为常见的话，这是因为相较其他社会，在一个自由主义的社会中，我们更容易公式化地将问题归结为权利问题。

第三点，权利话语会导致权利享有者对自身所获得的成就产生一种特定的自豪感，从而淡化、忽略在他们所取得的成就中对他人、对合作的依赖。托克维尔在评论民主社会的公民时就发现，他们有这样一种趋向——"认为一切的成就都是他们凭借一己之力获得的，并想象着他们能够将一切命运操控在自己手中。"①特别是涉及财产权时，这种想法更为常见。没有人比约翰·洛克更好地注意到了这点："当他行走在路上的时候，他不断地夸赞自己的力量和双腿，在这么短的时间之内带自己前行了那么远的距离，他将一切归功于自己的强健；而丝毫没有考虑到他人的付出和牺牲，如果没有人清理树林、没有人排干积水、没有人修建桥梁，从而确保道路的畅通，那么即使他再强健，也不过是事倍功半。"②洛克所描绘的这种自大并不是自由主义的国度所独有的。骄傲作为人类堕落之源从亚当的故事开始一直流传至今。事实上，自由主义思想家从其先驱霍布斯开始就不断地警示骄傲自大对人类暗藏的危险所在。事实上不难理解，如果一种政治和社会组织形式更看重个人成就而不是社会分工，同时将个人基于个体劳动所获得的财产权利作为整个社会的规范核心，那么就会助长社会成员有意识地忽略和遗忘使其成功成为可能的合作。正如托克维尔所指出

---

① 参见 Tocqueville, *Democracy*, p.508。
② 参见 John Locke, "The Reasonableness of Christianity, as Delivered in the Scriptures", in *The Works of John Locke*, 10 vols.(London: Thomas Davison, 1823), Vol. 7, p.145。

第二章 自由共同体和公民美德：一种分析的视角

的,无论是封建主义的还是古典共和主义的社会都秉持一种社会有机体的观念,认可每一部分的社会构成,以及社会次序对共同善、社会繁荣所作出的贡献。他写道:"贵族制国家将每一个人联系起来,从农夫到国王,构成一条血脉相连的链条,但是,民主却打破了这一链条,解除了每一种联系,让每一个部分自由。"①

自由主义与共同体、社群之间的关系有着不同的发展可能性。事实上,那种决绝地宣称"权利本位的自由主义与共同体之间存在固有的内在冲突"的观点本身是立不住的。自由主义可以主张,它的美德之一就是深刻认同共同体作为一切善的核心这一观念,在此基础上,自由主义认可每一个个体的不可侵犯性,通过确保每一个政体内部成员的重要权利不会为了他人的利益而被牺牲掉,以此增强共同体的凝聚力和实力。但是,即使认同自由主义与共同体、社群没有固有的内在冲突,至少在经验层面上,可以认为,自由主义在一些特定的情况下,是会对共同体具有破坏性的。

要勾画出自由主义与共同体之间的相互关系还需要更多的努力,同样,要澄清自由主义和共和主义制度体系的价值所在,也需要同样的努力,但是,这些都非本书一己之力足以涵盖。在对自由主义与共同体关系进行概括性描述时,我试图尽力去避免阐释性的争议从而能够准确地定义自由主义与共同体的关系。但是,即使是那些最优秀的自由主义的思想家们,包括麦迪逊在内,都认识到了自由主义与共同体不可避免的矛盾所在,并试图去调和这种矛盾。自由主义的社群与共和主义的社群是不同的,就像自由主义的公民美德异于共和主义的公民美德一般。对于自由主义者而言,最大的挑战是如何弱化深植于自由主义意识形态中的离心力,同时强化其思想体系中向社群、向公民美德的趋向力。

---

① Tocqueville, *Democracy*, p.508.

美国公民身份的基础：自由主义、宪法与公民美德

几乎很难找到有自由主义的思想家会极端地宣称，如果所有人始终在寻求私人利益的最大化，政体依旧可以存续①。美国的宪法创制者们对这样的观点深恶痛绝、难以接受。《联邦党人文集》的作者们也并不相信，仅仅依靠机构内部或者是社会外部的分权制衡就能够确保他们所创设的宪制国家的稳定。他们认为，对于国家的宪制稳定和繁荣而言，公民保有维护政权所需的情操和态度是必不可少的。这样的意愿和情操如何产生、如何培育，这是宪法创制者们以及他们的自由主义先驱们深刻思考过的问题。

自由主义的义务与公民美德

自由主义思想家很久以前就已经注意到，自由主义哲学中被正当化的自利会导致公民的不公正。关于奉行自由主义的正义原则去行动的动机问题（这是一个分析性问题，不同于"这些自由主义的原则是如何获得或者是如何推导出来的"这一问题），已经被从洛克到麦迪逊等一系列的思想家们认真讨论过。事实上，自由主义者一贯坚持在"自由主义的原则"以及"人们遵守这些原则的动机"之间进行区分。比如，以下的引文就体现了这种区分，第一段评论引自约翰·洛克，第二段引自约翰·罗尔斯。

> 道德规范由两部分构成，一部分是规则，这些规则确保了我们总是能够正义地行动，尽管这些规则不一定与我们真实的道义认知、我们的本性相符。另一部分是我们遵守这些规则的真实动机以及确保人们能够坚持这些动机的方法，后者

---

① 曼德维尔是18世纪这类极端例子的一个典型代表。参见 Bernard Mandeville, *The Fable of the Bees: or Private Vices, Publick Benefits*, with an essay by F. B. Kaye(Oxford: The Clarendon Press, 1924)。

第二章 自由共同体和公民美德：一种分析的视角

并没有为我们所熟知并正确地运用。①

> 无论一种正义理念在其他方面看起来是多么地有吸引力、引人注目，但是，如果它的道德心理原则无法有效培育起人们去践行它的强烈欲望，那么这种正义理念本身就是有瑕疵的。②

对洛克和罗尔斯而言，履行维持自由政体所应承担的义务是每一个个体所作出的理性选择。社会契约从每一个个体的立场上论证自身的合法性，只有每一个个体都同意签署，并能够从社会契约的制度安排中有所获益，自由主义的社会契约才具有正当性。同意是受到契约拘束的充要条件，自然状态下的个体所享有的同意权是完全平等的。对于每一个理性的个体而言，只有认为在签订社会契约之后，个人的境况要好于之前的境况，才有可能会同意缔结这一合作的计划。按照自由主义的契约假设，所有人的境况只有通过合作才会变得更好，因为只有通过建立一个公共的、具有强制执行力的法律体系，个体的安全和独立才能够得到好的保障。这两方面——同意和利益，共同构成了政治责任的自由主义理论：个体如果同意接受政体所提供的利益，就应该承担维护这一公共秩序的责任和义务。

政治责任的自由主义理论建立在理性观念基础上。这一理论要成立，所有人必须能够做到：(1)逐渐形成作为个体行动依据的善的理念；(2)认识到按照每一个人的理性计划去生活是离不开社会合作的；(3)最后，在此基础上认识到按照有助于建立一套正义

---

① 转引自 Nathan Tarcov, *Locke's Education for Liberty* (Chicago: University of Chicago Press, 1984), p.77.

② John Rawls, *A Theory of Justice* (Cambridge, Mass.: The Harvard University Press, Belknap Press, 1971), p.455.

体系的标准去行动的必要性。每一个自由主义的国家的成员都应该认识到,对于个体所追求的善而言,维持社会合作计划是本质要求,因为只有通过社会合作,个体所追求的善才有可能实现。

尽管这一自由主义的义务观念在理论上是令人信服的,但是在实践中却存在很多问题。在前文的第一段引文中,洛克指出,正义的原则对于大多数人而言,是可以凭借直觉理解的,但是,个体在其所处的各种社会团体中要能够真正遵守这些原则,必须要具有一定程度的公正无私的美德。然而,美德并不会理所当然地自发产生。这一点被罗尔斯不断地强调,他认为,判定是否接受一个正义计划的重要标准就是,这一计划是否能够有能力培育公民形成真正支持和践行这一正义规则的动机。正义的原则也许可以通过理性发现,或者通过道德直觉发现,但是更重要的是依据这些原则去行动的动机是什么样的。一般而言,行动的动机纯粹就是一种经过理性计算所形成的倾向(prudential inclinations),或者是休谟所宣称的有限的仁爱(limited benevolence)。对于美国建国者而言,特定倾向源自激情或者是兴趣。美德,在自由主义的语境之下(尽管不仅仅在自由主义的语境之下),一般是指一种公正行动的倾向,这种倾向异于理性计算,这就意味着对于有美德的人而言,即使依据理性计算并不应该这样行动,但他依旧会从事特定的行为。

然而,社会生活中一个固有的特征却在于,不同于严格遵守社会义务、承担社会责任的契约承诺,偏好正义的品质和理性计算的能力常常会激发不同的行动。大量的证据表明,尽管社会契约理论假设了利益的一致性和全体一致同意性,但事实上,在自由主义的政体中,由于资源的稀缺而引发的冲突是一种常态。这主要是由两个原因造成的。首先,尽管合作的规则是获得相互认可的,但

第二章　自由共同体和公民美德：一种分析的视角

是在一个通过契约构建的政体中，人们即使忽略这些合作规则对他们所施加的限制，依旧可能获得更好的收益和结果。其次，在一个大型社会中，即使个体没有尽到维护公共秩序的责任，他对公共秩序所构成的固有威胁也并不是非常明显。因此，对于个体而言，他只需要充分享受合作、联合的好处，而无需承担任何代价和成本责任，尤其是这样做对于提供这些好处的契约计划所带来的损害本身也不是非常明显、很难被察觉时。这就是现代经济理论在描述集体行动时所提到的搭便车问题的本质所在[①]。

如果接受相对无争议的关于对人性以及原初状态(自然状态)的假设，就会认为，正义的原则完全可以通过理性发现，这也恰恰是社会契约论所宣称的。当然，情况也许并非如此，至少对于那些生活在大型的、复杂的社会中的人而言，就很难得出同样的结论，他们的行动动机很难用同样的原理推论而出。尽管如此，依旧可能存在一个特定的社会情形，不合作的倾向会被同时视为不审慎(不理性)和不道德的行为。其中比较极端也比较少见的例子是，在一个仅仅由两方构成的社会中，任何一方的不合作，都会导致社会的瓦解。例如，在一艘船上只有两名划桨者(X 和 Y)，如果划桨者 X 不再划桨，无论划桨者 Y 做什么，船都无法回到岸上[②]。在这种情况之下，理性考量和道德考量就达成了一致。另一方会劝不划桨的这一方划桨，搭便车的问题也将不存在了。

[①] 参见 Mancur Olson, *The Logic of Collective Action* (Cambridge, Mass.: Harvard University Press, 1971)。当然，并不是所有的搭便车者都存在道德缺陷。这取决于公共利益决策的方式以及个体基于什么样的理由没有对公共利益作出贡献。一个良知不服从者也可能基于崇高的道德理由而成为一个搭便车者(他享受了国家提供给他的安全)。但是，如果一个人既认为决定作出的程序本身是公正的，也没有任何有说服力的道德理由可以拒绝承担其应该承担的义务，那么这个时候，就可以对其进行道德谴责。

[②] 这是休谟所举的例子。参见 David Hume, *An Enquiry Concerning the Principles of Morals*, edited by J. B. Schneewind(Indianapolis: Hackett 1983), p.95。

美国公民身份的基础：自由主义、宪法与公民美德

列举这一特殊情境是希望能够让大家注意到，事实上，在更多的情况下，道德动机和理性动机之间无法保持一致，是存在各种张力甚至是冲突的。这就解释了为什么在自由主义的政治交往中搭便车现象作为一种常态始终存在，以及为什么《联邦党人文集》的作者们那种认为完全可以通过制度和政府运作机制的审慎设计来确保社会稳定和自由的想法是根本行不通的。《联邦党人文集》的作者们以为如果能够精良设计制度框架和政府运作机制，就能够有效平衡个体的自利追求，对抗彼此对立的党争、派系之争，这种观念的不合理性在这里暴露无遗。认识到自由主义当中这种道德动机和理性计算动机之间的张力，事实上彰显了自由主义在理性之外寻求其他资源的必要所在。对于那些更愿意做一个搭便车者而不是一个公民的人，以及那些愿意做独裁者而不是合法统治者的人而言，仅仅通过制度课以必要的审慎理性责任显然是不够的（*other than prudential* response），需要寻求其他的资源支持，才能真正促成个体道德的行动①。

对于想要探究自由主义的核心假定与公民美德之间联系的人而言，自由主义是如何看待搭便车的问题，以及如何回应搭便车者的思维理性的，这是一个中心议题。因此，必须对自由主义的思想中是如何理解搭便车现象以及如何应对搭便车现象进行深入的探索。这样做能够帮助我们在后面的章节中理清在美国建国的辩论中出现的一对极其复杂的关系，即权利、利益话语与美德话语之间的关系。

霍布斯对搭便车问题作了这样的总结，对于霍布斯口中的"愚昧之人"（fool）而言，"根本没有任何被称为正义的东西存在……

---

① 这里之所以要用斜体，是想将这种责任与"道德责任"区分开来。这里蕴含了一种特殊的自觉性和责任心，在这个阶段我还不想涉及这种特殊的自觉性。

第二章 自由共同体和公民美德：一种分析的视角

每一个人全情投入自己所在乎的事物。无论是制定还是不制定，遵守还是不遵守契约，只要能够让个体受益，都是合乎理性的"①。对于这样的思维，有限的回应就是，这些"愚昧之人"误读了理性思维对我们的引导，通过无视法律所获得的利益并不足以抵消这样的违法/不合法行为所蕴含和带来的风险。霍布斯似乎注意到了这种风险，他写道："这些愚昧之人常常宣称，他们在理性的指导下选择违反契约，这种人是无法为旨在保卫和平、有效防御外来侵略而团结起来的社会所接纳的。除非这种社会中的其他人基于错误而接纳了他。但是，个体不能心怀侥幸，将自己的安全寄托在类似的错误上。"②霍布斯认为，那些真正全面关注自身利益的理性人会选择最为安全的方法保护自身的生命和财产。而那些愚昧之人，由于不遵守法律，从而将自身置于一种不必要的危险境地中。愚昧之人之所以敢于这样做，是因为他将"享有权利并获得充分权利保障"这一政治共同体资格的保有希望，完全寄托于共同体中其他成员对其(违反契约)行为的忽视这一可能性上。

但是，这种基于理性的风险考量对于"愚昧之人"的说服和回应事实上是充满各种短板、软弱无力的，霍布斯自己也认识到了这一点。其中"犯罪必然要付出代价"这一说法的弱点是最为显著的。对愚昧之人，似乎最好的规劝就是，违反法律将被剥夺自由。但是，在多大程度上愿意用自由去换取其他形式的利益和善，人与人之间的意愿差异还是很大，因此，上文所提到的理性人会选择的最为安全的方法并不意味着是每一个人必然的选择，也并不构成审慎理性的绝对命令。在一个政治共同体中，那些最不在乎风险

---

① 参见 Thomas Hobbes, *Leviathan*, edited by Michael Oakeshott(New York: Macmillan, 1962), p.114。
② Ibid., p.115.

规避的人通常就会是搭便车者,他们是最不接受霍布斯审慎理性论证的群体,因此,这一基于理性的对于"愚昧之人"的说服和回应论证在现实中的影响力就被大大减损了。

除了上文所提到的原因,当个体考虑到社会成员间风险规避的机会并不完全平等时,霍布斯的论证的说服力和接受度将再次被削弱。由于政体成员之间在财富和权力上存在着实质性的差异,因此他们风险规避的能力也存在实质性的差异,财富和权力能力的增长相应地也会带来抗击风险能力的提升。例如,相较只能依靠法律援助的人,如果我有实力聘请一名技艺精湛的律师为我逃避法律的行为提供咨询,或者即使在最糟糕的情况下,如果我被捕,他依旧可以帮助我逃避法律的惩罚或者是减轻处罚,那么我就会冒更多的风险去违法,而不是守法。基于此,霍布斯的论证的说服力再次被削弱。似乎只有对于那些本来就没有动机、也没有能力成功搭便车的人,这一论证才最具说服力。

霍布斯对于自己这种基于理性对"愚昧之人"的选择所作出的回应存在的弱点,有着清楚的认知,这一点在其对于道德论证的依赖中彰显无疑。他的道德论证是在其有关自然法的讨论中体现和发展的。自然法被认为是那些通过理性发现的规则,这些规则禁止我们去采取那些有损自己生活的行动。霍布斯在介绍自然状态时,清楚地阐述了以下的观点:相较合作而言,不合作的行为会让个体的境况变得更为糟糕,这是一般规律。霍布斯也进一步指出,在共同体中,遵守合作所需的相关规则的意愿不能仅仅从自利的动机中获得。因此,霍布斯试图去说服那些愚昧之人,不能在任何情况之下都将理性计算、审慎考量作为自己行动的唯一动机,必要的时候应该抛弃这种动机。

霍布斯关于道德的论证,其核心在于对于自傲本身的排斥。

第二章 自由共同体和公民美德：一种分析的视角

自傲意味着一个人无法平等对待本质上与自己平等的其他人。自傲导致傲慢，傲慢就会导致个体认为要求他人服从自身具有某种正当性。类似缺陷主要源自一种假设：有的人基于自身特定的品质天生就被赋予了其他人无权享有的特定的正当性和善①。自傲的人将其他人所没有而唯独自己所有，或者是自己拥有的比他人更多的特定属性，如财富、学识或者政治权力，在很大程度上都归结为天生的优越性。霍布斯则反驳这样的观点，指出这些人所享有的一切都是社会合作的产物。他认为，"现今所存在的不平等都要在法律文明的语境之下重新诠释"②。一个人在一个共同体中所享有的特权地位并不能意味着他不受法律的管辖，恰恰相反，这意味着他/她应受到更多的法律约束（因为他/她从这个社会中获得了更多）。

自傲是一种根本性的缺陷，它不仅仅证成了违法行为的正当性，一切的恶事实上都是源于自傲。在霍布斯看来，人天生就自命不凡、自恃清高，这成了将自然法作为其行为准则的最大障碍。霍布斯说："其实所有的人都知道，践行这类原则的障碍与其说是来自内容的晦涩艰深，不如说来自学习者缺乏兴趣。有权势的人根本不愿意从任何通过建立新的权威而剥夺其影响力的事物中习得任何有益的信息；有学问的人也很难从揭示其学术瑕疵和错误，从而使其威信受损的事物中有所受益。"③

自然律法并不需要多么伟大的推理行为去发现，它们源自《圣经》，通过"己所不欲、勿施于人"（Do not that to another, which thou wouldest not have done to thyself）④这一黄金准则得以全面

---

① Hobbes, *Leviathan*, p.120.
② Ibid., p.119.
③ Ibid., p.249.
④ Ibid., p.122.

美国公民身份的基础：自由主义、宪法与公民美德

阐释。要做到遵守自然律法、行动公正，需要有这样的意愿和自觉，即在考虑、权衡自身行动与他人行动的价值时，不应该受到自己激情和自爱情绪的影响①。然而，这样的意愿只有在有君主权力——主权保障时才能真正出现。尽管自然律法约束良心，但是只有在确保其他人也会同样守法时，人们才会真正遵守自然法。霍布斯思想所包含的绝妙讽刺之一就是，君主的存在变成了人们过一种有道德的生活的必要条件。而当他们过一种有道德的生活时，至少在一定程度上又强化了君主——主权的权威，确保了政治秩序的稳定。

关于理性计算、审慎理性的局限性讨论引发了很多经验性和理论性的问题。要确保一个自由的政体的稳定需要多少美德，以及有多少人需要践行这些美德？这就是一个涉及经验性问题的很好例子。一般性的道德品质以及特殊正义的品质是如何出现的，不仅仅是经验性问题，也是理论性问题。但至少目前以下观点是极为清楚的：一个人如果认为保有自由是极为重要的目标，同时认同，要认识到和实现这一目标，就离不开有德性的公民的培育。那么，是否充分考虑"培育这样正义感的公民需要什么样的条件"，就成为衡量一个自由主义的政府的正当性的重要方面。类似的考量主要就是通过探索"让大众接受和服从自由主义规范的社会和心理基础"来展现的。

之所以要考虑合法性（legitimacy）基础，目的是确保政府拟实施的自由方案是切实可行的。这些方案只有在政体所需的美德真正获得持续的培养和践行时，才是切实可行的。在考虑合法性基

---

① Hobbes, *Leviathan*, p.122.对于针对"霍布斯是社会个人主义的信徒"这一一般性理解的批判，参见 Ron Replogle, "Personality and Society in Hobbes's *Leviathan*", *Polity* 19(Summer 1987), pp.570-594.上文呈现的很多分析都是从这篇文章中产生的。

第二章 自由共同体和公民美德：一种分析的视角

础时，不仅仅要评估人们应该如何行动(how people ought to act)，同时还需要评估，基于我们对于人类行动动机的理解，在多大程度上人们会这样行动(how they are likely to act)。基于此，我们将质疑，单纯依靠向公民提出公民美德要求以确保其存续的城邦，尤其是这种美德要求是基于对道德心理最为严苛的考量所提出的，其现实的可操作性和存续的可能性有多大？同样，我们需要不断地质问自己，为什么一个基于合作计划而构建的社会却会完全出乎意料地导致公民不合作品质的出现？第一类政体的瑕疵会在以下情况下显得非常突出，即其向公民提出的公民美德计划中，需要公民之间践行超出常规的、几乎等同于英雄或者是圣人的自我牺牲和善举时[1]。第二类瑕疵与我们关注的问题更相关，因为这是古典自由主义特有的问题。

政治上的义务及责任与践行这些责任和义务的动机之间是什么样的关系？这一问题答案的得出依赖对于人类认知和情感构成的看法，依赖对人与人之间、人与上帝之间关系的看法。从17世纪到18世纪晚期，回答这一问题的方式越来越倾向一种心理学模式。通过对约翰·洛克思想的基本脉络作一个概括性的梳理，我们就能够理解这个发展的基本历程。

---

[1] 关于自由主义政体中公民所应该享有"常识"范畴内的美德的讨论，参见 James Fishkin, *The Limits of Obligation* (New Haven, Conn.: Yale University Press, 1982)。

第三章
约翰·洛克:践行自然法义务和公民动机问题

是什么有效激励了自由社会中的人们能够有道德地行动,同时履行其作为公民的义务,遵守国家的特定法律?尤其是考虑到我们对自己,以及对自己所爱的人都持有特定的目标和欲望,而且这些目标和欲望很多时候完全可以通过将公民身份义务转嫁给他人(非自己亲自践行)得以更好地实现和发展。毫无疑问,国家的强制力构成了促进我们履行义务的重要动机。但是,除了强制,还需要更多的公民动机能够发挥作用。如果一个自由的政体赋予了其公民广泛的个体自由,但是政体中的大多数人民没有展现出对政体足够的忠诚,无法确保在大多数情况下都遵守国家的法律,那么这一政体是根本无法维系的。

基于以上判断,那么像约翰·洛克这样典型的自由主义思想家——他是自然权利和基于同意的政府这一自由主义核心话语的主要倡导者,同时在英裔美国人的政治议题中呼吁宗教宽容——居然花费了大量的时间思考道德和公民动机(我认为主要是与正义有关的道德动机),以及如何从神学和政治的角度看待公民道德及其动机问题,就一点也不显得奇怪了。作为一个基督教思想家,洛克不断地追问,人类那些与正当性观念相契合的行为是如何在

第三章 约翰·洛克：践行自然法义务和公民动机问题

自然律法与神圣律法中得以体现的。作为一个公民，他给他的绅士朋友们写了大量的信件询问，他们是如何培育孩子们能够真正自由地生活的？洛克很好奇，孩子生下来就有要主导、统治他人的自然偏好，他们是如何抑制这种冲动，同时让自己遵守那些对于保有一个正义的国家而言必不可少的行为规范的①？对于这两个疑问，洛克最终求助于较为粗陋的享乐主义心理学。就像美国宪法的创制者一样，洛克认为，培养公民身份的动机就像用一个模子来规训和塑造公民的激情，需要通过那些与自由主义原则相符的、较为不显眼的、隐形的方式实现。

我们现在对于洛克的研究兴趣主要集中在他是如何理解对于政治共同体忠诚的来源以及如何理解那些可以被称为公民美德的、追求正义的品德的。探究洛克这方面思想的目的主要有三个层面。

首先，有一点是非常值得注意的，洛克作为一个有着浓厚自由主义背景的思想家，在他的著作中，对于良好运作和正义的共同体所需的美德的教化却占据了很大的比重。指出这一点，主要是要矫正一些（并不是全部）对于英裔美国人政治思想的共和修正主义的解读，依据相关共和修正主义的观点，只有在深受公民人文主义传统影响的作者笔下，才会出现美德或者是腐败这样的话语和议题。

其次，即使认为自由主义者是看重美德的，但是当他们提到"美德"时，他们到底在谈论什么？我认为，洛克提供了一个具有决定性意义的现代概念，构成了现代美德认知的起源，而这一定义与古典共和主义的概念完全不相容。他认为，大体而言，公共美德就是对人与生俱来的贪婪本性的限制，是维护社会秩序的必要工具。他没有按照古典范式来理解美德（或者说亚里士多德范式，这一范

---

① 参见 Nathan Tarcov, *Locke's Education for Liberty* (Chicago: University of Chicago Press, 1984)。

美国公民身份的基础:自由主义、宪法与公民美德

式被波考克在解释 18 世纪英裔美国人的政治思想时采用),他认为美德是追求美好生活品格的完美表现①。

最后,在有关公民美德的思考上,洛克是一个先驱式的思想家,他认为公民美德根植于激情之中,通过自由开明、不拘泥于形式的通识教育和社会化的过程得以生成和发展。洛克把作为未来公民的孩子视为一种理性人,认为他们的行为完全可以通过策略性地使用精神奖励和惩戒予以改变和塑造,尤其可以利用他们对于尊重的渴望对其行为进行引导。他所采用的方法既是经验的,也是规范的。这些方法不仅探究确保政权稳定的公民倾向和品德是如何出现的,同时也探究如何塑造这些公民倾向和品德以实现政权稳定的目标。我并不认为洛克在这个问题上对美国的宪法创制者们构成了直接的影响,尽管我们很有自信,美国政治正当性的基本原则在很大程度上是"洛克式"的②。但是,他却提供了一种

---

① 关于美德的进一步说明,详见本书第 96 页注释②。
② 约翰·邓恩,这位矫正了很多我们对洛克政治思想误读的学者,并不认可洛克最主要的政治著作《政府论》(上下篇)对美国 18 世纪政治思想的影响。他认为,《政府论》在 1750 年之前并没有被广泛传阅,只有少数精英接触到了《政府论》。参见 John Dum, "The Politics of Locke in England and America in the Eighteenth Century", in John W. Yolton, ed., *John Locke: Problems and Perspectives*, (New York: Cambridge University Press, 1969), pp.45-80。邓恩并不否定,在这之前,洛克作为一个知识学家/认识论专家已经具有一定的名望,那些阅读过他《人类理解论》的人,几乎没有人注意到这本书作为政治著作的价值所在。此外,邓恩在研究洛克的影响时,更多地是关注他的著作在私人图书馆的借阅情况,这很有可能低估了洛克著作的影响。有大量的证据表明,洛克的政治思想主要是通过政治宣传手册这样的二手资料予以传播的,甚至很有可能在很大程度上,是通过牧师布道的方式在革命时期产生影响的。关于前一种传播方式,参见 Donald Lutz, "The Relative Influence of European Writers on Late Eighteenth-Century American Political Thought", *American Political Science Review* 78 (March 1984), pp. 189-197。关于后一种传播方式,参见 Steven M. Dworetz, *The Unvarnished Doctrine: Locke, Liberalism and the American Revolution* (Durham, N.C.: Duke University Press, 1990)。在本书的第五章和第七章,我将介绍联邦党人和反联邦党人思想的洛克式特征。(与洛克思想的相似性)这个问题对于我而言,比追寻洛克思想的影响(是不是直接受到洛克影响)要来得重要,后面这个问题将留给更有能力的历史学家去探索。关于洛克思想影响的方法论问题,参见本书附录。

第三章 约翰·洛克:践行自然法义务和公民动机问题

培育公共美德的方法,他认为公共美德根植于激情,视其为对与生俱来的自私倾向的必要制约。此外,他提供了一种有关公民美德培育的典型的自由主义的理解。他认为,国家在塑造这些美德的过程中扮演极其微小的角色。相反,这些美德大体上是从激情这一私人和非强制性的渠道中产生的。这种方法后来由休谟和斯密进一步发展和完善,并最终在美国政治实践中被宪法创制者们所倚赖、所实践。

洛克关于公民美德和忠诚的思想并没有在专门的章节中予以论述,也没有出版相关的书籍,但是这些思想却散见其著作各处,并贯穿其著作始终。为了更为准确地理解洛克,同时将自由主义作为一种不断发展的政治思想和实践对待,我们必须将以上思想放置在洛克思想更为广泛的概念体系中去理解,包括自然法、自然法所形成的义务,以及履行以上义务的意愿等。前两个议题(自然法和自然法所形成的义务)是洛克所有著作的核心,这两个议题贯穿了从其早期《自然法论》(*The Essays on the Law of Nature*,未发表)到《政府论》(上下篇)(*Two Treatises of Government*)的所有作品。第三个议题(履行义务的意愿)在其广为流传的有关绅士教育的著作中讨论良多①。

---

① 提供一个本书所引用的洛克的主要著作的大事记也许是有帮助的。*The Essays on the Law of Nature* 洛克从来没有发表过,是其在牛津以道德哲学检视为题所进行的一系列演讲的汇编,大概写成于 1660 年年初,是洛克二十多岁时的主要作品。洛克的《人类理解论》(*The Essay Concerning Human Understanding*)以及《政府论》(上下篇)(*Two Treatises of Government*)首次出版于 1690 年,尽管基本确定,《政府论》上篇整体和下篇的大多数内容在 1688 年光荣革命之前就已经完成。《教育漫话》(*Some Thoughts Concerning Education*)出版于 1693 年,其主要内容是关于教育的有关思考。《教育漫话》的有关思考始于 1683 年,洛克的朋友爱德华·克拉克(Edward Clarke)请他在儿子的教育问题上给一些建议,《教育漫话》就是洛克给他写的一系列回信。《圣经中体现出来的基督教的合理性》(*The Reasonableness of Christianity as Delivered in the Scriptures*)出版于 1695 年,即洛克去世前九年。

践行责任:从自然法到人类行动

当下针对洛克的学术研究都主要关注彰显其政治思想和哲学思想的神学部分,这些类似的学术成果对于那些试图掌握洛克学术思想整体镜像的人而言,是没有任何新的启发的。洛克几乎一半以上的著作都在讨论以下主题:宗教宽容,理性与神启之间的联系,基督教教义作为日常生活的道德准则。理查德·阿什卡夫特(Richard Ashcraft)在其最近出版的著作中引导我们质疑将洛克作品做宗教类与世俗类区分的合理性①。阿什卡夫特认为,围绕宗教异议所展开的争论,无论是洛克还是其他宗教异议者,他们的观点都展现了浓厚的哲学意味,围绕从最狭窄意义上的认识论思想到最具政治性和最具争议性的问题展开了全面的讨论。

洛克无论是在涉及有关财产权问题的论述,还是有关对于国家义务的阐释中,都从自然法中获取了大量的理论支持,自然法在洛克政治主张中的中心地位,在约翰·邓恩(John Dunn)、詹姆斯·塔利(James Tully)以及其他学者最近的著作中获得了大量的阐释。塔利识别出了自然法推理中一些最为本质的特征,同时指出,洛克的理论满足所有这些基本特征。自然法思想的根基在于,认为存在着为万事万物立法的立法者。由立法者所颁布的自然法,是以规范的方式出现的,通过我们的理性发现的。此外,为了确保其法的效力得以充分发挥,这些法律的实施必须通过奖励和惩戒予以实现②。

---

① 参见 Richard Ashcraft, *Revolutionary Politics and Locke's Two Treatises of Government*(Princeton, N.J.: Princeton University Press, 1986), especially p.127。

② 参见 James Tully, *A Discourse on Property*: *John Locke and His Adversaries* (New York: Cambridge University Press, 1980), p.39。

第三章 约翰·洛克:践行自然法义务和公民动机问题

洛克在其《人类理解论》(Essay Concerning Human Understanding)中的有关主张首先是从证成自然立法者的存在开始的,自然立法者的存在是洛克哲学思想的前提。洛克在其著作中以其独特的语言阐述了自然法如何赋予人们义务并以其特有的方式颁布。洛克在《政府论》(下篇)中写道:"自然状态有一种为人人所应遵守的自然法对它起着支配作用;而理性,也就是自然法,教导着有意遵从理性的全人类:人们既然都是平等和独立的,任何人就不得侵害他人的生命、健康、自由或财产。因为既然人们都是全能和无限智慧的创世主的创造物,既然都是唯一的最高主宰的仆人,奉他的命令来到这个世界,从事于他的事务,他们就是他的财产,是他的创造物,他要他们存在多久就存在多久,而不由他们彼此之间作主;我们既被赋有同样的能力,在同一自然社会内共享一切,就不能设想我们之间有任何从属关系,可使我们有权彼此毁灭,好像我们生来是为彼此利用的,如同低等动物生来是供我们利用一样。正因为每一个人必须保存自己,不能擅自改变他的地位,所以基于同样理由,当他保存自身不成问题时,他就应该尽其所能保存其余的人类,而除非为了惩罚一个罪犯,不应该夺去或损害另一个人的生命以及一切有助于保存另一个人的生命、自由、健康、肢体或物品的事物。"①不能自伤和伤人的义务直接源于我们都是神圣造物主的创造物,只有他保有了对我们的一切权利,我们无权彼此做主。

洛克所持的依赖我们的理性去发现自然法义务的观点与其在《人类理解论》中所倡导的经验主义的心理学之间并不存在不一致

---

① 参见 Locke, *The Second Treatise of Government*, in *Two Treatises*, par. 6, p.311。

的地方,尽管这点即使在洛克那个时候也并不是很明显①。这种经验主义的神学重要性被对待洛克极为友善、观点却复杂多变的读者詹姆斯·泰莱尔(James Tyrrell)注意到了,他在著作中提到,他发现神学家们对一件事情极为反感和恼火,即那些早已成为深入人心的法律的宗教教义本来是极为美好和易懂的,但现在(在洛克那)却被认为是虚假的、无用的②。泰莱尔是对的,他注意到,洛克对这些与我们的自然职责有关的令人愉悦的特定观念的拒绝和视而不见(反诉诸理性)。他同时注意到,洛克所提出的理性主义的要求事实上是不易达到的,因此,如果要达到预定的目标,也不能仅仅诉诸人的内心。但是,如果细读洛克,就会发现泰莱尔口中的神学家们不应该被洛克的意图所激怒。

洛克认为,上帝创造了人类和世界之后,指导人类通过他/她的感官和理性生存,就像上帝通过赋予其他下等动物感官和本能从而令其具备生存能力一样③。但是,人类是唯一有能力反思自身感官体验的物种,因此,自然法只向人类显现。人类的反思能力不仅使其在自身之外认识到神作为造物主的存在,同时也使其在一定程度上认识到了造物主将其视为道德代理人的基本要求。因此,如果认为上帝造人,同时赋予其理性与创造性的才华,最终的目的是

---

① 关于洛克在道德问题上始终秉持一贯的理性主义的主张,参见 Jeremy Waldron, "Property and Locke's Method of Natural Law", paper presented at the Northeastern Political Science Association's annual meeting, Providence, 1988. 同时参见 John Dunn, *The Political Thought of John Locke* (New York: Cambridge University Press, 1969), p.92. 邓恩持有一种不是很强势的观点,他认为洛克至少有理由可以主张,他的政治思想与《人类理解论》在认识论上是一致的。认为洛克在《政府论》中对自然法的依赖与《人类理解论》所持的经验主义之间存在冲突的观点,参见 Laslett's Introduction to Locke's the *Two Treatises of Government*, p.98.

② 参见 Richard Ashcraft, "Faith and Knowledge in Locke's Philosophy", in John W. Yolton, ed., *John Locke: Problems and Perspectives*, pp.200-201.

③ 参见 Locke, *The First Treatise of Government*, in *Two Treatises*, par. 86, p.242.

让这些才华被荒废、闲置,那么这样的想法就是极其荒谬的。因此,人类劳作、使用理性不仅仅是出于对于生存必需的需求,事实上,也是基于对上帝明确意图的领悟和践行,是其义务所在,他必须这样做①。此外,通过反思自我保护的本能,每一个人都能够领悟上帝要求平等珍视每一个个体、保证每一个个体的生存的意图。

> 由于上帝既然已亲自把保存自己生命和存在的欲望(十分强烈的欲望),作为一种行动的原则扎根于人的身上,作为人类心中上帝之声的理性,就只有教导他并且确保他:按照他所具有的自我保存的自然倾向行事……他需要确保自己的存在,服从他的创造主的旨意。因此,对于那些通过他的感觉或理性发现可供使用的创造物,他就有权利使用。这样说来,人类对于万物所享有的财产权是基于他所具有的天赋权利,这种权利意味着他可以利用那些为他生存所需或有用之物。②

我们反思我们的本质事实上是凭借感觉和本能存在的生物,目的是为了在考虑人与人、人与自然之间的相互关系时,找到自己在这个世界上恰当的位置。这种反思必须在一些事情上得以反映。因此,强调感官体验的核心地位就成了一个起点。但是,这么做的最终目的是彰显我们的义务事实上都是围绕自己作为依赖造物主意志存在的上帝创造物所展开的。

洛克终其一生都在其著作中坚持"人不过是上帝的创造物"这一基本观念,并用其支撑他的全部道德和政治哲学。但是,洛克在其后期的写作中对其早期作品所持的自然法理论立场作出了重大转变。洛克逐渐开始关注动机上的享乐主义,在其后期的作品中,

---

① 参见 John Dunn, *The Political Thought of John Locke*, p.219。
② 参见 Locke, *First Treatise*, in *Two Treatises*, sec. 86, p.243。

他更多地关注人类行动的真正动力源泉所在(为什么会这样做),而不是我们行动本身的善恶问题。

洛克的最早期有关道德哲学的作品非常依赖托马斯·阿奎纳的思想,极为强调自然法的约束力所在。在《自然法论》①中,洛克宣称神圣律法主宰着人类的良心,"所以,人们并非因为对惩戒的恐惧才受到约束,而是基于对什么是正确的理性认识而受到约束"②。他同时坚持认为,对于惩戒的恐惧并不是义务的根据所在,无论这种恐惧提供了多么强烈的心理激励让我们去履行这些义务。自然法的强制力源自它是上帝意志的表达。洛克认为:"我们注定了要遵守上帝意志的权威,因为无论是我们存在本身还是我们所从事的一切事务事实上都是依赖他的意志而存在的。"③尽管在他之后的作品中,这种"人类作为上帝的创造物和代言人"的观点始终贯穿其中,但是,洛克越来越少地依赖"人类行动被理性对自然正当性的理解所引导"的观点,而是将享乐主义以及对神圣惩戒的畏惧作为其思考人类动机的核心。

洛克这种思考重心的转变,即从早期关注从自然法中推导出道德假设和道德标准,向后来更多地深入考虑如何能够让我们的

---

① 《自然法论》中收录的是洛克 1660 年之后写作的文章,比他主要的哲学著作——《人类理解论》的发表早了近 30 年。——译者注

② 参见 W. von Leyden's Introduction to John Locke, *Essays on the Law of Nature*, edited and introduction by W. von Leyden,(Oxford: Clarendon Press, 1954), p.71。

③ Ibid, p.183. 同时可参见 *The Reasonableness of Christianity*, in *The Works of John Locke*, 10 vols.(London: Thomas Davison, 1823), Vol.7, p.143。洛克有关自然法强制力来源的唯意志论和唯理论混杂的观点的讨论参见 James Tully, *A Discourse on Property*: *John Locke and His Adversaries*, especially p.41。塔利认为,洛克所宣称的理性主义宗旨,即自然法是通过理性发现的,按照独立的标准来看是充满了智慧的、和善的,但是,洛克拒绝承认进一步的推论,即"自然法通过理性被发现"这本身是自然法的效力源泉所在。洛克坚持认为,自然法所具有的强制力源于它们是上帝意志的表达。

第三章　约翰·洛克：践行自然法义务和公民动机问题

行动与自然法相契合,在其对自己早期作品《自然法论》出版的拒斥中得以部分地见证。在《自然法论》中,相较后来的作品,他认为自然法作为道德的根基更为牢固、更为充分。同时,洛克也没有实现他在起草这部作品时所作出的承诺,即在作品中展现他所考量的自然法的全面图景。

洛克没有完成这一承诺的原因,众说纷纭。W.冯·莱登(W. von Leyden)怀疑,洛克之所以会放弃这一努力源于他对于道德所具有的示范性特征越来越深的怀疑①。很难说这种观点是真是假,因为没有看到洛克直接表达过这种疑问。此外,还有可能是因为洛克当时参与了很多实践,而这些实践的效果似乎在洛克看来并不容乐观,比如,他在《政府论》(下篇)中为财产权提供了特定的道德论据,但是这种道德论据在现实中的影响似乎有限②。似乎是伴随着洛克对享乐主义的认知,以及他的哲学越来越多地受到经验的影响,他将更多的精力用来思考如何能够让人们真正依据那些依靠理性识别的道德原则行动③。无论是《人类理解论》还是《基督教的合理性》(*Reasonableness of Christianity*)都证明了洛克这种关注的转变,此外,洛克的其他从世俗视角谈论教育的写作也彰显了这种关注。

洛克逐渐淡化正当性的(内在)理性识别观念,越来越多地强调在促成人类善的或者是公正的行动中,(外在)奖惩机制所发挥的作用,这使得他在多大程度上依旧秉持自然法的理论受到了质疑。正如莱登所论证的,这两种思想之间很难有任何相似之处④。

---

①　参见 Leyden's Introduction to John Locke, *Essays on the Law of Nature*, p.75。
②　参见 Locke, *Second Treatise*, chap.5, in *Two Treatises*, pp.327-344。
③　参见 Dunn, *Political Thought of John Locke*, p.191。
④　参见 Leyden's Introduction to John Locke, *Essays on the Law of Nature*, pp.71-72。

美国公民身份的基础：自由主义、宪法与公民美德

莱登几乎要倡导一种两者完全不兼容的观点。莱登认为，洛克后来其实认为，即使是道德上的善与恶的认知也是基于一种现实的奖惩结果而产生，而不是理性的认知，比如，伴随着对上帝律法的遵守（善/好）或者是违反（恶/坏），你会感受到快乐或者痛苦①。

尽管洛克在这一问题上的观点并不是很清楚，但是我们有理由相信，莱登的观点有些超出洛克的意愿，洛克并不想与自然法作这样彻底的决裂。源源不断的奖励和惩戒分别代表了善与恶、好与坏，这并不是因为它们带来快乐或者痛苦，而是因为上帝选择它们作为实现其律法的手段。莱登的解释中（将善恶、好坏与人的快乐和痛苦等同起来）所蕴含的很多思想是洛克拒斥的，最为明显的就是这种解释将衍生出这样的一种观点——施加痛苦的力量可以作为道德的源头，这种观点可以为专治统治者正名，合法化其政权。其次，这样的解释事实上将道德等同于追求快乐最大化者的自我利益，然而洛克并不相信上帝愿意让作为其创造物的人类过如此没有意义和不堪的生活，洛克也不会把人类永久性的道德利益与人类所追求的世俗事务等同起来。尽管这种永久性的道德利益在很多情况下，与人类的快乐不谋而合。

洛克确实采用了一种有关善的主观主义的理论，但是他继续将人类所理解的善和"道德正直"（moral rectitude）作了区分②。这种区分主要是在洛克《人类理解论》完成之后的第三年，在一部未出版的著作中讨论好坏与意愿的关系（the relation of good and evil to the will）时提到：

---

① 参见 Leyden's Introduction to John Locke, *Essays on the Law of Nature*, p.71.
② 洛克事实上是将道德的判断标准和道德行为践行的动机进行了区分。并不因为践行某种行为会给人类带来快乐/痛苦就认为其在道德上是善/恶的，但是不能否认的是，如果能够带来快乐和痛苦，确实能够有效激励道德行为的发生或者是阻止不道德行为的发生。——译者注

第三章 约翰·洛克：践行自然法义务和公民动机问题

一个人能够从其行动中实际获得或者期待作为行动结果出现的快乐，其本身就是一种善，也能够从根本上影响和改变一个人的意愿。但是，这种行动本身的道德正直是一个独立的概念，本身并无所谓好坏，以及是否会影响一个人的意愿，尽管，快乐和痛苦始终伴随行动本身出现，或者作为行动的结果出现。作为一种能够对人的意愿产生激励效用的存在，这些快乐和痛苦在上帝将其作为道德正直与道德堕落伴生物的奖励与惩戒过程中尤其明显。但是，事实上当道德正直本身不取决于任何外在事物就被认为是善的，而道德堕落被认为是邪恶的时候，这种作为意愿激励机制的惩罚与奖励根本就没有必要存在。①

洛克以上有关动机问题的观点即使在《人类理解论》中也表现得极为强烈。在《人类理解论》中，洛克宣称："当我们通过外力作用于我们的思想和肉体时，就会产生快乐和痛苦，那些会产生快乐的东西，我们就称为好（good）的东西，而那些会产生痛苦的东西就被我们称为坏（evil）的存在。"②我们都会发现，好和坏都有能力影响我们的意愿。它们之所以有这样的能力，是因为本质上，它们完全可以等同于快乐或者痛苦的产物，而人类有趋利避害的本性。

洛克在这里所表达的观点受到了休谟的影响。休谟认为，理性是消极的，它并不是我们行动的起因。用洛克自己的话说："一个人很难被彻底地说服认为美德是有益的，也很难下定决心采取任何行动去追求这种公认的伟大的善，除非他无比渴望正义，除非

---

① 参见 Leyden's Introduction to John Locke, *Essays on the Law of Nature*, pp.72-73。

② 参见 John Locke, *An Essay Concerning Human Understanding*, edited with an introduction by John W. Yolton(New York: E. P. Dutton, 1961), pp.213-214。

对美德的求而不得已经让其感到极大的不适和不安。"①在论述这些观点时,洛克并不否认,道德正直与否必须与奖惩本身分离。但是他也确实承认,如果没有(通过外在的奖惩激发出)任何追求德性的恰当欲望,道德正直与否本身对我们而言,其实是无关紧要的。如果道德正直本身没有和内心中的欲望相互结合,那么本质上我们根本不会在乎道德正直与否。

如果一个人接受托马斯·阿奎纳式的自然法假设,就会觉得洛克完全从基督教的视野中产生对于享乐主义心理学的依赖,就像一定要把好与坏的观念与道德正直与否进行区分(separation of notions of good and evil from "moral rectitude")一样奇怪。洛克确信,一种彻底的享乐主义的计算,能够让一个人如圣人般善待他/她的心灵,这个世界上没有任何的快乐和痛苦能够匹敌永恒的幸福和不幸。"这一生没有任何的快乐和痛苦,"他写道,"能够与不朽的灵魂所感知到的无尽的幸福和剧烈的痛苦相提并论。"因此,真正聪明的人,一定会忽视那些与完美持久的幸福相悖的、转瞬即逝的现世幸福和痛苦②。

接着,洛克进一步追问,为什么人类总是疏于作出这种彻底的理性计算,而是冒险让自己陷入万劫不复的深渊?他分析认为,是因为人们局限于追寻自己的幸福。在这个过程中,我们趋向于更珍视那些一般的幸福,而不是更大程度的幸福。这不是因为我们没有欲望追求对自己而言最大的善所造成的,而是因为我们在辨别什么是我们更长远的利益所在的判断力上出了问题。尤其是,我们特别容易如此彻底地折现未来,从而导致被当下的快乐蒙蔽了双眼,忽略了那些远方的却更为伟大的事物的存在。"眼前的事

---

① Locke, *An Essay Concerning Human Understanding*, p.209.
② Ibid., p.226.

第三章 约翰·洛克：践行自然法义务和公民动机问题

物,似乎比那些伟大的却遥远的事物,显得更为崇高和伟大。"①

当然,如果仅仅置身于此岸世界,对于彼岸没有任何期待、毫无疑问,人类应该选择满足其现世的所有欲望,根本不需要考虑所谓的道德问题②。这也是无神论被视为是一种犯罪的原因,因为无神论一个很重要的影响,就是它会将一个人彻底地排斥在节制和文明的社会之外③。如果不考虑身后事,不存在彼岸世界,那么以下的结论就是完全正确的:尽情地吃喝玩乐,沉迷于现世的快乐中,因为也许明天我们就会死去④。

深植于人性中的弱点使得我们更珍惜当下的所得,并让眼前的欲望主宰了我们的行动,而对于那些超越现世生死的伟大与崇高视而不见。这种对眼前利益的关注主导了我们整个现世的行动。洛克在《人类理解论》中极力反对一种传统的认知,即认为人的意愿是被我们理解力所识别出来的那些伟大和崇高所主宰的,洛克认为并非如此(意愿更多地是被带来快乐与痛苦的感受,从而被我们视为由好的或者坏的事物所主导)。我们之所以会如此短视,是因为无论所谓的"道德正直"获得怎样透彻的理解,它依旧无法离开具体的欲望(desire)构成主导意愿(will)的力量所在,或者如果没有那种因为缺失道德正直就产生的不适和不安,它就无法影响我们的意愿进而无法影响我们的行动。除此之外,洛克提到,如果传统的观念是正确的,那么超越现世的善(good)能够决定我们的意愿,使意愿始终择善从之,并始终作为我们考虑问题的原点与终点所在⑤,如果确实如此,很有可能会使得人们不再适应这个

---

① Locke, *An Essay Concerning Human Understanding*, p.227.
② Ibid., p.222.
③ 参见 *Reasonableness of Christianity* in the *Works of John Locke*, Vol.7, p.161。
④ Locke, *An Essay Concerning Human Understanding*, p.222.
⑤ Ibid., p.211.

社会，也很难从追寻这种超越现世的善中感受到真正的快乐，同时也感受不到群体的意义所在。

按照这样的观念，人类无法直接追寻终极的价值和目标。有一点是不言自明的，即人类只有不断地寻求自我的快乐，才能够克服因为某些善的缺乏而产生的不适感、不安感。如果这是真的，这就意味着我们从事善的、好的行为并不是因为对善本身的理性追求，而是源于对某种不适的感知，某种不安。那么"我们是如何感知到这种不适和不安的"就成为了道德的核心问题，以及洛克越来越关心的问题。毫无疑问，这种不安的产生有一定的认知成分，但是洛克对理性的消极性的主张以及对欲望的核心关注，使得他根本不会认同柏拉图或者托马斯·阿奎纳，他不会将知识等同于美德。

尽管理性无力影响和决定人的意愿，对理性的自主运用在洛克的道德思想中依旧举足轻重。事实上，洛克身边的宗教异议人士就是要去捍卫他们成员之一安德鲁·马维尔（Andrew Marvel）口中的"教义化和基督教化的理性"，以此来应对教会事务中盲目寻求权威所带来的挑战①。这种捍卫有着巨大的政治意涵，这些政治意涵体现在这些宗教异议人士对绝对主权的支持者所提出的批判中，这些支持者如霍布斯以及塞缪尔·帕克（Samuel Parker）。绝对主权的支持者认为，个人在处理自己与上帝的关系时，无法作出最佳的利益判断，是没有能力判断何谓对错、善恶、好坏的②。

一个人如果根据基督教美德来构建自己的生活，应该掌握哪

---

① 转引自 Ashcraft, *Revolutionary Politics and Locke's Two Treatises of Government*, p.55。

② Ibid., p.49。

第三章 约翰·洛克:践行自然法义务和公民动机问题

些知识,掌握多少类似的知识?洛克针对这个问题展开了大量的讨论和评析,尤其是在《基督教合理性》一书中着力不少。洛克首先从道德哲学的发展历史开始讨论这个问题。

洛克将"人类对他人义务之本质"研究和讨论方面所取得的进步归功于基督教之前的哲学家。但是,这种基督教之外取得的进步所产生的影响是有限的,这主要是基于两个主要的原因。首先,即使对于最优秀的哲学家而言,理性在被实践的时候都是严重不足的。洛克认为,很显然,人类理性并没有在伟大和正确的道德事业上对失败者有所帮助①。在洛克眼中,那些持无神论或者异教的哲学家,就像盲人摸象一般,由于没有上帝之光的指引,其所获得的道德知识都是支离破碎的,很难把握道德的完整图景。

同样重要的是,哲学家的话语无法获得那种类似于"人类伟大灵性"的权威,他们的话语无趣味,也无任何示范效应可言,只能是不被理解的信仰②。就像反对个人只有借助教会权威才能理解《圣经》一般,洛克同样否定脱离《圣经》本身能够产生任何理想形式的道德的可能性。对于大多数人,确实如此,但是也不能就因此认为,洛克将宗教视为大众鸦片。之所以如此强调《圣经》本身的重要性,是因为就像霍布斯一样,洛克并不相信那些受过良好教育的以及拥有财富之人相较其他人,能够更好地抑制自己的情感偏好,因此也就不能依赖他们的言语来决定道德的内容和形式。

如果上帝企图让那些受过良好教育的文士、辩士或者是这个世界的智者成为基督徒,灵魂得救,那么教义就应该专门

---

① 参见 *Reasonableness of Christianity* in the *Works of John Locke*, Vol.7, p.140。
② Ibid., p.146.

为他们所准备,里面应该充斥着大量的推理和细节、晦涩的用语以及抽象的概念。但是,事实并非如此,使徒告诉我们,这些看似符合期待、拥有特殊才华的人事实上是被福音的简单易懂排斥在门外的,福音是为那些穷人、无知的人和文盲所准备的,这些人听到并且相信福音传播者的承诺,并且相信神在传播者身上显现。①

对洛克而言,穷人在信仰上享有一定的优势和优先地位,这源于他们对神启卓越的感受和接受能力。洛克对穷人的这种赞誉,很有可能是一种反讽,可能在他看来,穷人这种在接受神启方面的所谓优势事实上很大程度是因为他们根本没有时间和精力进行深刻的反思,所以只能简单迅速地接受教义传播。尽管如此,穷人在信仰上所享有的这种优势地位是无法被否定的,洛克也并没有试图主张穷人们在培育自己信仰的过程中被任何人带上歧途②。

很显然,洛克并不拒绝对道德进行严肃反思的雄心大志,他自己就参与到了这项实践当中。但是,由于(大众)缺乏"耶稣就是基督"的认知和宗教信仰,洛克认为,(只有理性认知,没有宗教信仰),人类的思想和内心对于道德的反思很难取得长足的进步,走得更远。没有这种反思存在,所有有关决疑③的大部头著作都毫无益处,但是只要一个人对于基督有基本的信仰,这些著作就会变

---

① 参见 *Reasonableness of Christianity* in the *Works of John Locke*, p.158。
② 对于反驳的观点,即认为洛克不过是将宗教语言完全作为一种纯粹的策略使用,参见 Thomas L. Pangle, *The Spirit of Modern Republicanism: The Moral Vision of the American Founders and the Philosophy of Locke* (Chicago: University of Chicago Press, 1988), especially pp.150-234。
③ 决疑论是对个人所面临的一些道德境遇或道德情景的研究。在个人所面对的这些难以抉择的场合,一般道德原则往往不能直接地应用之;决疑论包括与典型案例的类比、求之于直觉以及对特殊案例的评价。——译者注

得非常多余,因为凭借信仰个体就会做出道德的行为。总之,但凡对于存在于彼岸世界的奖惩存在信仰,我们的头脑就会专注于正义。当然,情况也并不总是如此乐观,现在我们就来看看这些问题所在。

洛克论道德教育与公民教育

洛克认为,道德和公民动机都是需要从教育中获得的,这种教育不仅仅重视对智力的提升,也重视对意愿的培育。洛克关于道德和公民美德的教育观念,很大程度上依赖以奖励和处罚为主要形式的激励机制,他认为这种激励机制会暗中对意愿产生影响。洛克认为,个体或者是公民团体的道德实践只有在良知(conscience)、理性(reason)和快乐(pleasure)和谐一致的情况下才会出现①。

洛克在出版的有关教育的著作《教育漫话》(*Some Thoughts Concerning Education*)中鲜明地体现了对公民美德的关注。洛克所谈论的教育,是一种有关文明、自由与正义的市民美德教育。这些美德并不是所谓的至善论的产物,即认为只有那些人性得以健全发展之人才有的德性。相反,洛克认为,这些美德是对人原始的、但占据主导地位的自私本性的内部制约,也是人类想要和平相处所必须受到的制约和限制。洛克头脑中有关自由主义美德的教育对于保有自由主义的民族国家的安全和繁荣而言是举足轻重的,教育的影响并不亚于政治制度、政治机制所发挥的效用。"根本不可能找到一个国家,在腐败泛滥、纪律约束完全崩溃后,依旧能够因为其所拥有的武器数量而获得国家信誉,依旧以勇猛著称,

---

① 转引自 Tarcov, *Locke's Education for Liberty*, p.77。

或者是获得邻国的敬畏。"①洛克表达了对"腐败"对于政体的危害的担忧②。他明确反对单纯依靠制度设计就能够防止非正义出现的观点,他认为,如果公民没有任何的意愿遵守国家机构所建立的指导原则和制度,那么不正义的出现就在所难免。

尽管洛克所讨论的公民美德基本等同于一种对自己理性所不允许的欲望的拒绝能力③,但是,我们不能依据这种提法,就认为洛克是一个禁欲主义者。事实上,在洛克看来,我们的理性是与我们大量的需求之间相互兼容的。洛克这一观点的价值在于将美德视为一种凌驾于自我之上的权力,以及由此引发的问题:理性的命令是如何成为行动的有效指南的?洛克对这个问题的答案有些让人费解。他想要主张,只有理性充分地发挥作用,正义的行动才会产生。但是,他不时地将理性等同于自利(equations of reason with self-interest),同时他相信人类总是以极为明显的方式贪图当下的享乐,折现未来,这一切只会让我们觉得,理性的充分发挥带来的不是正义的行动,而常常是相反的结果。

比如,洛克介绍说,自然理性是所有人都拥有的,用于甄别真相、不被表面所迷惑的试金石④。但是这种由上帝赋予我们的甄别真理的能力并不是总能够在行动上给予我们指引,这主要是由两个原因造成的。一个原因就是由于怠于使用从而导致理性荒废,比如对于体力劳动者而言,如果每天只不过赋予其乏味重复的

---

① 转引自 Tarcov, *Locke's Education for Liberty*, p.82。
② 对于共和修正主义者而言,这是一个很值得注意的地方,他们将"腐败"这个概念本身以及腐败所引发的思考认为是非洛克式的共和主义者所特别保有和排他使用的。
③ 转引自 Tarcov, *Locke's Education for Liberty*, p.91。
④ 参见 John Locke, "Of the Conduct of the Understanding", in John William Adamson, ed., *The Educational Writings of John Locke*(London: E. Arnold, 1912), p.187。

第三章 约翰·洛克：践行自然法义务和公民动机问题

劳动,那么其理性的荒废就在所难免①。另外一个原因在于,鉴于人类充满偏见、自负和狭隘的心理状态,这种能力会被"腐蚀、损坏并最终丧失"②。后一种解释与霍布斯所分析的他的政治原则在落实过程中所面临的阻力来源非常相似。洛克确信,无论他的政治原则有多么正确,甚至与通过自然理性表达的上帝意志完全一致,但是,真理与行动之间依旧存在一段距离,还有很长的路要走,而且这个过程中道路依旧曲折。如果要阐释一种关于世界道德和宗教的真实判断的话,我们应该认识到,人类灵性对于那些需要誓死维护的上帝教义和仪式的感知,是从他们所生活的国家的生活方式,以及日常对于这些教义和仪式的贯彻中所获得的,而不是从他们的理性中获得③。在谈论诚实这种美德,以及如何培养孩子诚实的美德时,洛克表达了同样的观点,不过加上了进一步的论述,洛克写道：

> 耻辱感和(对讲真话的)习以为常,习惯化是对抗不诚实最好的方法,在培育诚实的品质方面,这比任何基于利益的考量都要有效。习惯在日常生活中,相较理性,更频繁地发挥作用,影响力也更大。很多时候,当我们最需要理性的指引时,它基本上是被遗忘,也几乎不被遵守的。④

这一段表述是很有意思的,当洛克主张理性命令几乎不被遵

---

① 参见 John Locke, "Of the Conduct of the Understanding", in John William Adamson, ed., *The Educational Writings of John Locke*(London: E. Arnold, 1912), p.197。
② Ibid., p.187.
③ 参见 John Locke, "Some Thoughts Concerning Education", in James L. Axtell, ed., *The Educational Writings of John Locke* (Cambridge: Cambridge University Press, 1968), sec. 146, p.253。
④ 转引自 Tarcov, *Locke's Education for Liberty*, p.149。

守时,他将理性与利益几乎等同起来。洛克暗示,如果我们能够更多地求助于这种理性论证,基于利益的理性论证可以为诚实的行为提供一种动因。但是,洛克认为,理性计算不过是为正义的行动提供了一种可能的动因,并不必然产生影响。这里的理性计算主要是指一个人不诚信行为被发现的几率有多大,然而,不同的理性个体看待这个风险的态度是不同的。我怀疑很大程度上正是因为这一点,使得洛克对纯粹的理性动机对诚实行为的影响的认知大打折扣,深表怀疑。

完全可以主张,相较成年人而言,习惯的培养在孩子的教育中显得更为必要和重要,因为孩子的理性能力并没有获得全面的发展。事实上,洛克在讨论习惯在道德教育中的重要性时,进一步为这一观点提供了支持。他说:"友善的言辞和温和的劝诫对孩子的道德引导更有效力,尤其与需要记忆力辅助的道德规则的学习相比较而言。"[1]习惯性的培养在什么情况下是成功的?"当一种常见的习俗使得一件事情对于人们而言是如此简单,以及习以为常,不需要任何反思他们就会去做的时候,习惯性的培养就成功了。"[2]

在道德行动中,习惯相较理性而言更为可靠,这不仅仅是在孩子中常见的,在成年人当中也是极为常见的。因此,洛克非常强调习惯观念在道德培育中的核心地位,因为它们能够产生让我们誓死捍卫的信仰。更重要的是,成年人,即使是那些绅士,当利益与责任之间出现冲突时,也未必比孩子更为可靠。"很多义务得以建立的基础,以及人类对错产生的根源,对于成年人而言,也很难入脑入心,因为成年人也不习惯从人们普遍接受的观念中抽象出特

---

[1] 参见 Locke, "Some Thoughts Concerning Education", sec. 66, p.158。
[2] Ibid., p.159.

定的思想。"①

此外,成熟的理性能力并不必然使得成年人更为诚实,因为理性不过是一种工具而已,他们既可以用来为利己的目标服务,也可以用于利他的目标。事实上,未成年人与成年人在行使美德的动机上并没有这么大差距,相反,他们事实上共享很多先天秉性,比如对于支配的喜好就尤为明显。洛克说:"这种对于支配的喜好,是大多数常见或自然的不良习惯、邪恶念头的源头所在。"②就像理性一样,这种对于支配的喜好是人典型的特征之一。没有任何其他物种像人类一样,"一部分的自己是如此地任性与骄傲,而另一部分的自己是如此地渴望成为自己和他人的主人"③。

考虑到实践理性的工具本质以及实践理性最终服务和达成的目标是我们所未意识到的、由我们固有的对于支配的热爱所决定的,那么道德理性与具有可塑性的激情之间达成一致、共同构成正义感的基础,就是一种极为偶然的现象。为此,苏格兰启蒙思想家们就需要去发展道德心理学的学说。洛克虽然依赖这一学说,但是并没有作出详尽的阐述。洛克已经注意到,对于维系那些合法的政体所需美德的培育,其实可以通过不断灌输和培养一个人迎合他人期望的欲望来实现。只有存在这样的欲望,耻辱(shame)和习惯(habituation)才能成为道德教育中的有效工具。

这些有关道德心理的解读可以从洛克在道德教育中对于名誉的看重中找到支持。洛克有关教育的作品总体上被认为是人道的、进步的、具有人文精神的。这些作品倡导在当时的惩戒标准之

---

① 参见 Locke, "Some Thoughts Concerning Education", sec. 81, p.181。
② Ibid., sec. 103, p.207.
③ Ibid., sec. 35, p.139.

下,应该最小化地减少体罚的使用,同时尊重孩子的理性①。洛克接受"好的行为应该受到奖励,坏的应该受到惩罚"的观念,但是,他认为,应该用心理上的奖惩机制来代替生理上的奖惩机制。他写道:"事实上,善与恶或好与坏,奖励与处罚,这是理性生物行动的唯一动机,就像马刺与缰绳,胡萝卜与大棒,所有的人类都是在奖励与惩戒这两个机制的共同作用之下接受引导、被驱使行动和工作的。"②

洛克在人文方面的较大贡献在于扩展了那些可以作为行动动力来源的可以被称为好与坏事物的范围。洛克写道:"那些可以用来确保孩子们守规矩的奖励与惩罚机制,主要围绕自尊(esteem)和羞辱感(disgrace)来设计。自尊和羞辱感对于我们的思想是一种有力的激励。如果我们能够认真对待人的自尊和羞辱感,它们将成为道德培育方面真正有效的原则,能够切实有效地引导孩子们从善。"③儿童阶段发展出来的对于诚信的偏好,以及对羞愧和耻辱的领悟,这一切发展到成年阶段就会演变为对保有良好名誉的关注。

对于同辈中自身名誉的全面顾忌和重视,一旦根植于一个人心中,就会成为其一生最有效的行动指导。但是,洛克写道,"名誉不是德性真正的原则和衡量标准"④,德性的原则和衡量标准源自上帝,由自然理性所领悟。名誉是外在于德性原则的一种心理肯定和奖励,能够为遵守这些德性原则提供动机。考虑到无处不在的、人类狭隘的自利动机,如果要确保类似于像诚实、公正这样的

---

① 参见 Locke, "Some Thoughts Concerning Education", especially sec. 74, pp.173–174。
② Ibid., sec. 54, p.152.
③ Ibid., sec. 56, pp.152–153.
④ Ibid., sec. 61, pp.155–156.

第三章　约翰·洛克：践行自然法义务和公民动机问题

美德具有可操作性、可实践，那么一种心理激励和肯定机制是必不可少的。因此，尽管名誉并不是德性的衡量标准，但在这样一个人类致力于追逐互不相容的私利、理性又容易被遮蔽的现实世界中，它依旧是最靠近德性的存在①。因为它使得美德的践行不再是一种似乎只有圣人或者是英雄才有可能做到的、忘我的实践。

把洛克有关教育的著作和其他更偏哲学的著作联系起来，让人费解之处在于，前者对于上帝存在的虚拟隐匿。读洛克的有关教育的思想，我们会想要知道，为什么无神论者即使他们道德良好、忠实履行公民义务，依旧不能为政治共同体所容忍、容纳？在洛克的《教育漫谈》中有关宗教教育部分的讨论可以找到一些回答这个问题的线索，但是这些论述，无论从结构上还是从内容上，都不构成洛克著作的中心。洛克认为，孩子应该读读主流的圣经历史以及与之相关的精选系列书籍；同时他认为，无论是对成年人还是对儿童，在宗教教育中，持续的奉献行动、始终如一的忠诚，相较不断地追问上帝的神秘本质和存在，是一种更好的学习宗教的方法②。

对于无神论者的排斥在一个层面能够得到很好的理解。之所以排斥无神论者，是因为他们缺乏对于神圣惩戒的畏惧，因此，在满足现世的欲望上，他们就不存在任何障碍，即使这样做会和道德义务之间相互冲突。更重要的是，他们缺乏对自己是上帝造物的理解，从而无法理解不去伤害他人以及尊重财产权的义务，因为这些义务的正当性都是建立在人类属于上帝创造物这个理解之上的。然而，洛克有关人类容易贪图当下享乐从而折现未来的论断，以及习惯作为信仰源头的讨论，事实上都在一定程度上贬低和限

---

① 参见 Locke, "Some Thoughts Concerning Education", p.156。
② 关于前一观点，参见 Locke, "Some Thoughts Concerning Education", secs. 158 and 159, pp.261-262；关于后一观点，参见 Locke, "Some Thoughts Concerning Education", sec.136, p.242。

制了宗教能够为我们行动提供指引、阐释影响的范围。如果存在折现未来的本性且习惯本身的影响力举足轻重,即使对于那些已经立誓的信仰者而言,宗教对我们的影响其实也是有限的。他在《人类理解论》中对宗教影响的这种有限性作了彻底的论述,洛克在书中指出,作为行动的基础,"(当下盛行的)风尚之法"(law of fashion)相较"上帝律法"(the law of God),事实上发挥了更为核心的作用。

> 人如果以为奖赞和贬抑不足以成为很强的动机使人适应同他们往来的那些人的相关规则和意见,那他似乎很不熟习人类历史的本质。他如果留心观察,就会看到,人类大部分时候纵不以这种风尚之法为规制自己行为的唯一法律,亦以它为主要的法律。因此,有些人能够严格遵循那些确保其在同侪辈间保持良好声誉的规则,可是却并不太留心上帝律法或官吏的法律。破坏了上帝律法,虽然会遭到惩戒,可是有些人,或者大多数,并不认真反省这回事;至于那些能反省的人中的大多数,在破坏那种法律时,总想着将来可以缓和、可以补偿那种破坏。至于破坏国法后所应得的刑罚,人们也往往希望可以侥幸幸免。但是,没有人能够逃避周围人的责难和厌恶,如果他违背了周围的风尚和观念。①

对于洛克对于无神论者的排斥与他所主张的道德行为决定因素的非宗教性之间的冲突,一个不太符合逻辑的解释就是,洛克有关自然法义务的讨论不过是其在当时的社会背景之下用来免受不必要控诉、保护自我的修辞工具,或者被认为是他提供给大众的精

---

① 参见 Locke, *An Essay Concerning Human Understanding*, Vol.2, chap.28, sec.12。

第三章　约翰·洛克：践行自然法义务和公民动机问题

神鸦片①。当然,没有必要将洛克非哲学的、有关教育的写作视为诠释他的其他写作的密码所在,其实在洛克的其他作品中几乎也找不到任何与宗教信仰相悖的建议或者观点。

进入成熟期的洛克将其注意力更多地集中于他称为思想的"起源和本质",而不是要建立一种有关思想的终极真理②。洛克非常清楚他在思想上的这一转变及其影响,他在给泰瑞(Tyrrell)写的讨论有关伦理基础的回信中谈到了这个问题。洛克曾经承诺要在《人类理解论》中讨论道德基础、伦理基础,但事实上并没有讨论。洛克在信中申辩,他并不该因为没有为大家提供本来就不属于他意图一部分的思考而被责备(显然,这样的申辩显得很不真诚)。《人类理解论》写作的目标并不是作自然法的道德论证和道德真理展示,鉴于有人已经假设存在这样的自然法,无论其阐释是正确还是错误,都已经足以证明道德思想的起源和本质,因此不再需要单独对自然法的存在本身进行论述。换句话说,洛克认为,去展现道德真理,远不如搞清楚这种道德真理如何在人类事务中真正发挥作用、如何真正得以实现来得重要。这就是苏格兰启蒙运动中从哈奇森到休谟这些研究道德哲学的重要人物的核心关注点。对于洛克而言,这种关注点的转变并不意味着对于自然法的否定,不过是着力点的一个转变,而且洛克认为,《人类理解论》的写作框架已经足够宏大,没有必要将泰瑞所提出的道德基础问题纳入写作计划中。

洛克在其研究中始终将其关注点集中在道德信仰和道德行为的起源和本质问题上。对此,他并没有提供相关的道德论证和道德真理展示,而是提供了一种道德实践的现象学描述,同时提供了

---

① 参见 Pangle, *Spirit of Modern Republicanism*, especially p.205。
② 参见 Leyden's Introduction to John Locke, *Essays on the Law of Nature*, p.76。

美国公民身份的基础：自由主义、宪法与公民美德

一种关于道德是如何在日常生活中发挥作用的解释。洛克的研究策略以及将其伦理观念建基在享乐主义心理学和动机理论基础上，使得他与下一章中所提到的、后来更彻底地世俗化的苏格兰思想家之间，并不像大家所以为的那样，存在着如此之大的分歧。确实，洛克不太认同哈奇森所提出的独立的道德感的提法，同时他也不太认同在休谟著作中所呈现的苏格兰思想的彻底的怀疑论式的转折。但是，有一点他们是相似的，就是洛克和这些思想家在进行道德探究时，都采取了一种历史的、直观的研究方法①。

洛克所提供的有关美德的观念是异于关于美德的古典定义的②。洛克的美德观念不同于亚里士多德派的观点，亚里士多德派认为公民美德意味着面面俱到的德性特征，洛克的美德观则更

---

① 参见 Leyden's Introduction to John Locke, *Essays on the Law of Nature*, p.76.
② 阐述清楚有关"美德"的古典定义是一件极其复杂的任务，在此，我不打算深入地探索，只是作一种简单的讨论。关于美德的定义，有两大古典来源，即希腊式的美德定义和罗马式的美德定义，无论是哪种，都与洛克式的定义不同。首先，亚里士多德在《尼各马可伦理学》中主张，只有践行德性的生活才是真正幸福的生活。这种观点是建立在人的目的论定义基础上，并且反对任何有关幸福的主观定义。只有那些具有善德的人才能够理解什么是幸福，也只有他们能够真正地幸福，其他人只不过经历一种被腐蚀的和不正常的快乐。这些看似快乐的存在，其实根本不是快乐。参见 *The Ethics of Aristotle*, trans. J. A. K. Thomson (Baltimore: Penguin Books, 1956), p.300. 为什么要过有德性的生活，包括遵守公民美德？因为唯有如此，才能够真正幸福，并且达致人类本性的最完美状态。与此构成鲜明对比的，是斯多葛(Stoic)有关德性的概念，这一概念主要由波利比乌斯(Polybius)和马可·奥勒留(Marcus Aurelius)提出。斯多葛派放弃关于人类存在的终极目的的观点，而且并不认为美德与幸福快乐有任何内在联系。之所以要有德性地行动，是因为这符合自然法或者是宇宙法有关善的标准，自然法或者说宇宙法平等地适用于所有理性之人，无论其归属为哪个国王、城市或者是国家。参见 Alasdair MacIntyre, *After Virtue* (Notre Dame, Ind.: University of Notre Dame Press, 1981), p.157. 这一关于善的标准，毫无疑问，并不会随着习俗和风尚而发生任何改变，那种由想要被别人尊重的欲望所决定的行为根本不符合德性。美德是一种想要服从法律的意愿。斯多葛派的理解与现代有关公民美德的理解保持了一种具有传承性的相似之处，都代表了一种愿意接受法律约束的意愿。但是，洛克有关公民美德的理解是不同于这两种古典理论的。与亚里士多德的理论不同，他的理论中缺乏对于人类本质目的论的视野，同时并不认为美德与幸福之间存在任何内在的联系，对于善的考量基本上都是主观性的。他提出的道德动机和道德生活的目标的理论完全不同于斯多葛派，对于后者而言，道德动机是希望与自然和谐相处，从而需要培养一种自足的德性特征。

第三章 约翰·洛克：践行自然法义务和公民动机问题

多的是休谟后来提到的、对人类本性（或者说自私本性）的一种限制。洛克在看待美德时，无论是私德还是公德，主要还是采取了一种工具主义的视野。美德被珍视，是因为它所带来的善——无论是政治稳定还是一种和谐温馨的社会关系，而并不是因为道德给践行者带来的单纯幸福本身。事实上，洛克所强调的（道德行为的）根本性激励因素是获得他人尊重的欲望，已经完全远离传统思想关注的核心。传统思想认为道德行动的动力来自拥有德性品质对于个体本身内在的意义。洛克并不热衷于推广"只有有德性的生活才是真正幸福和快乐的"观念（缺乏一种对于永恒惩戒的畏惧），也不像柏拉图、亚里士多德或者是阿奎纳那样，围绕美德到底是一种还是很多种展开激烈的讨论①。

洛克有关公民美德的理解完全排斥这些作为古典思想中心支柱的观点其实并不足为奇。在洛克的理解中，让公民认识到其存在的终极目的，这并不是自由主义的国家所应该扮演的角色。洛克也不认同让国家通过提供"何谓好的生活"的权威定义去界定这种终极目标。尽管洛克反对国家这样做，但是他却认同这样的观点：公民有意愿去积极履行那些对于保有一个正义的国家所必需的公共责任是很有必要的。鉴于这些认知，洛克提供了一种适合自由主义政体的有关于公民身份的心理学理论和相关的公共美德的观念。第四章将进一步关注这种心理学说在苏格兰思想中的持续发展。

---

① 这里我同意阿拉斯代尔·麦金泰尔（Alasdair MacIntyre）的观点，他在现代德性和古典希腊德性之间作了区分。希腊观点假设存在着一种宇宙秩序，依据人类生活的和谐目标来最终决定每种美德的位置。参见 MacIntyre, *After Virtue*, p.133。

第四章
公民身份的心理影响:苏格兰启蒙的贡献

大卫·休谟在《论政府的首要建基原则》中谈到:"传统(antiquity)当中其实也孕育了正当性的理念;无论我们对人性抱有多么悲观的认知,但事实上,人类从不吝啬用血和财富去换取和捍卫公共正义。"和这句话相比,也许大卫·休谟的任何一句话都不足以更好地显示出他那种非凡的能力,即在一种看似玩世不恭的玩笑中彰显智慧,阐释一种相当深刻的观点①。尽管我们对自己的同胞常常带有一种极不乐观的评价,但是我们至少相信,如果理由足够充分,他们是愿意毫不吝啬地播洒自己的热血的。蕴含在这一讥讽当中的是一个非常深刻的洞见,即一个稳定的政府的存立倚赖于它是否有能力有效整合其公民的利益和喜好。"政府如何可能做到这一点"是休谟的问题,而"政府如何确实做到这一点",尤其考虑到诉诸传统资源所受到的各种严格限制②,这就是一个《联邦党人文集》的作者和作为其对手的反联邦党人探讨的

---

① 参见 David Hume, "Of the First Principles of Government", in Charles W. Hendel, ed., *Political Essays of David Hume* (New York: Bobbs-Merrill, 1953), pp.24-25。

② 美国建国不同于其他国家的地方在于虽然没有历史负担,但也意味着其可利用的传统资源的有限。

第四章　公民身份的心理影响：苏格兰启蒙的贡献

问题。

美国人对这个问题的反思具有某种独创性，这主要源于一个事实，一个休谟完全不需要面对的情况，即美国民族是一个新兴民族，他们没有任何的传统可以诉诸或者是依赖。此外，还有一个休谟没有想过、却是美国宪法的创制者们需要面对的紧迫问题，即对一个主权的忠诚是否可能转移到另外一个主权上，如果可能，如何做到这一点？这一问题同时伴随着另外一个不争的事实，即相对于这个新兴的全国政府，作为原始主权存在的各个州，事实上在"传统能够提供什么样的心理激励"上更有发言权。所以，如果说反联邦党人在面对这一公民的忠诚问题上都很有创造力，那么鉴于这种中央与地方的特殊差异，联邦党人在面对这一问题时更有创造力就不足为奇了。

尽管对于这个永恒的政治主题，宪法的创制者们都各自提供了自己极富时代性和个人特色的回答，但是事实上他们都从他们自己继承的政治遗产和当代欧洲的政治思想中获取了养分。最具影响力的就是大卫·休谟和其他主要从道德和政治哲学角度讨论相关问题的重要的苏格兰启蒙思想家，这些重要的苏格兰启蒙思想家包括弗兰西斯·哈奇森（Francis Hutcheson）、亚当·斯密（Adam Smith）和托马斯·里德（Thomas Reid）。休谟对于麦迪逊和汉密尔顿产生了非常大的影响，他从世俗的视角提供了有关公民行动动机最好的讨论。休谟、斯密和哈奇森都提供了大量有关政治共同体无需任何积极的灌输就能够有效培育公民的忠诚和美德的思考。美国宪法的创制者们围绕宪法制定所展开的讨论与辩论，尤其是在涉及拟建立的政府是否有能力培育公民的忠诚和认同问题时，他们运用了比我们想象得更少的理论论证，而是更多的经验性的分析和探索。联邦党人

美国公民身份的基础：自由主义、宪法与公民美德

有选择性地使用了休谟有关政治忠诚基础的理论以及与之相匹配的心理学理论。与此同时，尽管由于作者身份的不确定性，使得追溯那些对反联邦党人产生思想影响的直接思想脉络已经不再可能，但是他们的论据无论是经验性的，还是心理学角度的，都与苏格兰思想有着类似的联系。本书所研究的反联邦党人的有关著作显示，尤其在"仁爱（benevolence）作为政治纽带的重要性"方面，反联邦党人很多具有建设性的观点与哈奇森的观点是极为相似的。

苏格兰启蒙思想中有关公民美德和忠诚认同部分的讨论是非常有趣的，因而无论是其独特的术语表达，还是这些思想在自由主义公民身份发展史中所具有的地位，都获得了我们的认可，引起了我们足够的注意和重视。如果要将这些思想作为解锁美国政治观念的钥匙，前提是必须首先要追问，对于理性的受众而言，这些观念无论是对于宪法创制者还是对我们是否合理。无论如何，讨论美国问题时，需要从三个维度进行讨论。首先是一个更为纯粹的历史角度。我们涉及的苏格兰思想家的著作在18世纪后期的美国有获取途径吗？它们确实有被阅读吗？其次，有没有任何充分的理由证成苏格兰思想在忠诚和公民美德问题上对麦迪逊、汉密尔顿以及其他读者产生了影响？最后，即使以上问题都获得了相关证据的支持，探索美国早期有关公民问题回溯苏格兰思想的价值何在？为什么不单纯地发掘美国语境中早期有关公民美德的讨论？

我想要主张，之所以会追溯到苏格兰启蒙，是因为苏格兰启蒙思想家的思想启发和点亮了美国思想中看待公民与国家关系的方式，"国家与公民关系"是在宪法批准论战中，联邦党人和反联邦党人争议的一大要点。当然，当用来描述和捍卫政治建基的首要原

第四章 公民身份的心理影响：苏格兰启蒙的贡献

则时，苏格兰思想就没有那么重要了。尽管苏格兰启蒙思想家，尤其是休谟和斯密，在他们基本的政治取向上都可以视为是自由主义的，但是美国宪法中有关国家机构的基本建制和公民基本权利的正当性论证，无论是联邦党人还是反联邦党人，使用的都是具有极强洛克色彩的语言。

苏格兰启蒙思想中从经验和心理的角度考量公民美德（以及其他问题）反映了联邦党人和反联邦党人看待这个问题的基本方法，这种方法论并没有牵涉任何根本性的意识形态信仰和承诺。这就不同于共和修正主义者的观点，他们认为联邦党人和反联邦党人在具体的方法上显示了巨大的意识形态分歧。事实上，他们两者的分歧更多的是关于方法和手段的分歧，而非终极目标的分歧。他们的分歧主要牵涉两个关键问题。首先，一个扩大的共和国是否有能力保护自然权利和公民权利，鉴于这些权利是一个自由的国家存在的原因和目的。其次，一个扩大的共和国是否可以获得其公民足够的支持，如果其代表和其选民之间并没有如小共和国当中那样亲密的个人联系和情感联系。小型共和国，由于选区的范围有限，恰恰是依靠这种代表与选民之间的个人联系和情感喜好对代表构成了有效约束，从而构建选民对政府的支持的。

对于后一个问题的回答依赖"在公民与国家关系上依赖什么建立联系"的基本假设决定，这个问题本质上有赖于对行动动机更深层次的理论探究。汉密尔顿和麦迪逊采取了一种休谟式的视角，认为持续有效的管理能够获得公民的认同和忠诚，同时认为反联邦党人所持的有关仁爱的观点是存在问题的，反联邦党人认为，基于仁爱建立的联系对于政体的重要性并不亚于对家族的忠诚感在政体中发挥的作用。汉密尔顿和麦迪逊则认为依靠仁爱建立的联系有其局限性。反联邦党人对于仁爱这种自然情感的倚重,事实上展现了一种在结构上与哈奇森极为相似的理论。相应地,对哈奇森的道德心理学的批判在这里也是举足轻重的。追溯到苏格兰思想,不仅帮助我们澄清那些在宪法创制者的作品中所呈现的政治心理学观念和思想,同时也有助于我们批判和审视这些观念和思想。

虽然我非常小心地对相关的苏格兰思想家进行区分——弗兰西斯·哈奇森、大卫·休谟、亚当·斯密和托马斯·里德,指出他们思想的不同之处,但是这些有差异的思想家之间在展现政治和道德思想的苏格兰风格上还是呈现了一种一脉相承的联系。大卫·休谟在《人性论》开篇就承诺要运用弗兰西斯·培根的实验法(experimental methocl)来研究道德,这就首开苏格兰风格先锋,这种风格在随后亚当·弗格森(Adam Ferguson)对社会历史的研究中,以及亚当·斯密在政治经济学的研究中被认可、附议和传承。在道德领域,这一科学的、经验的研究方法论的转变是通过哈奇森、休谟和斯密将道德讨论转变为心理学的一个分支实现的。他们的写作着力点与洛克后期在有关道德哲学研究上试图达到的目标极其相似。洛克后期在道德哲学的研究问题上,为自己所设定的任务不再是展现道德真理,而是去研究如何让道德获得不可抗拒的实践力量。

在政治学与经济学领域,都非常强调一种被历史学家称为"自生自发秩序"(spontaneous order)的存在①。比如,亚当·斯密、亚当·弗格森和休谟都认为,是那些个体几乎无力控制的、非有意识建构的力量最终决定了社会和政治运行的变化和发展机制。斯密

---

① 参见 Ronald Hamowy, *The Scottish Enlightenment and the Theory of Spontaneous Order* (Carbondale and Edwardsville: Southern Illinois University Press, 1987)。

第四章 公民身份的心理影响:苏格兰启蒙的贡献

对市场的分析就是一个经典的案例。市场就是这样一个有利于公共福祉的系统,但是这个系统中的每一个人对公共福祉的促进都不是一个有意设计的结果。将这样的理性逻辑运用到政治领域,如果从纯粹字面的意思去理解,就非常容易产生保守主义的认知。在休谟的著作中,先例和习俗在决定政治变迁的范围和具体内容上举足轻重,它们很多时候是用来反对那些被认为可以增加社会效用和对政府进行更多理性设计的改革的利器①。尽管英国和美国之间存在着巨大的政治和文化差异,但是这些思想特征也在《联邦党人文集》的作者那里得到体现。研究苏格兰启蒙思想家,上文提到的四个人是非常重要的,因为他们在我们所关切的问题上提供了最好的反思,从而可以帮助我们对建国者的观念作最为清晰的梳理,而且他们之间相互影响也有迹可循。但是,在我们进入到对苏格兰思想更为细节的探讨之前,首先让我们对这些苏格兰思想在北美大陆是如何被获得(可及性)的以及产生了什么样的影响做一个简要的研究。

苏格兰思想在北美的传播:美国人了解苏格兰思想的路径和时点

苏格兰启蒙时期的主要著作在制宪时期的美国广泛流传,这

---

① 埃德蒙·伯克(Edmund Burke),作为休谟和斯密的好友兼崇拜者,也许就是著名的非反动的保守主义者中的典型。伯克并不赞成回到所谓的前现代的"黄金时代",他批判那些试图依靠理性原则去建构社会的人。同样的思想在休谟那里也得到了同样的表达,他极其强调对于政府的习惯性依赖和试图去撼动这种习惯性依赖所面临的危险,他极不赞成通过改变制度来提升政府效应的边际收益,他认为社会契约论不过就是一个假设的理论。"自生自发"作为一种非建构的秩序,在苏格兰启蒙思想中同时具有经验和规范的成分。参见 Hamowy, *The Scottish Enlightenment and the Theory of Spontaneous Order*, p.5.

美国公民身份的基础:自由主义、宪法与公民美德

在现在几乎是没有什么疑问的历史认知①。但是,即使是在 20 年前,这一史实也没有变得如此明显并被广泛接受。尽管那个时候道格拉斯·阿代尔(Douglass Adair)具有先锋性的作品已经明确指出,麦迪逊的很多观点其实都是受到大卫·休谟的启发和引导,甚至很多表达是直接借用休谟的。阿代尔的著作就像一座灯塔,指引着像盖瑞·威尔斯(Garry Wills)这样的学者,他们的相关研究使得"苏格兰启蒙对杰弗逊(如哈奇森对他的影响)以及《联邦党人文集》的作者具有广泛影响"的观点广为流传。

---

① 关于促成苏格兰启蒙思想对早期美国产生重要影响的著作,主要有以下几类。第一类主要是关于休谟思想的传播:Douglass Adair, *Fame and the Founding Fathers* (New York: W. W. Norton, 1974); Earl Burk Braly, *The Reputation of David Hume in America* (Ph. D. diss., University of Texas, 1962); James Conniff, "The Enlightenment and American Political Thought: A Study of the Origins of Madison's *Federalist* Number 10", *Political Theory* 8(August 1980), pp.381-402; Diggins, *The Lost Soul of American Politics*; Geoffrey Marshall, "David Hume and Political Scepticism", *The Philosophical Quarterly* 4(July 1954), pp.247-257; James Moore, "Hume's Political Science and the Classical Republican Tradition", *Canadian Journal of Political Science* 10(December 1977), pp.809-839; Ernest Campbell Mossner, *The Life of David Hume*, 2nd edn. (Oxford: Clarendon Press, 1980); Morton White, *Philosophy*, "*The Federalist*", *and the Constitution* (New York: Oxford University Press, 1987); Garry Wills, *Explaining America: The Federalist* (New York: Penguin Books, 1981)。第二类是有关哈奇森的影响,尤其是他对杰弗逊的影响,主要在以下这本书中涉及:Garry Wills, *Inventing America: Jefferson's Declaration of Independence*(Garden City, N.Y.: Doubleday, 1978)。第三类是对于里德思想的影响的介绍,主要有 Daniel W. Howe, "The Political Psychology of The *Federalist*", *The William and Mary Quarterly*, 3rd ser. 44 (July 1987), pp. 485 - 509; Conrad, "Metaphor and Imagination"。最后一类也许是早期美国启蒙思想的一般性研究,包括苏格兰的相关影响的讨论,主要见于如下作品:Henry May, *The Enlightenment in America* (Oxford University Press 1976); Roy Branson, "James Madison and the Scottish Enlightenment", *Journal of the History of Ideas* 40(April-June 1979), pp. 235 - 250; James Kloppenburg, "Christianity, Republicanism and Ethics in Early American Political Thought", *Journal of American History* 74(June 1987), pp.9-33; and Donald S. Lutz, "The Relative Influence of European Writers on Late Eighteenth-Century American Political Thought", *American Political Science Review* 78(March 1984), pp.189-197。

第四章 公民身份的心理影响：苏格兰启蒙的贡献

弗兰西斯·哈奇森的著作在北美殖民地享有广泛的影响力，这种影响力完全不亚于他的作品在18世纪的欧洲所具有的影响。他对于英国的影响是如此显著，以至于在其第一本著作出版之后的75年后的18世纪末期，杰里米·边沁(Jeremy Bentham)还在抱怨，哈奇森的"道德感"(moral sense)理论依旧统治着整个欧洲。哈奇森认为我们存在着一种独立的道德感，从而能够让我们意识到我们的道德义务，同时产生依据这些道德义务行动的内在欲望，这种独立的道德感是在人的仁爱(benevolence)基础上产生的①。在美国，道德感理论影响了不同流派的思想家，从乔纳森·爱德兹(Jonathan Edwards)到查尔斯·昌西(Charles Chauncy)。哈奇森被革命时期以及革命之后不同的作者所引用，这些作者包括杰弗逊、麦迪逊、富兰克林、詹姆斯·威尔逊(James Wilson)和本杰明·拉什(Benjamin Rush)②。

然而，对于道德感思想的反馈并不都是认同的，尤其是在殖民地时期的美国神职人员当中。比如，在普林斯顿负责教授詹姆斯·麦迪逊政治与社会哲学的约翰·威瑟斯庞(John Witherspoon, 1723—1794)，就并不认同哈奇森的观点。威瑟斯庞是一名虔诚的加尔文教的苏格兰长老会牧师。1768年，他从苏格兰来到普林斯顿，在刚刚建立的新泽西学院(普林斯顿大学的前身)任教。詹姆斯·麦迪逊是他最为著名的学生，除此之外，接受过他的教育的，还有九名1787年制宪会议的成员、九名州长以及十名早期共和国的参议院议员③。威瑟斯庞在爱丁堡

---

① Wills, *Inventing America*, p.194.
② May, *The Enlightenment in America*, p.38; Wills, *Inventing America*, p.201.
③ Ralph L. Ketcham, "James Madison and Religion—A New Hypothesis", in Robert S. Alley, ed., *James Madison on Religious Liberty* (Buffalo, NY: Prometheus Books, 1985), p.179.

美国公民身份的基础：自由主义、宪法与公民美德

大学接受了哲学训练，爱丁堡大学是托马斯·里德"常识论"的形成地，这一理论主要依赖"不言自明的道德真理"（self-evident moral truths）构建其理论体系，是反驳哈奇森道德感思想和休谟怀疑论的重要思想堡垒①。

相较哈奇森，休谟受到更多的抵制，因为他所显露出来的较为明显的无神论倾向，而且他的怀疑论被很多人认为损坏了基于宗教信仰而被广泛接受和形成的道德责任观念。然而，作为加尔文教信徒的威瑟斯庞并不认同哈奇森的道德感思想，他认为这不过是将道德与本能之间的关系做了一种肤浅的调合，实现了一种形式上的融合。他曾经带有讽刺意义地评论哈奇森道："哈奇森先生认为，美德是建立在本能和情感基础上的，而非建立在理性基础上；仁爱是美德的源头，是支撑和完善美德的力量；所有特定行为的规则，如果一旦对普遍的善（the general good）构成影响，就要被叫停。"②但是，"尽管很多时候神圣律法也把美德和快乐联系在一起，但是事实上造物主会让我们认识到，这两者是完全不同的"③。美德和作为其伴生概念的义务并不是从提升人类的快乐当中获得其道德价值的，实际上，美德是一个被后天单独给定和植入我们认知中的概念。威瑟斯庞主张，人类事实上具有一种构建一个清楚且具有可分辨性的美德概念的能力，这种概念并不依赖它之前的情感（无论是仁爱还是利他或是其他的情感）来解释美德的产生和内涵。任何程度地否定这样的主张，都是将神圣律法降格为与人类欲望相等同的位置。

威瑟斯庞是一个非常正统的牧师，之所以会任命他为新泽西

---

① 参见下文对于里德的探讨。
② James McCosh, *The Scottish Philosophy* (New York: Charles Scribner's Sons, 1890), p.185.
③ Ibid., p.188.

第四章 公民身份的心理影响：苏格兰启蒙的贡献

学院的校长，是因为他没有像那些本土牧师或是那些在当地有更长任期的牧师那样，卷入北美宗教大觉醒运动（the Great Awakening）的"老光"（Old Light，坚持传统观点）与"新光"（New Light，主张复兴的观点）的派别之争。在给学生推荐书目时，相较其他牧师，他展现出了异乎寻常的中立性和客观性，其中部分的原因是他对于常识哲学真理充满了信心，这种笃定并不亚于他对加尔文教信仰的自信，因此他不会受到那些虚假、错误原则的影响。事实上，他是一个在宗教容忍上极具影响力的倡导者，在关于道德哲学的演讲中，他多次力劝："我们必须反对宗教迫害……因为那些被认为是荒谬的信条对社会几乎没有危害。恰恰相反，只有他们被镇压时，他们才会释放出平时没有的破坏力。"[1]鉴于这种众所周知的麦迪逊与威瑟斯庞之间的亲密关系和相互欣赏，麦迪逊之后多次表达了同样强烈的支持宗教宽容的观点，可能不仅仅是一种偶然[2]。

威瑟斯庞的这种宽容态度一直延伸到他对大卫·休谟著作的力荐之中。尽管他认为休谟的作品远比哈奇森的著作要更具解构性，甚至从宗教信仰的角度展现了一些极具破坏力的观点，但是威瑟斯庞依旧将休谟列为"新教改革（Protestant Reformation）以来最值得称道的作者（大部分是英国籍作者）"之一[3]。在他的一份极其简短的主要哲学著作的推荐书单中，休谟的《人类理解研究》（*An Enquiry Concerning Human Understanding*）赫然在列，但是他同时也警示他的读者："休谟似乎致力于去撼动我们一些信仰的

---

[1] 转引自 Ketcham, "James Madison and Religion", p.189。
[2] 参见本书第五章，第184页—第187页。
[3] 其他出现在威瑟斯庞推荐阅读书目上的苏格兰启蒙思想家还有亚当·斯密（Adam Smith），凯姆斯勋爵（Lord Kames）——亨利·霍姆（Henry Home）以及托马斯·里德（Thomas Reid）。参见 May, *The Enlightenment in America*, p.63。

美国公民身份的基础：自由主义、宪法与公民美德

确定性，比如因果联系，比如个体身份认同和对权力的认知（当时的哲学观中，权力主要是指作为代表机构的能力）；这些争论都极易引发理解上形而上的微妙差异，从而折损我们对相关事物的认知和理解。"①

威瑟斯庞显然不是唯一一个被休谟那些对于宗教信仰和道德责任构成深度侵蚀的形而上理论困扰的宗教人士。这种对于休谟学说明显缺乏热情的接受窘况，被1773年一名年轻的耶鲁学生所写的讽刺诗捕捉到了。

> Then least religion he should need,
> Of pious Hume he'll learn his creed
> By strongest demonstration shown,
> Evince that nothing can be known…
> Alike his [Voltaire's] poignant wit displays
> The darkness of the former days,
> When men the paths of duty sought,
> And own'd what revelation taught;
> E'er human reason grew so bright,
> Men could see all things by its light,
> And summon'd Scripture to appear,
> And stand before its bar severe,
> To clear its page from charge of fiction,
> And answer pleas of contradiction;
> E'er myst'ries first were held in scorn,
> Or Bolingbroke, or Hume were born.②

---

① May, *The Enlightenment in America*, p.63.
② Braly, "The Reputation of Hume", pp.41-42.

第四章 公民身份的心理影响：苏格兰启蒙的贡献

他根本不需要任何的宗教

休谟将研习他自己的信条作为虔诚的信仰

（他）努力呈现

万物的不可知性和不确定性……

他如伏尔泰般尖锐的思想戳破了

过去那些日子的黑暗，

那些人类寻求义务之路的日子，

那些怀抱天启生活的日子；

然而，人类理性散发着如此耀眼的光芒，

凭借这一束光，人类能够认知一切，

这种光芒同时也迫使《圣经》的出场，

艰难地站立在其护栏之外，

以正本清源

回应那些冲突的请求和控诉；

神秘是首先被蔑视的，

然后是博林布鲁克，甚至休谟出生本身也是值得怀疑的。

总体而言，美国建国时期活跃的政治家们更多地是专注于休谟的政治思想，而不像神职人员和哲学家更多地关注由休谟的认识论所引发的一些更为抽象的问题。这种对休谟的理论的重视程度的差异在休谟作品在北美大陆的不同流传程度中得以体现。他的《英国史》(*History of England*)以及有关的政论文章，相较他的《人类理解研究》和《道德原则研究》[①]传播更为广泛；但是，相较

[①] 原著中，本书作者西诺波利用的是 *Enquiries*。经考证，在休谟的作品中，书名中并没有含有"enquiries"的作品，但有两部书名中含有"enquiry"的作品，它们分别是《人类理解研究》(*An Enquiry Concerning Human Understanding*)和《道德原则研究》(*An Enquiry Concerning the Principles of Morals*)。故译文将"*Enquiries*"译为《人类理解研究》和《道德原则研究》"。——译者注

美国公民身份的基础：自由主义、宪法与公民美德

《人性论》(the Treatise)，《人类理解研究》流传的程度则更广①。这种著作的流传范围的差异，事实上体现了这个新生民族的哲学和宗教气质。美国人大体上并没有倾向于跟随休谟的怀疑论踪迹，尽管他们当中最为优秀和聪慧之人都借鉴和受益于休谟政治智慧的深层储备。事实上，托马斯·里德的确定无疑的常识哲学从18世纪90年代一直到19世纪中期都在美国人的精神世界中占据主导地位。

无论是托克维尔在五十年之后所轻易下的结论，还是艾伦·布鲁姆(Allan Bloom)在一百五十年之后的哀叹，都显得有些不太公平，不应该认为宪法时期受过良好教育的美国人是不重视哲学的。即使是对建国时期有关论战最为粗浅的解读也证明，思想对于国父们而言是非常重要的，尽管这种思想并不必然指代形而上学或者是认识论②。但是也没有任何证据表明，休谟的怀疑论等哲学思想会给美国制宪时期的政治领袖带来任何令其深感不安的影响③。事实上，他们几乎没有受其形而上理论的太多影响，即使

---

① 关于休谟著作在美国殖民时期以及革命时期的普及情况的详细讨论参见 Braly, "The Reputation of Hume", pp.21-37。

② 莫顿·怀特(Morton White)的作品为我们了解美国建国者的认识论前提提供了最为广泛和有用的参考。他探讨相关问题的第一本著作是 *Philosophy of the American Revolution*，最近的作品是 *Philosophy, "The Federalist" and the Constitution*。他在第一本著作中讨论了《独立宣言》中所表达的"不言而喻/不证自明的真理"(self-evident truths)这个概念在革命时期的重要性。考虑到这种广泛依赖于理性直觉主义的普遍性，那么里德的"常识"(common sense)哲学在18世纪后期以及19世纪初的广泛流行也就不足为奇了。怀特还在其 *The Federalist* 的著作中指出，麦迪逊和汉密尔顿是极度依赖休谟的经验主义心理学的，尤其是在解决动机的问题上，尽管他们依旧宣称他们深信"非休谟式的、理性主义的观点，认为所有的道德原则，甚至是一些关于事实的基本命题都可以通过理性予以显现"。参见 *Philosophy, "The Federalist", and the Constitution*, p.3。

③ 詹姆斯·威尔逊就是国父中表达了对于休谟怀疑论的侵蚀性担忧的人之一，他同时认为应该将里德的观点视为是对休谟的矫正。参见 Conrad, "Metaphor and Imagination", p.17。

第四章　公民身份的心理影响：苏格兰启蒙的贡献

是在美国被视为对休谟最为严苛的批判者的杰弗逊的评论,更多地是在批判其在《英国史》中所流露出来的保守党倾向,而不是他在哲学上的自恃清高和傲慢。简而言之,在政治上极其活跃的美国人完全可以绕过休谟怀疑主义和不可知论的得不偿失的艰难探索,而直接受惠于其政治观念和政治智慧①。

当然,北美大陆上还存在着像麦迪逊这样的非常熟悉当时的哲学话语的人,而且他们还能够富有建设性地参与到相关的讨论中,比如,自由与必然的关系、个体身份认同等。麦迪逊与他的前大学同学,也是后来的普林斯顿大学的校长塞缪尔·斯坦霍普·史密斯博士(Dr. Samuel Stanhope Smith)之间,保持了长期的私人通信,聚焦讨论一些纯粹形而上的主题,在这个过程中展现出了对洛克、休谟、凯姆斯勋爵亨利·霍姆(Henry Home, Lord Kames)著作的熟悉以及其他重要思想家的思想的极其娴熟的把握②。詹姆斯·威尔逊在国父当中也可以算是相对具有哲学气质的一位,他也是常识哲学的公开倡导者,在其法律演讲中大量引用了里德的作品。相较休谟的政治主张,威尔逊认为休谟的抽象哲学——一般被称为形而上学——更为复杂和令人困扰③。

北美大陆对于休谟所展现出的政治态度极其迥异,从杰弗逊对于休谟所谓"保守主义"的强烈反对,到汉密尔顿笔下对于休谟的毫无保留的崇拜,差距之大,难以想象。但是,很有意思的地方在于,这些风格多元的政治家们,从杰弗逊到汉密尔顿,再到本杰

---

① Braly, "The Reputation of Hume", pp.47-48.
② 麦迪逊在相关问题上写给史密斯的回信已经失传,但是史密斯的回信显示麦迪逊事实上已经注意到了在自由与满足生活基本需求的关系问题上,洛克、塞缪尔·克拉克(Samuel Clarke)以及大卫·休谟之间的讨论。参见 Ketcham, "James Madison and Religion", p.182.
③ Conrad, "Metaphor and Imagination", p.17.

111

美国公民身份的基础：自由主义、宪法与公民美德

明·富兰克林都表达了对于休谟政治思想的崇拜①。这当中可能最让人吃惊的就是杰弗逊的表现，他是北美大陆从政治立场方面对休谟抨击最为激烈的政治家之一。对于杰弗逊而言，休谟的《英国史》是一本从根本上损毁英国政府的自由原则的书，而且这本书还将普遍保守主义传遍了整个新大陆②。尽管如此，杰弗逊刚刚接触到休谟作品的时候还是无比认同的，只不过这种崇拜就如不忠诚的崇拜者所展现的一样，很快就消失，随之而来的是后期表现出对其作品无限的失望。他在年轻的时候接触到了休谟的《英国史》，同时进行了大量的摘抄。在1810年所写的一封信中，杰弗逊提到，"年轻时候我不知道(对《英国史》)投入了多少热情和时间，现在要想消除它在我大脑中所灌输的毒药，谈何容易"③。要补充说明的是，休谟绝对不是美国定义下的"保守派"。1775年，他称自己为"自我定义原则下的美国人"，在1771年——即埃德蒙·伯克发表非常著名的"与美国和解"(Conciliation with the Colonies)演讲之前四年，休谟就写下了类似的观点，他认为"从事物的本质来看，我们和美国的联合是不可能持久的"④。

尽管如此，杰弗逊还是向很多向他寻求政治教育建议的年轻人推荐阅读休谟。他建议彼得·卡尔(Peter Carr)去读休谟的《英国史》，他同时向小托马斯·曼恩·伦道夫(Thomas Mann Randolph, Jr.)推荐，认为休谟的很多政论性文章可读性也很强⑤。伦道夫在

---

① 关于富兰克林和休谟之间这种亲密个人关系以及富兰克林在宪法制定时期所提出的有关动议是如何从休谟的文章"Idea of a Perfect Commonwealth"中受益的，参见 Hendel's introduction to Hume's *Political Essays*, pp.liii-liv, 还可参见 Braly, "The Reputation of Hume", pp.5-16。
② 引自 Braly, "The Reputation of Hume", p.103。
③ Thomas Jefferson, *The Papers of Thomas Jefferson*, edited by Julian F. Boyd, 43 vols. (Princeton, N.J.: Princeton University Press, 1955), Vol. 13 p.1228.
④ 引自 Hume, *Political Essays*, p.lii; Braly, "The Reputation of Hume", p.16。
⑤ Jefferson, *Papers*, Vol.16, p.448.

第四章 公民身份的心理影响：苏格兰启蒙的贡献

1787年4月14日给杰弗逊所写的一封汇报学习进程的信中提到："毫无疑问，在一个自由的国度中，政治是一门能够带来最高荣耀的科学。此外，对于一个刚刚诞生的国家而言，如果共同体中的很多成员能够致力于政治的学习，这无非是对共同体最大的贡献。为此，我决心投入到政治的学习中去。当下，我主要研习的对象是孟德斯鸠和休谟。"① 有人怀疑，杰弗逊很有可能是带着一种极其矛盾的心理来接受这一学习进程的汇报，并对其予以肯定和祝贺的，他对休谟的典型态度是如此复杂——掺杂着欣赏、赞美、批判和鄙夷。

毫不意外，亚历山大·汉密尔顿是休谟极其坚定的崇拜者。在《联邦党人文集》中，汉密尔顿毫不掩饰他对休谟的热爱，称其为"既值得信赖又极富天赋的作者"。在与那些要求推迟宪法的批准以确保修正案不断完善，从而为权利提供更好的保护的人进行辩论时，休谟被大量地引用以反驳这些要求推迟宪法批准的意见。汉密尔顿提醒这些宪法的阅读者们，必须要认识到人类理性在设计制度时的有限性，应该将一切交给时间，让宪法的缺陷在其适用过程中展现出来。正如休谟所认为的：

> 要想通过普遍法律来平衡一个大型国家或者是社会，无论是君主制还是共和制，都是一项极其艰巨的工作。在这个问题上，不存在任何的所谓天才，哪怕一个人再博学、富有天赋，也无法仅仅凭借理性和反思的力量来达成这一目标。对于很多事物的判断，必须在做这件事的过程中形成；经验必须指导行动；时间是雕琢完美的必备条件，不舒适感才能纠正那

---

① Jefferson, *Papers*, Vol.11, p.291.

美国公民身份的基础：自由主义、宪法与公民美德

些在第一次尝试中永远无法避免的错误。①

汉密尔顿和休谟的政治思想恐怕没有哪一点能够如以下的观点一样充满了相似性，他们都认为，最佳(best)不应该被视为是次好或者是好(good)的状态的对立面，政治体系的完善是在经验中完成的，而不是依赖凭空的有意识的理性设计产生的。

汉密尔顿从休谟那里受益匪浅，他认识到设计政治制度就像有意识地要保有特定的政治制度一样，充满了各种风险。事实上，他在国王学院的导师是格拉斯哥大学的毕业生，格拉斯哥大学同时也培养了哈奇森、斯密和里德。有极为清晰的证据表明，在宪法制定之前，汉密尔顿就不仅仅关注同时也极为偏好引用休谟和斯密的观点②。在1775年写作的一篇广泛地探讨对政权进行制约的文章中，汉密尔顿称休谟为"著名作家"。休谟《论议会的独立性》("Of the Independence of Parliament")这篇文章对于汉密尔顿而言是极富启发意义的。汉密尔顿在其思考中共享了休谟的一个理论假设，即在设计政治体制时，应该假设所有的人都是非理性的，尽管事实上并非所有人都如此。休谟同时指出："每一个法庭或者是议院都是受到数量上占据优势的声音的影响，所以即便自利心理只会对大多数人产生影响（正如其现实所表现出来的一样），整个议院也会受到这一利益趋向的诱惑，最终整个议院就会表现得好像在其中没有任何一个人关心公共利益和自由一般。"③汉密尔顿运用休谟的这一思想来解答美国一个很重要的问题——

---

① Alexander Hamilton, James Madison, and John Jay, *The Federalist Papers*, edited by Clinton Rossiter(New York: New American Library, 1961), pp.526-527. 这段话来自休谟的文章"Of the Rise and Progress of the Arts and Sciences", *Political Essays*, p.117。

② Wills, *Explaining America*, p.66.

③ Hume, "Of the Independence of Parliament", in *Political Essays*, p.68.

如何论证革命的正当性？汉密尔顿说："关涉一个共同体对另外一个共同体的统治时，休谟的思想给我们提供了巨大的力量支持！"他接着总结到："正如休谟所言，非常明显，我们对于那些英国议会的代表没有任何制约的力量，从而使得他们完全可以在关涉我们的相关问题上独断地作决定。然而，这种制约力对于被治者的权利保障而言是非常重要的。所以，最为直接，也是不可避免的一个结果和结论就是，无代表不纳税，他们没有权利统治我们。"①

这显然是一种对于休谟文章断章取义式的解读，从其本身而言，并不完全合乎逻辑。独立的必要性只有在保持现有的依附关系下依旧无法实现对于议会权力的有效制约时才能够成立，显然，汉密尔顿没有涉及这个问题的论证。因此，上面这段论述对我们而言更有意义的是，它极富预见性地提出了基于对多数人暴政的恐惧的政府结构设计思想，以及对于权力平衡和制约的强调，这种设计理念和思想在后来的《联邦党人文集》中得以发展和呈现。

这一简单的梳理只能向我们展示在18世纪末的美国，苏格兰启蒙时期的著作是完全可以被接触到的，而且确实被那些革命的领导力量所阅读和接纳的。苏格兰启蒙思想并没有在北美大陆被整体性地承继，早期的美国人主要以一种反映了他们意识形态和宗教偏好的方式继受苏格兰思想和原则。尽管很难准确地概括，但是总体而言，在哲学层面，美国人更接受"常识思想"的直觉论（the intuitionism of "common sense"），而非休谟的激进怀疑论（radical skepticism）。尽管如此，休谟依旧是美国政治思想和政治争论一个非常重要的思想渊源。宪法之父所持的公民身份观念是什么，以及苏格兰政治和道德思想与这些观念的相关性和联系又是什么，这是我们接下来要讨论的议题。

---

① 转引自 Braly, "The Reputation of Hume", p.44。

哈奇森主义的起源：美德是否可以被限缩为一种感觉？道德是否可以被作为一种科学来对待？

如果说洛克跌跌撞撞地通过美德的心理化机制来填补自然法和自私的个体之间的鸿沟，弗兰西斯·哈奇森在这个问题上则是彻底地打破了传统的思想认知脉络。他没有对人作为上帝造物的观点提出任何争辩，但是也没有试图将我们的道德义务建基于我们作为上帝创造物的身份基础之上。有一点让我们感到非常震惊，作为对功利主义原则作纯粹阐述的第一人，哈奇森相较洛克(或者是后来的本杰明·边沁)极度倚重更为复杂的动机理论。如洛克和他后来的苏格兰继承者们一般，哈奇森尤其关注行动的激励因素，努力要找到引发行动的"令人兴奋的原因"所在(locating "exciting causes" of action)。

哈奇森先于休谟提出，理性并非是这一能够引发行动的"令人兴奋的原因"。他用一种休谟或者任何一位在自然法传统谱系中的前辈都会拒绝的方式宣称，终极目的不是可以通过逻辑理性(reason)发现的，尤为重要的是，也不需要理性的捍卫(rational defense)。因此，哈奇森认为，为爱国家或者是热爱人类以及以此为名采取任何的行动来寻求正当性(理性的理由)，事实上是对关于"何谓道德"的一种深刻的误解。

对于一个充满了仁爱的人而言，应该如何从理性上说服自己在一场正义的战争中摧毁自己的生活？也许他会这么说："这一行为意在捍卫国家的幸福。"如果继续问他，为什么他要为他的国家服务？他会说："祖国是人类一个非常重要/有价值的部分。"但是，如果他确实是一个无私之人，他事实上就无法也不能为这个行为提供任何令人振奋的理由。人类的普遍幸福也好，人类社会中任何有价值的部分也好，其实都不

第四章 公民身份的心理影响：苏格兰启蒙的贡献

过是人类一系列欲望的终极目标。①

想必一旦我们发现了一系列欲望的终极目标就意味着我们发现了道德的终极理由和我们行动的动机。这是一种很有意思，但是有些过于简单和"安逸"的道德观点，它实现了一种对道德和欲望所作的简单化的、表面化的和谐处理，但是也由于观点过度"安逸"，从而招致了托马斯·里德以及詹姆斯·麦迪逊在普林斯顿的老师——约翰·威瑟斯庞的批判。

虽然遭到批判，但是这种和谐在哈奇森有关合理性行动的定义中还是得以展现。"人类总是充满理性地行动，"哈奇森写道，"他们总是权衡他可能采取的所有行动，并对自身对这些行动的趋向性进行真实的评估，最终他们会选择那些天性本能最支持、最期望他们从事的行为，远离那些基于本能情感厌恶的行为。"②考虑到要在这个广泛的意义上讨论理性行为，那么为了公益(public good)服务就应该是人类一种占据主导性的本能和天性。此外，这里理解的公益，也是一种最广泛意义上理解的公益，指代人类整体的快乐和幸福。

事实上，哈奇森并没有在其用词选择上斟字酌句、用心琢磨，他在这里用来描述从事道德行为的倾向的用词——"本能"(instinct)并不是十分恰当③。他用这一表达来描述人类感知一

---

① Francis Hutcheson, *An Essay on the Nature and Conduct of the Passions and Affections*, 3rd edn.(Gainseville, Fl.：Scholars' Facsimiles and Reprints, 1969), p.221.
② Hutcheson, *An Essay on the Nature and Conduct of the Passions and Affections*, p.226.
③ 哈奇森将仁爱(benevolence)和自利(self-interest)视为较为冷静的欲望，因为这两者都包括了对自己和他人的长远利益的认知因素。这种欲望属于人的"情感/意向"，区别于人的"激情"。前者主要是从善与恶、快乐与痛苦这些观念中获得的，人类其实应该尽量避免这样的情绪，而后者则是人类意志最为强烈的表达，非常接近我们称为本能的东西，包括饥饿感、性冲动以及对于群体感的需求。关于这一部分的讨论参见Henning Jensen, *Motivation and Moral Sense in Francis Hutcheson's Ethical Theory* (The Hague：Marinus Nijhoff, 1971), pp.10-11。

种特殊快乐的能力,这种快乐主要是被我们的道德感所接受。哈奇森应该并不想把这种道德敏锐感降低到本能的层次,尽管这确实是深植于人类本性当中。这种道德感是与生俱来的,它的存在非常类似于,尽管我们并没有接受过艺术史或者是艺术鉴赏的教育,但我们仍然具备体验美学乐趣的能力。

这种独特的道德感(moral sense)观念同时引发了新的混乱和不确定。例如,我们并不清楚哈奇森是认为当一系列特殊的感觉出现就意味着道德认同(moral approval),还是认为这些特殊的感觉只有被独立存在并被凭借直觉理解的道德之善(moral goodness)所激发时,道德认同才出现①。这种混乱在哈奇森的一个表达中得以印证:"道德之善……表征了我们对于一些在行动中被理解的品质的看法,这些品质使得行动者从那些并没有从行动中获益的人那里获得了赞许和热爱。"②到底是这种认同和热爱的感觉及其表达使得行为本身是道德正确的,还是关于道德之善的认知和理解带来了这种认同和热爱的感觉及其表达?也就是说,行动的善本身是否需要依赖特定感觉的呈现来判断?还是这种善的判断本身是独立于/先在于特定的感觉的?

很大程度上,哈奇森在这一点上是没有搞清楚的,因为他关于道德正当性到底意味着什么的认知本身是极其贫乏的。道德认同,与其他类型的认同相比(例如,关于穿着认同),只有与道德原则相联系时才是说得通的。道德原则必须在逻辑上是先行的,就像一个人只有首先具备什么是得体穿着的认知概念,才能对特定的时尚展示表达赞同与否。因此,很难认同道德感的快乐激励是

---

① 参见 Jensen, *Motivation and Moral Sense*, especially p.112. 也可参见 William Frankena, "Hutcheson's Moral Sense Theory", *Journal of the History of Ideas* 16 (June 1955), pp.366-367。

② Frankena, "Hutcheson's Moral Sense Theory", pp.367-368.

第四章　公民身份的心理影响：苏格兰启蒙的贡献

道德合法性的最终来源，而且除了经验层面的心理感受，道德感理论本身并无任何依据可言。

鉴于我们并不存在一个像其他感觉器官一样的道德感器官，在我们可以识别我们的道德感觉之前，有一些前提性的思考性工作必须完成。尽管一个人在正常的心智情况下，是不会混淆味觉和视觉的(尽管好厨师会告诉你，食物的外观会影响人的味觉)，但是在很多行动中，其实我们并不清楚，我们的道德认同是从普遍形式的爱还是从特殊形式的爱(包括自爱)中产生的。要作出区分必须有一个判断，这个判断首先要追问，我们的感觉对于当下的情境是否是恰当的。而恰当与否需要进一步追问，我们的行动是否受到了适用当下情境的道德原则的指导[①]。

如果并不认同哈奇森将道德感与人类本能联系在一起的观念，哈奇森的道德观念的合理性还可以建立在其"利他主义心理普遍存在并被慷慨表达"这一主张的基础上。毫无疑问，哈奇森并没有将圣人化(saintliness)视为一种道德要求，他并不认为"个体需要为了公共的善去牺牲自己所有的利益，忍受个体的罪恶"[②]。他区分了"无害"(我们会将此视为最小利他主义的自然义务)和其他英雄式或圣人式美德。他并没有提供界分属于最低限度的利他义务行为和属于超义务的高尚行为的标准，但是却提出区分的关键点，这也成为功利主义的基本标准——"每个(人)都算一个，没有(人)多于一个"(Each count for one and none for more than one)，

[①] 尽管大卫·休谟并没有假设存在一种独立的道德感，但是任何讨论道德的情感基础的理论都会陷入这个"鸡生蛋"还是"蛋生鸡"的问题。关于休谟作品中类似的讨论，参见 Jonathan Harrison, *Hume's Moral Epistemology* (Oxford: Clarendon Press, 1976), pp.120-125。

[②] Hutcheson, *An Essay on the Nature and Conduct of the Passions and Affections*, p.319.

即道德平等,某行动影响到的每个主体的利益都应该受到考量,每个主体的利益都应该被赋予同等的重视程度。哈奇森是这样表述这一标准的:"每个人都应该将自己视为社会系统的一个部分,因此并不需要为了他人并不重要的利益牺牲自己重要的个人利益。"①

尽管强调道德平等,没有强求个体追求圣人般的美德,哈奇森还是认为,人类还是会很自然地从无私的角度看待自身的行动。他们会像对待自己和自己的爱人一样对待那些陌生人,不会过度执着于自己的偏好和欲望。人们之所以会这样做是受到了一种普遍仁爱(a sentiment of universal benevolence)的激励。这样的认知使得哈奇森避免了休谟和斯密所要面对的复杂问题,即基于正义建构的人为(artificial)美德和基于仁爱所产生的自然(natural)美德之间是什么样的关系,这两种美德会在我们行动中提出相互冲突的要求,应该如何处理这种冲突②?

我将在后面的讨论中主张,在美国的语境下,反联邦党人至少在看待维系政体的纽带问题上秉持了一种"天真的哈奇森式"的道德感观念。按照这种观念,维系政体的纽带直接由人类自身所持有的仁爱构建。受这种观念影响的政治理念就会认为,政体的规模不能超越人民能够自然产生仁爱的范围。而联邦党人的处理方法与此不同,他们更多地直接受益于休谟在道德感理论上的创新,无论是其理论层面,还是处理政治事务的实践层面。下面接着讨论作为休谟创造物的,在一定程度上也是斯密创造物的道德感理论。

---

① Hutcheson, *An Essay on the Nature and Conduct of the Passions and Affections*, pp.319-320.
② 所谓的人为美德可以理解为个体作为社会化的存在所应该追求的善,比如,为法律追求的正义作出贡献;而所谓的自然美德则是人基于本性和天性所产生的美德,比如,基于血缘关联而产生对于家人的爱。两者可能出现后天的冲突,比如,当亲人违反法律的时候,是要大义灭亲地将其交由法律惩戒,还是应该"亲亲相隐"?——译者注

第四章　公民身份的心理影响：苏格兰启蒙的贡献

休谟和斯密：习俗、想象和道德哲学

当亚当·斯密出版其道德哲学的经典著作《道德情操论》(*The Theory of Moral Sentiments*)时，很快他就收到了来自大卫·休谟的赞扬，休谟从伦敦给他寄信，告诉他，"公众对你的著作报以了最为热烈的掌声"，"哪怕是那些文人中的暴徒也对其赞许有加"①。休谟毫无保留地向斯密转达了公众对其作品的评价，事实上，在其去世前一年，当他读到斯密的另一本著作《国富论》(*The Wealth of Nations*)时，同样对其予以了高度的肯定②。

斯密和休谟之间的相互敬重建立在其热络的个人交往以及在其哲学思考上异乎寻常的相似点上——尽管不是完全一致。他们二者都在寻求对于道德的一种科学理解，希望将对其的理解建基在心理学和当下的物质和政治条件之下。二者都在不断地探索，希望能够调和某些具有冲突和竞争性的心理和道德要求之间的矛盾，这些矛盾主要是由自爱和仁爱的自然美德以及基于保有政治共同体所必需的人为美德（包括公正与忠诚）之间的冲突所引发。他们两者尽管在政治上都不教条，但是都可以在政治观念上被视为自由主义者③。二者都注意到了对于保有

---

① 参见 E. G. West's Introduction to Adam Smith's *The Theory of Moral Sentiments*(Indianapolis: Liberty Classics, 1976), p.19。

② Anthony Flew, *David Hume: Philosopher of Moral Science* (New York: Basil Blackwell, 1986), p.11.

③ 无论是休谟还是斯密都不认同洛克的自然权利理论，但是这一理论并不是定义自由主义的核心特征。比如，罗尔斯和德沃金这些当代学者的自由主义理论中，自然权利论基本没有什么影响。对于自由主义而言，最根本、也是休谟和斯密共享的观点是，政府就是必要时协调社会中各个独立决策中心行动以及通过法律实施有限权威从而确保个体自由和安全的有效手段。参见 Frederick G. Whelan, *Order and Artifice in Hume's Political Thought* (Princeton, N. J.: Princeton University Press, 1985), pp.357-358。

美国公民身份的基础：自由主义、宪法与公民美德

无论是私人还是政治的行为规范而言，习惯和习俗都处于一个核心的重要地位，尽管这些习惯和习俗经不起理性的频繁审视①。此外，二者都是一定意义上的世俗保守主义者，不愿意去撼动任何构成了政治权力合法性来源的习俗。但是，他俩也不像其他19世纪的保守主义者，如约瑟夫·德·莫斯特(Joseph de Maistre)和路易·德·唐纳德(Louis de Bonald)，甚至不像在观点上与他们有很多相似点的埃德蒙·伯克，他们同时也非常担心由宗教热情、宗教启示以及其他形式的迷信和热情所带入政治共同体的非理性主义②。

在《道德情操论》中，斯密区分了对休谟和自己而言非常普遍的关于道德的经验研究方法与18世纪早期在英国极为显赫的理性主义的研究路径。塞缪尔·克拉克(Samuel Clarke)和威廉·沃拉斯顿(William Wollaston)就是当时极为杰出的哲学家，他们试图将道德定位为通过理性发现的、放之四海而皆准的存在。他们试图为道德找到一种客观的依据，从而使道德不会被限缩到只是取决于心理状态，甚至是主体间惯例和约定的存在。斯密基于分析和经验的视角反对这种看待道德的观点，他说："如果认为关于正确与错误的初始认知是通过理性思考得出的，这是极其荒谬和无法理解的……这种认知是从大量的经验事实中所发现的，特定的行为让我们快乐，而特定的行为让我们难过，在这个过程中我们形成了一般性的道德规则认知。"③斯密认为，道德准则和人类

---

① 关于这种相似性，参见 Eldon J. Eisenach, *Two Worlds of Liberalism* (Chicago: University of Chicago Press, 1981), especially pp.142, 146-150。

② 关于休谟政治思想的一般性讨论以及他对于宗教热情的排斥，参见 David Miller, *Philosophy and Ideology in Hume's Political Thought* (Oxford: Clarendon Press, 1981), especially p.117。

③ Smith, *Moral Sentiments*, p.506.

第四章 公民身份的心理影响：苏格兰启蒙的贡献

其他的准则一样，是通过"经验和归纳"获得的①。

休谟在其哲学著作《人性论》(*A Treatise on Human Nature*)的前言中极力推崇用现代实验的方法研究道德。这一巨著在休谟的时代并没有受到应有的重视，休谟将此归结于作品风格过于沉闷②。他说："任何学科不论似乎与人性离得多远，它们总是会通过这样或那样的途径回到人性，人的科学是其他一切科学的基础。而人的科学本身也一定要建立在坚实的基础之上，这个坚实的基础就是经验和观察。"③他指出，休谟、哈奇森和曼德维尔的著作都已经开始使用培根的实验科学方法论研究道德，并且取得了很好的效果④。

这种经验主义的研究特质使得休谟和斯密在道德和政治探索上，更多地使用洛克"历史的、白描式的分析方法"。例如，他们并不怎么关心什么是有关正义的真实原则，而是更多地发掘人类的兴趣和利益所在，因为这些才是从根本上驱使人类采纳了这些社会规则，并最终受其约束的力量所在。尽管如此，还是应该从他们

---

① Smith, *Moral Sentiments*, p.505. 当然，归纳也属于一种理性思考过程，但是斯密对理性在道德中的作用的认知和克拉克、沃拉斯顿的直觉论之间还是有着明显的区别。

② 这一判断其实是理解休谟哲学指导原则的关键。如果公众在阅读休谟作品的过程中无法获得任何的愉悦感，休谟认为，这是不应该责备公众不接受他的伟大作品的。相反，他花了大量的时间去研究作品的表达形式，将其作品变得通俗易懂，读者喜闻乐见。参见休谟的文章"The Sceptic"，在这篇文章中休谟讨论了哲学如何作为一种消遣方式、一种娱乐存在。同时参见 David Hume, *Essays*: *Moral*, *Political and Literary*, edited by Eugene F. Miller (Indianapolis: Liberty Classics, 1987), pp.159-180。

③ David Hume, *A Treatise on Human Nature*, edited by L. A. Selby-Bigge; 2nd edn., edited by P. H. Nidditch(Oxford: Clarendon Press, 1978), p.xvi.

④ 惠兰(Whelan)认为："休谟的提问方式尤为独特，他想知道从实然意义上讲为什么人们会主动认同并遵守特定的规则，他并不关心应然意义上为什么这些规则应该获得人们的遵守。他整个陈述和阐释其思想的模式都在展现，他所呈现的是一系列与道德和政治现象相关的事实和经验。"参见 Whelan, *Order and Artifice*, p.194。

美国公民身份的基础：自由主义、宪法与公民美德

的作品中总结出他们可能服膺的一般性政治原则,尽管试图能够将这些思想家纳入今天所普遍认定的特定的道德与政治哲学类别（他们到底是功利主义者还是契约论意义上的自由主义者）,本身是一件吃力不讨好的事情[1]。

休谟经常诉诸公益(public good)来维护财产分配和政治制度,这引发了很多对他的批判,而且很多人因此认为他是原教旨的功利主义者。事实上,这里所使用的"公益"这个术语过于松散和概括,早就超出了一般意义上的公益概念。休谟并没有主张,社会效用的扩大有赖于社会和政治系统的完善,这是后来本杰明·边沁所持的观点。事实上,不像哈奇森强调最大化地实现最多人的利益,在休谟的著作中是几乎没有道德的强制性义务和责任的[2]。

事实上,更恰当的应该是认为休谟所持的是一种隐性的自由主义契约论的政治哲学。当我们关注休谟通过培育忠诚感来构建公民与政体之间的牢固联系的观点时,同时值得注意的是,即使在政治原则上,休谟与美国的国父们在自由主义契约论的原则上的看法也并不是差距很大。大卫·高契尔(David Gauthier)提出了这样的观点,他认为,休谟接受了"拟制的社会契约理论"(hypothetical

---

[1] 这是非常重要的,因为在一部重要的共和修正主义的著作中,斯密作为一名不同于自由主义传统的公民人文主义的作家被认真对待。参见 Donald Winch, *Adam Smith's Politics: An Essay in Historiographic Revision* (New York: Cambridge University Press, 1978)。温奇(Winch)对于斯密的认知是非常准确的,斯密并不认同政治共同体就仅仅是一个"放大的市场"(marketplace writ large)的理论,他在他的著作中已经展现了其独特的"公民视角"(civic dimension)。他进一步阐释,如果仅仅将斯密的思想解读为 19 世纪自由资本主义的先驱,那么斯密的思想就被严重地扭曲了;事实上,休谟十分担忧资本主义的发展会带来对于人类公民能力的侵蚀和损害,参见 Winch, *Adam Smith's Politics*, p.174。当然,在温奇的批判理论中,事实上是将自由主义定位为"拥占性个人主义"的,也只有将自由主义做这样的理解时,对斯密的自由主义解读的驳斥才是成立的。

[2] 关于休谟与功利主义理论的联系,参见 J. L. Mackie, *Hume's Moral Theory* (Boston: Routledge and Kegan Paul, 1980), especially p.152, 以及 Miller, *Philosophy and Ideology*, pp.76-77。两者所得出的结论与我的结论基本是一致的。

contractarianism),以此作为政府和财产制度的合法性来源,认为这种合法性源于这些制度获得了处于自由选择状态下的理性人的同意①。休谟在其文章《论原始契约》("Of the Original Contract")中介绍这种初始选择状态时,印证了高契尔的观点:

> 当我们追溯政府的起源时就会发现,人民是所有权力的源头所在,为了和平和秩序,他们主动放弃了其原有的自由,接受与他们平等的人所制定的法律的约束……如果这就是初期契约所指,那么我们无法否认,所有的政府都是建立在社会契约的基础上……②

这至少是一种非常正式的对社会契约理论的清晰表述。由于人与人之间是平等的,而且会对彼此追求幸福构成阻碍,因此人们自愿缔结双赢的契约。

休谟到底在本质上,或者说在精神上是不是一个契约论者,还可以进一步地争论。但是对于初始契约,他并没有像社会契约论的公开倡导者们(从洛克到康德,再到罗尔斯或者是诺齐克)一样,为其提供更多的道德正当性解释。在休谟看来,初始契约的签订不过就是一些潜在的对抗个体之间所达成的一种暂时的妥协,一种权宜之计,除此之外,别无他物。在这里并没有看到任何对个体的不可侵犯性必须予以尊重的道德义务和要求。

相反,斯密可能在精神上和本质上更接近一个社会契约论式的自由主义者,尽管他并没有追随休谟捍卫初始契约的观点。斯密认为,或者说至少为了分析的目的他接受这样的观点:先于世俗

---

① David Gauthier, "David Hume, Contractarian", *The Philosophical Review* 88 (January 1979), p.13.
② Hume, "Of the Original Contract", in *Political Essays*, p.44.

政府的建立,平等的个体拥有自我防御和惩戒侵犯者的权利①。建立政府时,最神圣的正义律法就是那些捍卫生命和保护邻里人身的律法;其次就是保卫财产和所有物的法律;最后就是那些捍卫个人权利或者确保他人信守承诺的法律②。

斯密对于非功利主义思维方式的采纳,部分地体现在他不愿意承认这样一种观点——主权行为不仅仅用来防范个体的危害行为,同时还有利于促进公益。在他看来,主权有义务通过防范罪恶和不当的行为来促进共同体的繁荣,这使得主权在一定程度上有权命令(人们)相互支持、妥协、斡旋和帮助。但是,主权应该对行使这种权力施以最大程度的克制,这应该是主权最不情愿行使的权力,因为这项权力行使得过于频繁和积极,是对自由、安全和正义的全面损害③。

斯密将正义规则称为"神圣"的,而不仅仅是"有用"的,彰显了其对个体的尊重,这种尊重要求有关的规则和制度不能轻易地被废除。他对这些规则和制度的排序同样也彰显了对于个体、对于人的尊重。他认为人身权要优先于财产权或者是合同权。他拒绝纵容国家采取行动去促进那些与自由相互冲突的善,从而将安全与正义置于危险当中,他在评估特定行为的道德价值时,完全看轻结果所占的权重,这一切都显然是与功利主义者的观点背道而驰的。尽管我们希望斯密能够更为清楚地表述,在什么情况下可以为了公共的善牺牲个体权利,但是他显然更偏好自由主义的认知,相较休谟,他更多地遵循了契约论的基本观念。

清楚界定潜在的政治哲学观的难度在于,哲学家们在关于道

---

① Smith, *Moral Sentiments*, p.158.
② Ibid., p.163.
③ Ibid., p.159.

第四章 公民身份的心理影响：苏格兰启蒙的贡献

德和政治行为的行动源头上秉持了多元主义的理解，或者说是对于人类行动复杂多变的多元理解，即使是试图去把握像斯密和休谟这样自我意识极强的思想家的哲学观也不例外。在斯密的《道德情操论》中讨论的一个前提性的认知主题就是，对于道德认同和道德拒绝的判断需要考虑一系列复杂的品质和情绪。因此，斯密提供了一种道德认同的现象学，这一说法被用来反驳试图将道德的来源限缩为利益、理性、效用甚至是一种独立但是独特的"道德感"的说法。斯密认为："道德认同首先产生于我们对行为人的动机感同身受；其次，我们对因他的行为而受惠的那些人心中的感激之情感同身受；接着，我们发现，无论是行为人所从事的道德行为，还是受惠者所体会到的感激之情，与我们自身产生的同情感、移情感之间，共享了某种共通的规则和原则，基于这些规则的认同，有人从事道德行为，有人对道德行为产生了感激之情，有人能够对道德行为的动机和感激之情感同身受；最后，当我们把那些能够引起我们感激之情的行为视为有助于增进个人或社会幸福的行为体系的一部分时，它们好像从这种效用中获得了一种美……"①

斯密对于道德认同的描述令人可喜地认识到了人类道德目标和值得赞赏的行为品质的多样性。但是无论是斯密还是休谟都没有完全克服在哈奇森的道德认同理论中出现的一个瑕疵——在具体的道德行为中我们很难澄清感觉和道德判断之间的关系。因此，很难判断到底是因为特定的品质引发了特定的情感，我们就认为这一品质本身是道德的，还是因为我们只有面对道德之善，体悟到其难能可贵之后才会产生特殊的情感。由于这一不确定性，这

---

① Smith, *Moral Sentiments*, pp.515-516. 关于休谟对于效用会让人愉悦的讨论参见 David Hume, *An Enquiry Concerning the Principles of Morals*, edited by. J. B. Schneewind(Indianapolis: Hackett, 1983), pp.38-51。

些作者所试图去澄清的道德内涵与道德行为的动机之间的关系就显得尤为模糊了。

斯密和休谟都认同,一个特定行为能够产生快乐的能力并不是认定它是"道德的"的充要条件。斯密认为,只有那些能够以特定方式(in a certain manner)带来快乐的行为才是道德的。几乎用了同样的表达,休谟认为:"不能仅仅因为一种品质能够令人快乐,我们就认为它是道德的,只有在感觉到那种它能够以特定的方式带来快乐的感觉中,我们实质上才会感觉它是道德的。"① 休谟的用语比较奇怪,他介绍了一种关于感觉的感觉,这种感觉最终赋予了行动的道德性或者非道德性。这种我们据以判断一个行为道德与否的休谟所描述的二级感觉(second-order feeling),其实更像一种判断,一种站在公正无私的立场所作出的判断。休谟是这样描述的:"如果跳出我们个体特殊偏好的限制,整体性地考虑一种品质,依旧认为它能够带来一种特殊的感觉或者是情感,这就意味着它在道德上是善良的或者是罪恶的。"② 但是,在这里依旧存在动机问题的困惑。休谟思想中,对于具体的个人而言,行动受到激情的鼓舞,这是其理论的要素所在。这里依旧不清楚的是,那个由"公正的旁观者"(impartial spectator)所作出的关于行动本身的价值判断是如何真正发挥作用,最终驱使我去采取这个行动的③。

对于这个问题休谟所给出的最好回应是一个从语言学角度给出的回应。他说,无私的视角是深植于道德语言自身当中的。个体使用特定的语言,在道德判断的过程中寻求他人的认同和同意,

---

① Hume, *Treatise*, p.471.
② Ibid., p.472. 另参见 Hume, *Enquiry*, p.111。
③ Flew, *David Hume*, p.150.

第四章 公民身份的心理影响：苏格兰启蒙的贡献

这种语言体系使得人们很难拒绝这种道德共鸣，从而可以得出同样的道德主张。

> 当一个人称另外一个人为其敌人、竞争者、对手、对立面时，他被认为在讲一种自爱的语言，在表达他自己特有的、基于其特定的环境和境遇的情感。但是，当他对任何人冠以邪恶、可恶或者是堕落这些表达时，他所使用的就是另外一种语言，他希望通过这种表达能够获得听众的共鸣。因此，他必须跳出自己私人和特定的境遇的限制，选择一种对于自己和他人而言都易于理解、能够引起共鸣的观点：他必须借力于人类社会一些普遍的原则，触摸到构建人类和谐交响乐的那根弦……尽管这种语言所引发的情感偏好并不像虚荣和野心那样表现强烈，但是由于其对于所有的人类而言是普遍的，它自身就能够构成道德的基础，或者是任何一般性的赞美或者是惩戒的体系的基础。①

休谟认为，通过参与到这一道德语言的游戏中，我们就会逐渐领悟其规则，这些规则要求我们在看待周围事物时采取一种客观的道德视角，而非主观的自爱视角。在这里，这些规则之所以能够对我们发生作用并且对我们而言无比重要，这是由一种激情所决定的，这种激情就是对于人性的普遍认同和偏好（尽管人类的这一激情被普遍地低估了）。

如一位批评家所指出，美德和邪恶对于休谟而言是隐秘的人类世界中向外公开的那个部分，是展示特殊感受的特定场景②。

---

① Hume, *Enquiry*, p.75.
② 这是很有意思的一种观点，尽管我认为，在研究休谟的学者中，持这种观点的人属于比较小众的那部分。参见 David Fate Norton, "Hume's Moral Ontology", *Hume Studies* (1985 supplement), p.191.

美国公民身份的基础：自由主义、宪法与公民美德

因此,当描述一个行为是具有美德的,不仅仅是说这一行为/行动使我产生了一种愉快的感觉,而是它对于所有人而言都是一样的,能够让所有人产生一种普遍的愉快感。从这个角度,道德语言就不仅仅是一种表达个人情绪的手段,而且是对恰当的道德情感表达情境的认可,即在当使用特定的道德语言时,就意味着这是表达特定道德感觉(快乐或者是痛苦)的恰当情境。换句话说,并不存在私人化/个体化的道德语言,无论是道德认同还是道德拒绝必然诉诸的是普适性的标准。

如果说描述一个行动本身是道德的就意味着它(本身)必然引发一种特定的感觉,这就会引发一个问题。如果某个行为本身是道德的,那么特定的感觉出现还是没有出现,并不会影响我们对这个行为的评价和认同——行为如果是道德的,就会一般性地引发特定的感觉和情感,如果在特定情况下这种情感没有出现或者出现了其他感觉,那么是行为主体的特殊个体问题,与这个行为是否是道德的无关。这个时候,有关道德争论的核心就转向了"一个人最初论证这一行为是道德的那些理由"。这就使得个体感觉在道德判断中几乎没有太多比重,至少比休谟所能接受的比重还要少得多。就像他所描述的,道德不再是"实践性的研究,它也没有试图去规范我们的生活和行为"①。

最终我们还是需要面对动机问题。正如我们所看到的,休谟认为道德认同和道德拒绝是一种深思熟虑的感觉和情感,这种感觉和情感只有在道德评估者本人将自己从自私的激情和偏好中剥离出来时才会产生。因此,"如果考虑到我的真实情感也许是充满偏见的甚至是建立在错误基础上的,那么当下的我并无法产生这种应该普遍存在并且就应该产生的感觉,那么也就无法有足够的

---

① Hume, *Enquiry*, p.15.

动机驱使我去从事道德的行为"①。

这就最终导致,休谟对于那些拒绝参与道德话语游戏(或者只是极不真诚地参与)的人或者是那些将对"普遍人性的偏好和认同"放置在善的清单极其靠后位置的人,缺乏良好的回应。因为这些人只能基于那些他们所拒绝接受的特定观点而被认为是错误的,而这些他们拒绝接受的观点的唯一正当性在于——存在对于普遍人性的认同和偏好,而这些人恰恰并不认同或者说只在极其有限范围内认同存在普遍人性的说法。

托马斯·里德:对休谟式道德的回应

尽管未经证实,但是我们有理由相信,没有任何其他令人满意的关于道德的来源和原则的解释能够像哈奇森、斯密和休谟所寻求的那样具有经验性,也不会像他们一样将感觉放置在寻求道德原则的中心位置。事实上,我们今天对于休谟和斯密的批判,包括对于哈奇森道德感的批判并不是完全原创和独特的。很多美国早期熟悉法律和哲学的殖民者,包括《独立宣言》的签署者,如威瑟斯庞、杰弗逊、詹姆斯·威尔逊和本杰明·拉什,都非常熟悉像塞缪尔·克拉克(Samuel Clarke)和沃拉斯顿(Wollaston)这样的理性主义者与从哈奇森到休谟这些从宽泛意义上定义的道德感思想家之间的论战②。他们尤其注意到了由极其尖锐的苏格兰批判家托马斯·里德对道德感学派所提出的

---

① Harrison, *Hume's Moral Epistemology*, p.111.
② Morton White, *Philosophy of the American Revolution*(New York: Oxford University Press, 1978), p.99. 同时参见 May, *The Enlightenment in America*, pp.343 – 346。

美国公民身份的基础：自由主义、宪法与公民美德

常识性批判。

里德自己受到了休谟《人性论》的深刻影响。事实上，正是对《人性论》的回应，尤其是寻求反驳休谟的怀疑主义的有效路径，构成了里德一生研究的基础。比较具有戏谑意义的是，尽管试图反驳休谟，但是里德的作品在一定程度上成了北美大陆传播休谟哲学的有效推手。著名美国思想史学家亨利·梅（Henry May）是这样总结休谟在18世纪晚期对美国思想界的影响的："（休谟）作为历史学家获得了广泛的关注，作为政治与社会理论家获得了部分的崇拜，而作为一个宗教的批评者为美国社会所畏惧，恰恰是通过那些对其作品作出回应的人，休谟作为哲学家或者是心理学家在美国享有了一定的声誉。"[1]里德就是对休谟作品作出回应的突出代表人物之一。

1763年，里德接替亚当·斯密开始在格拉斯哥大学担任道德哲学的教职，在此期间完成了很多重要的而且很有影响力的著作。早期完成的作品包括1787年开始为美国人所熟知的《按常识原理探究人类心灵》（*An Inquiry into the Human Mind, on the Principles of Common Sense*），这本书实际出版于1764年。里德其他伟大的作品包括《论人的理智能力》（*Essays on the Intellectual Powers of Man*）以及《论人的行动能力》（*Essays on the Active Powers of Man*）是在他1780年从格拉斯哥大学退休之后完成的，分别于1785年和1788年出版。革命爆发期间，里德的常识哲学就开始获得信徒的追捧，但是广泛流传于书商的购书单以及成为大学的必修课是从18世纪90年代开始一直延续到19

---

[1] May, *The Enlightenment in America*, p.121.

第四章 公民身份的心理影响：苏格兰启蒙的贡献

世纪中期①。

里德攻击休谟的核心是形而上的，尤其重要的是，是与道德相关的。里德反对那种"理解的唯心化系统"(ideal system of understanding)，这种观点起源于笛卡尔和洛克，在乔治·伯克利(George Berkeley)和休谟那里达到了顶峰。他指出了唯心主义的诸多弊端，并试图用接近人类常识的哲学来替代它。里德反驳了唯心主义传统中对于外部世界客观存在的质疑。笛卡尔在其哲学的源头就怀疑是否存在引发感觉经验的客观来源，伯克利和休谟完全跟随其想法，同时宣称我们并无法直接感知外部的存在，只有通过我们的感觉，我们才能感知外部的存在。这些被视为事物第二特征的感觉——热、冷、颜色——并不能证成或被视为是事物的存在本身。这些思想家没有一个怀疑他们大脑之外存在一个外在世界的经验，但是却都质疑我们有关外部存在的反馈和主张的准确性和确定性。

这种存在论上的怀疑主义对于道德理论所产生的影响是极其深远的。如果我们无法确定是否存在一个外在的世界，我们如何能够评估发生在其中的行为/行动的结果？如果无法评估，那么我们长期接受的道德义务和个人责任还有何意义？当里德反对唯心主义的时候，这些有关道德问题的考量就不断地呈现在其脑海中，那些在苏格兰和美国同样受到里德常识哲学影响的人也在不断思

---

① 在制宪会议及其宪法批准的辩论中，詹姆斯·威尔逊(James Wilson)是受里德作品影响最多的人。他1791年在费城学院所发表的、获得高度好评的有关于法律的演讲借鉴了大量里德的思想。威尔逊认为里德是可以和培根比肩的对人类思想进行研究的科学家。参见 Stephen A. Conrad, "Metaphor and Imagination in James Wilson's Theory of Federal Union", *Law and Social Inquiry* 13(1988), pp.22-23。关于里德在19世纪早期美国思想中的重要性，参见 May, *The Enlightenment in America*, especially pp.337-357。

美国公民身份的基础:自由主义、宪法与公民美德

考这些问题①。

里德在认识论上坚持"唯实论",他坚信非意识之物的存在。这种信仰主要建立在如下一些观念基础上。首先,存在着天生的、固有的(innate)观念。其次,上帝是可信的,因此,我们那些通过视觉、听觉以及其他感知能力处理过的感官数据是值得信赖的。他对于唯心主义疑问的最简明扼要的回答就是,人类就是这么被(造物主)塑造出来并相信外在事物本身是存在的。按照他的说法,我们不仅仅是庸碌无为、浑浑噩噩的众生,在我们的本性中存在一种"知的能力/鉴赏力"②。我们应该相信这点,因为造物主并不打算欺骗我们。这是一个建立在两个核心观念上的显得有些武断的结论。后笛卡尔的唯心主义者可以很好地反驳它。但是,这种信仰确实让里德为休谟的怀疑主义所可能产生的腐蚀作用设定了边界,大大缩小了怀疑主义蔓延的范围。它在一定程度上证成了人类的常识信仰的存在,从而缩短了哲学家和普通人之间对知识和信仰基础的理解之间的距离和鸿沟。

里德将常识哲学运用于道德,这本身也是比较武断的行为。这背后的目的是希望大家质疑从哈奇森到休谟和斯密以不同形式倡导的感性主义的道德观。里德在写给凯姆斯勋爵的信中,批判了以"同情心"(sympathy)为基础的道德理论。里德写道:"我总认为,亚当·斯密博士的同情心系统是错误的,不过是对自私理论

---

① Norman Daniels, *Thomas Reid's "Inquiry": The Geometry of Visibles and the case for Realism*(New York: Burt Franklin, 1974), pp.120-121.

② Thomas Reid, *Inquiry into the Human Mind*, in Sir William Hamilton, ed., *The Works of Thomas Reid*, D.D. (London: Longmans, Green, 1895), Vol.1, pp. 187 and 209.

第四章 公民身份的心理影响：苏格兰启蒙的贡献

的一种包装和升级；你对这一理论的批判是非常有力的。"① 里德不无道理地主张，道德评估并不仅仅依赖道德行动者的感觉或者是作为旁观者的赞同感或者是拒绝感。当我们主张某人有道德义务去从事特定行为时，我们的意思是说无论这个人是否有意愿去从事这个行为以及无论这个行为是否受到好评，这个人都应该从事这个行为。如果认为道德行为是通过是否能够产生一种美好的感觉或者说是否有用来定义，这事实上忽略了道德感所具有的独立的力量，这与我们一般意义上所使用的道德概念是不相符的。"的确，每一种美德在最高意义上都是令人愉快和有用的；每一种令人愉悦和有用的品质都是有价值的。但是美德是一种完全自洽的价值，这种价值并不是因为它有用或者令人愉快，而是因为美德本身就是有价值的。"②

里德的道德哲学可以被视为理性直觉主义的一种。在道德范围内，他挑战了休谟的怀疑主义，宣称人类被赋予了某种直觉，从而可以凭借这一直觉作出正确的道德判断。也就是说人类作出道德判断是倚赖对于道德真理的敏感洞悉，不是依靠感觉或者是推理。

> "从人类本性中获得的清晰且具有直觉性的判断，足以超越与之相对的那些微不足道的推理。我们感官的见证足以推翻那些用来反驳它的微不足道的说法。如果有一种良知见证是支持诚实的，那么根本不需要任何的审视，所有无赖之人的微不足道的所谓理性论证和推理都应该被视为谬误和诡辩被拒绝。因为这种论证违背了不言自明的原则；这种拒绝就像我们拒绝接受形而上学者那些违背感官见证的微不足道的推

---

① Thomas Reid, *Inquiry into the Human Mind*, in Sir William Hamilton, ed., *The Works of Thomas Reid*, D.D. (London: Longmans, Green, 1895), Vol.1, p.92.
② Reid, "Essays on the Active Powers of Man", in *Works*, Vol.2, p.652.

理一般。"①

那些将其立场聚焦在道德感上的思想家根本无法强有力地反驳这一主张,即使他们总是试图主张,道德命题的陈述中是有这种力量存在的。

建国者当中的苏格兰理性主义和经验主义

目前我们研究过的苏格兰思想家都参与到了有关道德信仰和实践的本质和起源问题这一极其丰富的哲学对话中。接下来我们将专注那些与宪法争论紧密相关的哲学讨论:关于忠诚和公民美德的本质和来源的讨论。在此之前,我之所以要认真梳理苏格兰的道德哲学是基于两个原因。首先,尽管很多学者已经做了大量的工作来记录和证成苏格兰思想家对于美国建国的影响,这其中的代表就是阿代尔(Adair)和威尔斯(Wills),但是他们的问题在于,不是在翻译苏格兰哲学思想的时候不太准确,就是基本没有太提到苏格兰思想本身②。我将在下文中指出,威尔斯事实上错误地理解了休谟有关政治共同体当中连接纽带的思想。其次,这些哲学家极具多元性的写作主题(从认识论到政治)背后其实贯穿了统一的主张,思想上有一脉相承、相互支撑和印证之处,休谟和斯密也不例外。例如,休谟将因果联系视为事件的惯常联系,这与他看待人们为什么会接受以及如何接受政治统治者和合法财产分配的问题事实上有很多相似之处。对于那些仅仅关注其政治写作的人而言,很容易忽略他思想之间的逻辑联系。事实上,如果我们不

---

① Reid, "Active Powers", in Works, Vol.2, p.654.
② 威尔斯主要是翻译不太准确的问题,阿代尔主要是基本没有提及苏格兰思想的主要内容。

第四章 公民身份的心理影响：苏格兰启蒙的贡献

首先试图以他们的立场和方式从其思想体系的整体去理解苏格兰思想家们，那么我们就无法澄清他们在多大程度上是被误读了的，也就无法评估他们的思想对我们的影响。

尽管如此，我希望我能避免这项研究计划所可能引发的一个弦外之音，尽管休谟和其他思想家在他们的作品中清晰地展示他们的形而上学、认识论以及政治哲学之间的联系，但是我并不主张，无论是18世纪还是今天我们这些聪慧的读者们，要全盘接受休谟哲学。麦迪逊和汉密尔顿就并没有受到休谟哲学的全部影响，虽然麦迪逊非常熟悉休谟的整个思想体系，但是他们更多地只是认同休谟的政治思想。当谈到政治的"首要原则"时，很多美国人，包括宪法创制者，都基本上是依赖洛克式的自然权利理论和里德式的"不言自明"的真理理论。在《联邦党人文集》第三十一篇中，汉密尔顿就指出，任何的阐释都会建立在一些基本的事实或者首要原则基础上，这些将成为后续论证的基础。即使在政治和道德科学中，这也不例外，尽管这个领域中存在的首要原则并不像数学领域那样具有确定性①。对于汉密尔顿而言，正如霍布斯和洛克所指出的那样，相较主体遭遇的困境而言，激情和自利更容易模糊和影响我们的道德判断。

无论是在其著名的《反对宗教评估的诉状和抗议书》（"Memorial and Remonstrance against Religious Assessments"）中诉诸"根本性的、不可否认的真理"的麦迪逊，还是在《独立宣言》中诉诸"不言自明的真理"的杰弗逊，以及诉诸人类常识敦促美国人民通过革命捍卫其自然权利的托马斯·潘恩，我们很容易发现他们在认识论前

---

① *Federalist*, 31, pp.193-194.

提上的相似点①。当提到政治的首要原则时,美国人民,当然也包括宪法的创制者们,他们共享得更多的是洛克和里德的思想,而不是休谟和斯密的思想,休谟和斯密几乎从来没有使用这一独立于经验和惯例而存在的"不言自明的真理"概念。正如莫顿·怀特(Morton White)极富说服力的主张所指出的,《联邦党人文集》的作者们同时服膺于"洛克式"的理性和"休谟式"的经验②。这种哲学上的分工并没有任何的逻辑问题。正如我们所看到的,当提到政治的根本原则、首要原则时,宪法创制者们都是洛克主义者,但是正如洛克自己所认识到的,当用来解释人民是如何能够遵守这些原则行动时,洛克的理性主义基本就没有什么解释力可言了。这在很大程度上就是人的情感和感觉的问题,而不是理性的问题。理解了这一点,那么在如何能够按照首要原则行动上,苏格兰道德哲学为什么获得了宪法创制者们如此之多的认同和运用,对我们而言就不足为奇了。

休谟和斯密:正义、忠诚和美德的哲学政治

尽管道德感思想家们试图将道德观建立在欲望基础上的努力最终并不是令人信服的,但无论你是怎么看待支持这一观点的道德本体论的,有一点却是有说服力的:在众多的道德上可接受的政治安排中,最有能力激发其潜在成员的认同感和支持的政体,相较其他政体而言,至少具有一种表面上的优势,而且实际也是如此。

---

① Thomas Paine, *Common Sense and Other Political Writings* (Indianapolis: Bobbs-Merrill, 1953), p.3.
② White, *Philosophy*, "*The Federalist*," *and the Constitution*, especially chaps. 3 and 4.

第四章 公民身份的心理影响：苏格兰启蒙的贡献

对这种政体的认同需要依赖有关的行动源泉理论,考虑什么样的行动有助于形成忠诚感。同时还有必要考虑行动的动机和特殊境遇,即那些有助于行动动机产生但是有可能会抑制忠诚形成的境遇。

休谟非常清楚,除了在一些极为例外的情况下,习惯是影响人们对现存政府态度的决定力量,无论是看待政府的优点还是缺点,习惯的影响举足轻重。更重要的是,习惯还衍生出了一道社会规范命令,那就是当政府没有出现根本性的问题时,人们是应该避免根本性的改变的。

> 对于人类社会而言,改革创新是必要的;而且对于人类而言,如果特定时代被启蒙的精英能够将这些改革引向理性、自由和正义的方向,那将是一种幸运。但是剧烈、暴力的变革则要慎重得多,即使试图采用立法的方式来实现这种剧烈的变革也是极其危险的。剧烈的变革从来都是弊大于利的。即使历史为我们提供了一些反例,它们也不应该被视为先例获得尊重,不过是证明了政治科学确实没有提供太多否定例外状态的规则……①

毫无疑问,休谟对这一观点的坚持主要源于其(相较其他目标)对秩序和稳定极为看重的性格。与他的哲学著作相比,休谟对于现实政治事件的反应更真实地反映了他的这一个性。例如,当约翰·威尔克斯(John Wilkes)因诽谤乔治三世而被监禁同时引发大规模的暴力抗议运动时,休谟在给杜尔哥(Turgot)写的信中表明了其态度:"有个人陷入了混乱之中……原因在于他滥用了自由,主要是滥用了表达自由;仅仅依靠想象,我觉得就没有什么值得抱怨,值得被同情的;他们这样的人没有一个人能够清楚表达他

---

① Hume, "Of the Original Contract", pp.52-53.

们到底希望政府作出什么样的改变和矫正,政府应该处于什么样的状况中。"①

休谟对于秩序的看重(这种看重甚至令其对合法抗议政府的表达自由权的剥夺也表现得毫不在意)是有一定的理论基础的。这种观点源于这样的哲学认知:人对特定组织那种充满热情的归属,无论是对日常生活中所遇到的各种组织的归属,还是对于国家政府的归属,是很容易就会被更具特殊性的归属所替代的(激情本身是不可靠的)。事实上,无论是对财产权的认同(在休谟看来,这基本就和正义是同义词),还是对于特定政治共同体的忠诚,其实都是一种虚构的、依靠想象建立的连接,这种连接只有在习惯性的关联、日常不断的联想中才能获得力量。要进一步说明这些主题,首先要在正义和其他道德规则之间作一个比较。

如果仁爱能够不仅仅像我们所知的那样,只是更多地在熟人之间才存在,而是能否无限地扩展到对待陌生人的态度中,或者如果大自然能够比我们所想象的资源更为丰裕,那么正义的规则和正义感就并不是那么必要的。很遗憾的是,这两种假设的情况并不存在。物质的匮乏和仁爱的有限使得正义规则的存在不可或缺。休谟认为,这些规则主要是用来保护个人的拥占性财产的,唯有如此,才可能为了推进公益作出贡献。休谟写道:"大自然开放的自由之手(初始状态中)并没有带给我们太多快乐,我们的快乐更多地是从后天人为的艺术、劳动和产业发展中获得的,我们从中受益匪浅。因此,财产权就成为市民社会的必需,正义也就获得其对于公众的意义,正义因此具有了独立的美德,并产生了独立的道德义务。"②休谟像洛克一样坚定地宣称:"任何通过人的劳动和勤

---

① 转引自 Miller, *Philosophy and Ideology*, p.182。
② Hume, *Enquiry*, p.24。

第四章 公民身份的心理影响：苏格兰启蒙的贡献

奋获得生产或者提升的东西,都应该让劳动者对其保有相关的权利,获得应有的保障。"①休谟和斯密不同于洛克之处在于,他们是通过诉诸公共效用(public utility)来捍卫这一观点的,而非像洛克一样诉诸自然权利。他们两者都没有看到公益和私有财产权之间存在任何根本的对立。他们和洛克一样,认为对于这些权利的认可事实就给他人施加了相应的义务,即"尊重邻人的生命权、人身权和财产权"②。

基于此,正义感(sense of justice)对于确保财产权的稳定和持有是很重要的。这种正义感常常需要与那些作为我们行动动机的自私本能和有限的仁爱进行斗争。就像斯密所言(在这个问题上,斯密和休谟达成了高度的共识):"(自私)这种人类的初级本能纵容我们以他人为代价满足自己的欲望,放纵自己。人类都有一种将自己的快乐和幸福置于他人幸福之上的自然偏好……"③这种倾向恰恰是正义感需要去遏制的。

> 效忠国家的政治义务或者说公民义务所要面对的问题,和正义、效忠的自然义务所面临的问题几乎完全一致。我们的自然本能导致我们要么放纵自我享受毫无节制的自由,要么试图奴役、统治他人;只有反思才能让我们放弃这种与生俱来的强烈的激情,去追寻和平与公共秩序。④

正义感中的反思性因素使得正义感在休谟的表达中是一种人为的德性,而非自然的德性。不像仁爱之情,正义并不是从内心中自然生发出来的。正如上文所指出的,这种区分并不总是有用:仁

---

① Hume, *Enquiry*, p.28.
② Smith, *Moral Sentiments*, p.163.
③ Ibid., p.161.
④ Hume, "Of the Original Contract", p.55.

美国公民身份的基础：自由主义、宪法与公民美德

爱之情在休谟那里是自然本性，但是即使是面对仁爱之情会自然流露的所爱之人，如果真的要作出有助于推进所爱之人的福祉的行为也同样是需要反思的。比如，一个家长谨遵医嘱在手术前拒绝让孩子饮水的行为就是如此，不能仅仅依凭仁爱之情，需要反思之后的理性拒绝。但是，这确实就是休谟所作的一种区分并且他从始至终地坚持了这一区分，这一区分展现了正义和其他更容易理解的美德之间的概念差异所在。

这种区分的核心意义在于让我们认识到，个体的行为应该受到规则系统的指导，而不是个体行动预期结果的引导。

> 如果允许（事实上这是很明显的）一个特定的正义行为的结果会对公众以及个体带来伤害，那么进一步的认识就是，每一个认同这一行动、认同正义美德的人都应该（不受困于结果本身）将视野放置于整个计划或者是系统中，期待他的同伴们依旧能够坚持这一行为并对该行为的态度始终保持一致。如果每一个人的认知都由他的个体行为的结果来决定，那么他的仁爱之情、他的人性以及他的自爱将指引他遵守一套完全不同的行动准则，这套准则将和善以及正义的严格准则完全相异。①

正义作为一种美德需要公民远离作为其行动主导者的自然情感、自然喜好，它同时要求公民要和基于一般的道德感所认同的道德价值标准保持距离。为了说明这一观点，休谟举了一个有关财产权的例子。"对财产权进行规制的自然法，也像所有的市民法一样，会将一个仁慈的人手中的拥占物全部剥夺，因为这些财产是他错误地获得的，并最终有可能把这些从仁慈的人手中剥夺的财富

---

① Hume, *Enquiry*, p.95.

第四章 公民身份的心理影响：苏格兰启蒙的贡献

赋予一个自私的守财奴,尽管后者已经堆积了大量多余的财富。"①假设我们和这个仁慈之人之间存在着某种私人的联系,那么这个时候我们的道德感就会让我们对于法律的做法深感困惑②。

正义感需要对"自利"有正确的理解。不能从一个完全自我忽略、自我舍弃的角度去理解这个概念。休谟恐怕没有比在看待这个问题时更像麦迪逊主义者(Madisonian)。他不断地强调否定自利在指导我们行动中所具有的力量是完全无用的,而是应该对这种自利进行恰当的引导,将其引导到对社会有益的渠道中去。

> 人类大脑中的情感和喜好没有哪一种是同时具备足够的力量和恰当的方法足以与人类对占有的本能热爱相抗衡的,也无法通过限制个体对他人财产的觊觎使其适应社会的发展。对于陌生人的仁爱之情实在太过微弱,根本无法实现这个目标;其他的热情更多地是点燃了我们这种占有的贪婪,而非遏制它,尤其是当我们发现,拥有的越多我们就越有能力满足自己无限的需求时。因此,没有任何一种激情能够对自利这种情感和偏好构成有效的约束,恰恰是自利这种情感本身能够做到这一点,如果我们对其方向施与恰当的引导和改变的话。③

休谟主张,如果每个人都足够聪明,认识到个人利益与社会利益的相容性和交集所在,他就会坚定地遵守那些能够确保社会稳定得以实现的正义规则。不幸的是,人们总是过度看重那些"微小

---

① Hume, *Enquiry*, p.94.
② 参见 Hume, "Of the Origin of Justice and Property", in *Political Essays*, p.32。
③ Hume, *Treatise*, p.492. 还可参见 Hume, "Of the Origin of Justice and Property", p.35。

美国公民身份的基础：自由主义、宪法与公民美德

琐碎而且短见的眼前利益"，这虽然潜在地影响了政府的稳定，但是也使得政府的存在很有必要。这种过于狭隘地理解的自利以及"我们自然而未开化的道德观念，二者最终不但不能给人的情感的偏私提供一种补救，反而迎合了那种偏私，给予了它一种附加的力量和影响……"①

如果那种能够促成对自利进行恰当理解的反思是正义感的核心，那么这种反思同时需要一般性的仁爱或者是人性感予以辅助，尽管这种存在于陌生人之间的一般性的仁爱相较那种对于自己所爱之人的直接联系要显得微弱得多，但是它们确实存在，而且确实在敦促我们服从一般性规则的问题时具有某种力量。休谟主张："社会利益，即使剥离开我们个人是否受益来单独考虑，也并非无关紧要的。"②从这一主张我们可以看到，休谟并没有将道德感完全建立在效用这一单一基础上。休谟提醒我们要追问进一步的问题——效用是对什么而言的？如果我们对于同胞的幸福并不关心，那么正义规则的效用并不会激发我们任何热情，就更不要说成为我们行动的动机。"有用性"之所以能够推动我们去从事特定的行为，是因为"社会幸福借助于我们(一般性的仁爱)的赞许和善良意志(good-will)，植入我们的脑海，获取我们支持的力量"③。

斯密有关正义感的看法和休谟的极其相似。他认为，正义是一个社会主要的支柱，因此对于正义感的服从具有一种其他的自然美德(如友爱、感恩等)所不具有的重要性和根本性④。我们需

---

① Hume, *Treatise*, p.499; Hume, "Of the Origin of Justice and Property", p.32.
② Hume, *Enquiry*, p.43. 同时参见 Hume, *Treatise*, pp.499-500。在这些著作中休谟主张："自利是正义得以建立的最原始动机，但是对于公共利益本身所具有的同情心是道德认同的源头，构成了形成美德的重要力量。"
③ Hume, *Enquiry*, p.43.
④ Smith, *Moral Sentiments*, p.167.

第四章　公民身份的心理影响：苏格兰启蒙的贡献

要一种不断发展的正义感来对抗人的自私本能以及由普遍同情（universal sympathy）所带来的人与人之间极其微弱的联系。

> 相较对自己的看重，如果仅仅依赖自然而然产生的同情心，人们几乎只会对那些与自己没有任何特殊联系的人的喜怒哀乐置若罔闻；一个陌生人的痛苦，哪怕与自己一件很小的事情相比，也是微不足道的；人们总是有能力去伤害别人，而且似乎他们也总愿意这么做，如果正义的原则不站出来捍卫这个弱小者的权利，对那些试图伤害他／她的人构成约束、构成威慑，要求他们尊重他／她的无辜，那么大众就会像野兽一般，随时准备扑向他／她，而他／她就变成了一只误入狮群的羊。①

经过启蒙的长远的利益本身（与狭隘的自利相对）和这种普遍的同情感的存在是正义感的主要来源。斯密不同于休谟，他解释了同情是如何在我们的正义感中发挥作用的。不仅是效用问题，也不仅仅是对普遍人性的偏好能够解释为什么我们会对于无辜者所受到的痛苦深恶痛绝——这事实上是源于我们对于特定个体的认可以及深植于内心的赏罚应该分明、恰当的意识，这些都是与生俱来的。仅仅站在功利主义的立场是无法解释我们对这种行为强烈的厌恶感的，因为对于一个无辜之人所做的恶并不会导致整个正义系统的崩塌。更重要的是，如果效用是我们道德认同的唯一来源的话，"那么我们赞扬一个人的理由其实和我们认同一堆抽屉的原因就相差无几了"②。

休谟同样主张，财产关系也因为这种同情心的存在和穷人对

---

① Smith, *Moral Sentiments*, pp.167-168.
② Ibid., p.310.这是一段经常被引用的对休谟的批评。

富人与自己关联和联系的想象得以加强。正是这种联系(关联)对正义形成了有效的支持,让穷人认为富人的财富是正当地获得的。如果穷人将自己的福祉与富人进行比较之后,还是很容易生发出一种不正当的仇富感,那么只有这种想象的联系能够抵消这种不正当的仇恨心理。

> 当我们想象伟大的情形时,尤其是以那种想象力最容易对其进行描绘的极富幻灭性的色彩对其进行想象时,这种伟大的情形似乎就是有关完美和幸福的国度的极不真实、高度抽象的想象。在我们的空想和幻想中,这样的国度被我们描绘为我们所有欲望所指向的终极目标。我们对于这个国度中每一个人的满意和幸福感同身受……如果任何的东西将要毁掉或者是腐蚀掉如此宜人的状态那将是极大的遗憾!我们甚至希望这个国度中每个人是永生的,但这似乎很困难,死亡最终会让这种完美消失殆尽。①

同时必须认识到,斯密并没有为富人提供过多的辩解。因为这种(对富人)基于同情心、同理心所产生的认同,事实上会对我们的道德感产生损害。最直接的后果就是我们常常会看到世界的尊重和关注越来越多地集中于"富有的人和伟大的人",而不是那些应该获得尊重的"聪明和充满美德之人"②。注意到这种我们应该具有的品格和我们尊重的品格之间的分裂,这对于作为道德理论家,尤其作为实证学者的斯密而言是极其挫败和为难的一个问题。

尽管具体的说法有差异,但是休谟和斯密都同时主张,我们的道德感会被一系列的情感和想象的联系所左右。所以,自利和有

---

① Smith, *Moral Sentiments*, p.114-115.
② Ibid., p.126.

第四章 公民身份的心理影响：苏格兰启蒙的贡献

限的仁爱既可以提升我们的正义感，也可能损害我们的正义感。同样(穷人)对于富人的这种基于同情心所产生的身份认同(或者，尽管斯密没有这么说，穷人眼中一种强烈的厌恶感)也会导致我们正义感的提升或者损害。我认为，休谟和斯密这样的认识论和道德哲学观，最终会导致他们在政治领域自然地秉持保守主义的态度。保持政治秩序稳定的动机，不是来自其他地方，而是来自对长远利益的考量，来自仁爱，以及来自对自己与上层阶级(尤其是统治的精英阶层)之间联系的想象。

"想象"在稳定地保有正义美德和政治忠诚方面发挥着重要的作用。在《人性论》中，休谟主张，我们对于感知对象一致性和永久性的信仰源自对这些事物日积月累的认知。因此，"这些呈现在我视野中的山、房子和树，在我看来会永远如此。当我闭上眼睛或者转过头看不到它们时，我脑海中依旧呈现它们惯常的样子和秩序，毫无变化"①。想象是我们大脑中一种积极的力量，一旦在大脑中产生了这样的想象，这种想象会持续地发生效力，即使当初的事物已经与想象完全相悖。因此，当我们每天不断地看到同样的山、房子和树处于同样的状态中，我们就会相信它们一直会如此，哪怕在我们根本感知不到它们时。这种想象的力量使得我们保有它们始终存在的信仰成为可能，这是断裂的感知所无法提供的。因此，休谟可以宣称："所有的理性推理都与习惯所引发的事实相关，习惯就是不断重复的知觉所产生的效应。"②

休谟同时认为正义的美德和政治效忠是有赖于伴随特定感觉的想象而产生的。在有关财产关系中，休谟主张，对于所有权的认知就是建立在想象基础上的——我们将一种物和人的关系与一种

---

① Hume, *Treatise*, p.194.
② Ibid., p.198.

可见的道德关系联系了起来。对于所有权的假设来自以下事实：首先，占有，即对某一事物的原始拥占；其次，孳息和衍生物，即我们所拥有的事物与它们的产物（如果树上的水果）之间的紧密联系；再次，时效，即占有的持续时间；最后，继承，财产在父亲与孩子之间的承袭①。

上面所列举的这些事实联系使得财产权对于大多数的旁观者而言似乎是极为自然的、理所当然的，这就带来了财产关系的稳定性。这种想象和联系不同于其他社会想象，比如，不同于建立在社会效用基础上的对宗教迷信的想象②。财产权的这种不言自明的正当性和必然性，比方说通过继承所获得的财产权，将从根本上否定试图改变继承法的动议，哪怕能够证明经过修改的法律能够提升经济效率、满足更多社会成员的需要。人们更愿意接受这些（与事实相符的）权利是合法的这一事实，其实是因为人类大脑趋向于将事实与权利相互联系的偏好，这也解释了为什么会存在一个通过自然演变、产生的自然权利清单，并且要凭借这一清单去对抗那些竞争性的但是在现实中甚至并未出现的权利。

对政体的忠诚义务，就像有关正义的义务，最初是被解释为源自政府存在的目的是服务于人们特定的利益需求，并因为"人民主权"的想象得以强化。政府的要义就是迫使我们遵守那些有助于我们长远的"自利"的规则。事实上，休谟大量对于社会契约理论的批判，就是建立在他的一个核心观点上，在他看来，社会契约论将忠诚义务附着在过度复杂的关系之上，考虑过多，不够简洁。他认为，完全没有必要把服从政府统治的义务建立在一个承诺的基

---

① Hume, *Treatise*, p.505.
② Miller, *Philosophy and Ideology*, p.71.当然，迷信对社会也有可能是有益的，尽管休谟和麦迪逊一样，更多地是关注它给社会带来的破坏性和不稳定性影响。

第四章 公民身份的心理影响：苏格兰启蒙的贡献

础上。休谟并不否定,忠诚义务最初确实根植于一个承诺的义务基础上,但是很快它就扎根自身,并且获得了原始的义务和权威,它不依赖任何服务于特定利益的契约而存在①。

休谟并不认为,公民或者国民事实上会考虑和反思政府的效用,并据此决定在多大程度上效忠政府。这似乎并不是决定是否效忠和忠诚的决定性因素。其实,传统、习俗常常包含了正当感(opinion of right)。利益可以解释为什么人们要(一般性地)承认特定形式的权威,但是却无法解释为什么我们会同意具体的人或者是机构管理我们。忠诚,正如布莱克的上帝,是在日常的细节中所形成的。

就像财产权部分的讨论,一种想象的联系使得人民将权力的(实然意义上)拥有者视为(应然意义上)具有正当性的权力行使者。休谟注意到想象的首要原则即是"长期拥占"(long possession)。这几乎赋予世界上所有现存政府以权威,即使它们中的大多数事实上都是通过非法手段获取权力的。因此,"仅时间本身就会赋予其正当性以某种坚实的基础;时间会慢慢改变人们的想法,调和他们与任何权威之间的矛盾,最终使得任何政权看起来都是正义和合理的"②。

如果没有任何人长期掌权,那么第二原则"现实拥占"(present possession)就"足够令其站稳脚跟"③。休谟主张,"现实拥占"在确保政府的稳定方面,相较确保财产权的稳定,所占权重更大。似乎暴力侵犯财产的现实占有者的现象更为常见,首先是因为更为强烈的对抗性短期利益——可能相较从统治者手中暴力

---

① Hume, *Treatise*, p.542.
② Ibid., p.556.
③ Ibid., p.557.

夺权而言，我们更容易想象暴力侵占他人的所有物；其次，对于个人有益的改变在私人事务中更容易达到，但是同样的结果要在公共事务中出现就不可避免地要伴随流血和混乱①。

"开明"这种在休谟观念中属于人民会拥护的统治者类型，在决定效忠的第三原则"征服"（conquest）中得以体现。事实上，"征服"相较"现实拥占"这种被视为人们和统治者之间想象的联系更为强大，因为其赋予了征服者光辉与荣耀的力量支撑，我们也从这些光辉与荣耀中获得幸福和快乐。继承（succession），作为决定效忠的第四原则，也在父权式的政权认同和私人家庭类似的继承中获得其支持。

最后，构建或者改变政府形式或者是继承顺位的实证法是能够产生一种心理上的力量的，尽管这种心理影响力可能微不足道，在一些特定的场景之下，实证法的这种影响力却恰恰是其他四项原则都无法替代、无法产生的。当然，即使宪法确认了这样的改变，除非宪法确认的新政权明确展示了服务于公益的趋势，人民依旧会认为他们随时可以自由选择回到过去的政府②。休谟主张，在普通大众有关基本法的观念中，传统所具有的惯性和拉力显而易见，哪怕是主权对此也无能为力。如何智慧地改变基本法来确认新的政权，同时又能保证不减损大众的支持，这就需要审慎的决策。这里核心的问题是如何使得那些最重要的法律变得微不足道，如何从传统的制度向现代的制度转型，而且这个过程必须是一个静悄悄的、几乎无人感知、无人觉察的渐变过程③。因此，立法机构在政府基本原则上的革新能够走多远，这显然不是一项与理

---

① Hume, *Treatise*, p.557.
② Ibid., p.561.
③ Ibid.

第四章 公民身份的心理影响：苏格兰启蒙的贡献

性相关的事业，而是与想象和激情相关的事业①。

休谟对于忠诚原则的多样性描述不能模糊了他用来统合这些原则的一个主题。用休谟的话说就是："利益产生了一般性的本能；习惯指明了特别的方向。"②服从治安长官的统治是一种义务，这种义务对正义形成有效补充，它要求人们按照长远的利益，而不仅仅是眼前的利益来行动。但是，一旦这种忠诚感在人们内心扎根，它就会很快融入习惯，这个时候，对于利益的反思将不再是服从的动力所在。休谟在其政治论文集中花了大量篇幅讨论这个习惯化的过程。

休谟的问题是去发掘，为什么并不愿意遵守正义责任（the duties of justice）的人们，却倾向于遵守人为的服从义务（factitious duty of obedience）。他的答案的要义在于："社会秩序通过政府能够更好地保有……对于治安长官的服从义务更多地受到了人类本性原则的指导，而不是因为理性认识到了这是我们对同伴和邻人的义务。"③这里所提供的与心理有关的洞见是非常重要的。服从（政府）的立场和（对政府的）忠诚感更多地是来自心理基础的支撑，而不是理性的责任观念的支持。前者不需要特定的认知技能，也不需要一种非自然的、对于所爱的人所应该秉持的公正感。虽然这种公正感是能够让正义感付诸实践所必备的条件。

因此，作为最初的政体的统治者，无论他是经过明示还是默示的同意获得的政权，要获取人民的忠诚首先需要展示一些极其优秀的个人品质——例如勇气、正直或者审慎这样的美德，通过这样的方式令其人民接受他。其次，作为领袖，他所享有的"顺我者昌、

---

① Hume, *Treatise*, p.562.
② Ibid., p.556.
③ Hume, "Of the Origin of Government", p.40.

逆我者亡"的奖惩权使得他的官员具备了足够的动机支持他的统治。最后,伴随着政体的不断发展,习惯很快就融入以及加强了那些仅仅依靠人性原则并不足以完美构建全部秩序的领域,一旦人们开始习惯服从,他们就很容易产生路径依赖,习惯于依循他们和他们的祖先所开辟的,事实上只有在急迫和可见的动机驱使下他们才会遵循的行动路径①。

通过这种间接的方式,效忠的义务就融入了(自然的)意向中。对于治安长官的服从对人们而言是如此地习以为常,以致于他们不再追问这项义务的"起源和原因",就像他们完全接受"万有引力理论……或者是接受自然法"一般②。对于平等主体所承担的具有差异化和个性化的义务,如果仅仅依靠我们内在的动机,这些义务本身对我们的约束是很弱的,但是在治安长官的外在压力之下,这种约束就加强了。同时,忠诚一旦成为一种习惯,它会从特定群体的祖先或者是前人那里获得一种默示的背书和支持,从而被纳入足以跨越代际差异的情感领域,所有这些因素再加上休谟经验心理学中所提到的人性原则的护卫,这就确保了我们效忠行为进一步的稳定性。

休谟在其一篇重要的政论文《论政府的首要原则》("Of the First Principles of Government")中再次回到了这一主题。在文章的开始,休谟描述了他的一项经验观察、一个令其惊讶的现象。他说,常理之下,人数众多本身应该具有不可比拟的优势和力量,因此,有一件事情不得不令人感到惊讶,那就是"大多数人是如此轻易地就被极其少数的人统治,而且尽管不是那么明显,人们甚至

---

① Hume, "Of the Origin of Government", pp.40-41.
② Hume, "Of the Original Contract", p.46.

第四章 公民身份的心理影响：苏格兰启蒙的贡献

还将自己的情感和激情完全交由其统治者决定，服从统治者的安排"①。这种意外和吃惊带来了我们对于自身情感和激情的新的理解。为此，我们认识到，政治权威是需要本能的、自然的激情和社会的激情同时服膺于它，尤其是考虑到社会的激情(比如，受到宗教、少数邪恶领袖引导的多数人)有可能被引导向一个对于国家有害的方向。社会激情影响下的社会同情心是国家所需要的忠诚感的一个心理基础；当然，社会同情心本身并无法赋予政治目标以任何合法性；事实上，它甚至可能演变成为某种政治瑕疵、政治弊病。"大众的煽动，政党的狂热，对政治领袖的盲目效忠，这些都是深植于人性中的社会同情心所产生的最常见但是也确实很难被颂扬的影响。"②

如果一个自由的政府想要稳定地持久下去，它必须能够体恤人民的喜好和利益。用休谟的话说，这样的政府同时获得了"正当感"(opinions of *right*)和"利益感"(opinions of *interest*)的支持③。后者也是必要的，基于对于道德心理的理解会让我们意识到，事实上，我们拒绝接受任何在现实意义上不具备可行性的政府，这种政府会一直要求其公民从事自我舍弃、自我忽视的行动。如果一个政府并不被认为可以给公民带来福祉的话，人民是很难支持这个政府进行长时间的统治的。

正当感是很有存在必要的，因为太多的例子表明，仅仅感知到拥有政府的一般性福祉和优势，这一认知并不足以对抗个体在支持政府统治过程时，政府令其承担特定代价的不利体验，因此利益感并不是总是能够发挥作用。正当感并不像利益感那样，是一个

---

① Hume, "Of the First Principles of Government", in *Political Essays*, p.24.
② Hume, *Enquiry*, p.46.
③ Hume, "Of the First Principles of Government", p.24.

能够在理性计算当中被凸显出来,从而获得重视的因素。休谟认为,只有人民感觉到国家获得了强有力的治理时,这种正当感才会自然生发。正当感更多地是从政权的持续性中产生的,而不像利益感,是从政府的功能中产生的。毕竟,正如前文所分析的,传统孕育着正当性的观念。

休谟认为,忠诚的美德只有不再基于反思而(自然而然地)存在时,才真正对公民产生影响。如果国家获得持续的有效管理,这一美德就会自然地、悄无声息地得以培育。简而言之,它会变成一种习惯。一旦这一习惯得以出现,那么从认知角度谈论"公民美德"就没有任何意义,尽管其起源和产生还是更多地建立在利益基础上。公民美德孕育在公民对其共同体、政府以及政治领导人的情感联系中,本身包含了一种保有现有机制、法律和习惯的诉求。即便是精心计划的,任何频繁的革新都有可能对鼓励习惯性服从的情感造成损害。如果没有这种服从的习惯,任何的社会正义原则都身处危险之中。

一种休谟式的美德政治:与建国的初步联系

休谟在《道德原理研究》(*Enquiry Concerning the Principle of Morals*)中提出了一个自由主义政治思想的核心观念,一种被称为"理性的无赖"(sensible knave)的特质。

> 虽然……如果没有财产权的保障,一个社会就无法维系下去;但是,人类事务实际上很多都是没有按照规则来获得完美处理的。在一些特定的情况之下,一个理性的无赖会认为,一个邪恶或者不诚信的行为能够帮助他自己在共同体之内以最小的代价获得最大的利益。诚信为上策,但是这只是一个

第四章 公民身份的心理影响:苏格兰启蒙的贡献

一般性规则,很多并不支持这一规则的例外情形仍然存在。为此,在行动选择上,这些自以为聪明之人虽然会选择遵守一般性规则,但是也决不放弃利用例外(逃避规则获取利益)的机会。①

似乎找不到任何理由可以说服这些"理性的无赖"能够自始至终遵守正义的规则。没有任何审慎思考的观点可以影响他,因为他已经非常理性地算计过,违背规则相较遵守规则事实上可以获益更多。

在讨论这个问题时,休谟再次引入了道德感问题。如果一个政治共同体的成员被要求承担公民义务,那么愿意承担这种义务的性情一定要源自道德情感,而不是基于对于利益的反思。虽然理性的无赖的长远利益一定与法律和秩序的保有紧密相关,但事实上无论是法律还是秩序都会因为理性的无赖那种短视的、所谓"利益算计"的行动受到侵犯。不排除他很有可能会丧失这种"算计"的理性能力,从而认识到自己的行为会威胁到社会的持续存续。但是,如果他的内心并不与这种邪恶的算计理性相对抗……那么他实际上就已经丧失了遵守美德的任何动机;我们只能期待,现实能够为他的行为买单,让他在实践中能够认识到他的理解、他的理论假设、他的算计行为所存在的问题②。按照休谟的观点,很幸运的地方在于,我们有足够的理由相信,多数人的内心在大多数情况下都会反抗这样的"算计"座右铭,认识到那种无赖行为对社会的不良影响。

休谟并不认同那种似乎不太具有可行性的观点,即认为一个政体完全不需要其社会成员保有确保政体稳定的倾向,就能稳定

---

① Hume, *Enquiry*, p.81.
② Ibid., pp.81—82.

美国公民身份的基础:自由主义、宪法与公民美德

地存续下去。对于一个稳定的政府而言,像公民美德之类事物的存在,是不可或缺的先决条件。同时,休谟也不是一个对于基本的人类动机和行动持过度乐观观点的人。尽管在最近一本致力于介绍美国国父们的休谟式影响的著作中,他被塑造成为了一个过度乐观的角色。

可能当下聚焦于《联邦党人文集》的作者——尤其是詹姆斯·麦迪逊——所受到的休谟式影响的研究中,最负盛名的就是盖瑞·威尔斯(Garry Wills)的努力。威尔斯的分析在很多具体的问题上是极富洞见的,他合理且有效地追索了这种影响力的轨迹。尽管作出了杰出的贡献,他还是误导了我们,因为他对于休谟道德和政治哲学的基础理解是有缺陷的——过度强调了普遍仁爱所发挥的作用。

麦迪逊的世界,威尔斯写道,是一个"美国的启蒙世界,在这个世界里那些古典的美德得以复兴"①。休谟不仅仅是依靠他的常识方法去思考那些政治哲学和实践的问题,同时也倚赖他乐观积极的信仰,从而指明了人类通往这个世界的道路。他相信人类所具有的仁爱,同时也对人类追求美德的能力深信不疑。他关于道德情操的理论和观察使他确信:善德自有回报。威尔斯告诉我们,麦迪逊在这些方面是一个彻头彻尾的休谟主义者。他所秉持的公共美德的观念,无论是内涵本身还是对其重要性的理解,完全超越我们今天能够领会的范畴。麦迪逊确信我们当中存在着那些具备杰出美德之人,并能够被邻人选举出来担任公职。他同时也相信,邻人具备相应的美德和智慧去选择这些品性杰出之人,同时知道如何犒赏,认可他们为公众所作出的努力。

如果我们无法认同秉持这样(乐观)观点的麦迪逊,只能说今

---

① Wills, *Explaining America*, p.268.

第四章 公民身份的心理影响：苏格兰启蒙的贡献

天这个社会(和麦迪逊的时代相比)实在变化太大。麦迪逊是他那个时代的产物，考虑到"我们的时代和他的时代相比，已经发生了翻天覆地的文化变迁"，我们真的很难理解他①。他的理想似乎是脆弱的，甚至在我们看来是充满了各种无奈的，以致于即使是政治候选人也没有注意到他们事实上已经谦逊礼貌地拒绝了这些高尚的德性要求，麦迪逊却将这种美德视为强有力的政治领导者所必须具备的要素。麦迪逊是一位杰出的政治思想家，同时也是一位杰出的政治制度的设计者和倡导者，但是，不得不承认，他是一位很糟糕的预言家。不管是他的世界也好，还是休谟的世界也好，几乎是一种虚幻的存在，即使它们曾经存在过，现在也已经完全消失，了无踪影了。美德也随之消失了，只有历史学家们能够偶尔在历史的长河中捕捉到。

威尔斯试图向我们展示，尽管普布利乌斯像休谟一样，注意到了人性中黑暗的一面，但是内心深处依旧相信，人是善良的。那么我们如何调和《联邦党人文集》中所认可的"本书中虽然有限但是确实是黑暗的那几页有关人性的探讨"和"寄望于美德来保有美国的共和政体"之间的冲突和矛盾？要回答这个问题，我们可以对这些思想对于国父的影响力进行排序。尽管就像休谟同样注意到了人类的道德瑕疵一样，普布利乌斯设计了一个在一定程度上用来制约自私本性的政府体系，但是他们同时相信："在人类行动中占据一般性主导的实际动机还是道德感，或者说是社会美德。"②

威尔斯的分析不仅仅将麦迪逊的思想、休谟的思想根源以及其他所有相关的思想的有效性置于一个遥远的过去，这同时也过度简单化了对于麦迪逊、休谟及其相关思想的理解。如果从这个

---

① Wills, *Explaining America*, p.268.
② Ibid., p.192.

视角去分析哈奇森,威尔斯的解读也许是合理的,但是对于休谟而言,其道德与政治思想是不愿意去谈论人性的善恶问题的,聚焦人性的善与恶来理解休谟的道德和政治思想是有失公允的。用休谟自己的话说:"关于人性的善恶问题的讨论无助于我们解答社会的起源问题。"①同样的,人性的善恶问题也无助于为社会秩序的保有和维持提供任何有建设意见的思考。

在休谟或者斯密的著作中,几乎找不到任何认为人类天生保有的、普遍存在的激情和利益偏好在本质上是善还是恶的讨论。如果人类本质上是充满仁爱的,而且他们确实是如此,那么仁爱本身的影响力仍是极其有限的,其并不足以在一个大型的、复杂的政体中构建有效的社会联系。更何况即使是在仁爱的影响之下,人们同样会做出类似于受其自私驱动的有违公正的行为。更重要的是,如前文所指出,即使是那些构成了正义与忠诚的道德认同基础的社会同情心,也会给公共利益带来巨大的损害。休谟注意到,那些深植于我们本性中的社会同情心,如果使用不当的话,事实上是会对社会有所损害的。比如,当这种社会同情心出现在党派的狂热分子或者是派系领袖的身上时。

如果人类的自尊心很强,而且他们也确实如此,情况会如何?同样的,只有特定的情况之下,荣誉、尊严、自尊才会对其行为形成有效的"制约"。政党政治其实是会侵蚀人对自尊、对荣誉感的关注的。"尊言,荣誉是对人性最好的约束;但是当人类处于群体行动中时,这种制约和约束在很大程度上就不复存在了。当个体获得其党派的支持去从事特定的有违其自尊、尊严的行为,并且认为这个行为有助于所谓'公共利益'的推进时,他很快就会对其对手

---

① Hume, *Treatise*, p.492.

第四章　公民身份的心理影响：苏格兰启蒙的贡献

的抗议嗤之以鼻，尊严在这里已经无法对其产生影响。"①

如果人类都是自利的，而且他们也确实如此，那么他们必然受到自利的驱动和主导。这个时候，只能用野心来对抗野心。如果人类是理性的存在，而且他们确实如此，那么并不推荐统治者在寻求其政治权威时总是诉诸其公民的理性。以上观念都蕴含在休谟对于社会契约理论及其唯意志论的批判和反对中。即使统治者确实是从"原始的契约"中获得了权威，他们最好也不要过度强调和宣传这一点。"统治者基本上不太可能从这种原始承诺或者是原始契约中获得权威，或者是让人民因此履行服从的义务。他们总是试图尽可能地向其人民掩盖这些契约，尤其是向那些最初赋予了其权力的平民去掩盖这些契约。"②因为，如果不试图去隐藏其权力的契约或者是承诺起源，统治者将面临一种风险——他们将会培育一种公民观念，这种观念认为是否服从政府的统治完全是个人选择。因此，虽然审慎、理性地考虑正义和忠诚的必要性是培育这些美德的基石和关键，但是将统治者的统治权的正当性不断地置于自然权利理论家所热衷的理性拷问之下，事实上会腐蚀（解释统治权来源的）"正当感"（opinion of right），从而损害政体的稳定性。

不同于仅仅只是简单地思考人性的善恶问题，休谟和斯密提

---

① Hume, "Of the Independence of Parliament", p.68. 麦迪逊在其《美国政治制度的弊端》中也表达过类似的观点，这是其受到休谟直接影响的力证。参见 Marvin Meyers, ed., *The Mind of the Founder: Sources of the Political Thought of James Madison*, rev. edn.(Hanover, N.H.: University Press of New England, 1981), p.63。这种认为人格限制在人群中就会被减弱的观点也构成了麦迪逊在《联邦党人文集》第五十五篇的有效论据，在此文中，麦迪逊认为，即使每一个雅典人作为个体时都是苏格拉底，但是一旦他们成为一个群体，在人群之中他们依旧会表现得像一个暴徒，成为乌合之众。

② Hume, *Treatise*, p.547.

美国公民身份的基础：自由主义、宪法与公民美德

供了更为巧妙的、反简单化处理的理论,这些理论对社会美德本身以及在政治事务中会对这些美德形成有效激励的精神和心理特征进行了解释和探索。他们的理论尤其适合特定的政治家群体,这些政治家意图彼此说服,或者是向其公民力证,他们所倡导的政府形式不仅仅代表了正义,而且还有能力唤起大众普遍的支持。尽管休谟和斯密提供了大量的论证来构建其所倚赖的正义的理论,但是他们的理论关怀从根本上是经验的。事实上,对于休谟而言,一旦忠诚感变成一种习惯,它就远离了所有的正义观念。我们热爱我们身处其中的政府,不为其他,只因为它经过了历史的洗礼,并在历史中慢慢成长、成熟。

很多围绕美国宪法批准所展开的讨论和辩论都涉及与休谟类似的洞见和由此所引发的问题。这些讨论中,关于自由主义和共和主义的政府形式的价值的深层次理论讨论并不多见。但是,关于拟建立的政府的存活能力,尤其涉及是否有能力培育其公民的忠诚感以及其公职人员的刚正不阿的职业行为的讨论却极为普遍。我们即将把注意力转向宪法的创制者们,看看《联邦党人文集》的作者们在建国问题上秉持什么样的"首要原则",看看这些在政体问题上秉持自由主义原则的联邦党人及其反对者们是如何考虑公民美德的培育问题的。

第五章
联邦主义者:自由主义的承诺

在纽约州批准新起草的1787年宪法的会议上,为了捍卫新宪法,亚历山大·汉密尔顿做了相关的演讲,在其演讲中他提到了作为明智的立法者在宪法设计中所应该遵循的一般理论。他说:"人类总是趋向于追求自身的利益。但是扭转人的本性,以对抗人类的自私热情也并不是不可行。聪慧的立法者应该试图润物细无声地扭转人性发展的势头,对个体行为进行引导,最终使其向着有助于公益的方向发展。"① 在这个演讲中,汉密尔顿几乎采用了与休谟完全一致的说法。

一位极其著名的作者说过,作为政治思想的阐释者应该把以下观点作为设计政府运行体系,以及制定宪法中必要的制约和控制机制的根本要旨。宪法设计中应该假设每一个个体的无赖本质,他所有的行动没有其他目的,仅仅是为了满足自己私人的利益。鉴于他对个人利益的执着,我们必须要对其进行引导和控制,确保他的行动能够符合和有助于公共利

---

① Jonathan Elliot, ed., *The Debates in the Several State Conventions on the Adoption of the Federal Constitution*, 5 vols. (New York: Burt Franklin, 1888), Vol.2, p.320.

益的实现和发展,尽管他有着永远无法满足的贪婪和野心。如果做不到这一点,那么所有所谓的宪法优势都是一种徒劳的吹嘘。①

可能会有人想知道,汉密尔顿这种对于人性过于消极的看法在捍卫新宪法的过程中是不是不仅没有对消除新宪法的相关疑问有任何助益,反而在宪法的接受问题上引发了更多的障碍和问题?如果人的本性确实如汉密尔顿所描绘的那样贪婪,那么构建一个大型的且权力广泛,但是在一定程度上远离公众控制的政府是不是一个明智的选择?事实上,这是一种典型的反联邦主义的主张。对于联邦党人而言,他们认为并不存在任何的问题,在他们看来,(反联邦党人的观点和主张)过度依赖公职人员的品性本身,忽略了类似于缩小选区、轮流执政和缩短任期这些对权力的制度性约束的价值和意义②。

考虑到这些(来自反联邦党人的)批评,那么,汉密尔顿似乎试图通过牺牲其思想的一致性来减弱这种担忧的做法就不足以为奇了。一个宪法反对者们经常提出的问题就是,众议院的规模过小,这很容易导致其被阴谋和腐败所侵蚀。汉密尔顿建议大家考虑众议院的规模达到200人的合理性。"200人的规模还不足以对抗腐败吗?"对于这些持反对意见的人,汉密尔顿感叹道:"看来人性中存在着比我所能理解的更为脆弱和卑劣的一面。"③为了确保这个关于系统的稳定性问题的争论不会搁置太久,汉密尔顿进一步地说明,即使他们被贿赂,他们腐败了,这200人只有两年的任期,

---

① 转引自 Vernon L. Parrington, *Main Currents in American Thought*, 2 vols. (New York: Harcourt, Brace, 1954), Vol. 1, p. 303。休谟原文参见"Of the Independence of Parliament", in *Political Essays*, p.68。

② 参见本书第六章和第七章。

③ Elliot, ed., *The Debates in the Several State Conveations*, Vol.2, p.349.

第五章　联邦主义者：自由主义的承诺

因此,这么短的任期也并不会给国家带来太大的损害。

尽管存在着这些明显的不一致,但是依旧没有理由怀疑汉密尔顿是真诚地相信,议会代表并不会像反联邦党人所担忧的那样腐败,而是会更为勤勉尽责地履行自身责任。事实上,麦迪逊在弗吉尼亚批准宪法的大会上也用了类似的论点来反驳那些反对者。这些反对者最大的问题就是缺乏对于公民美德的信心。麦迪逊对于公民所具有的美德的信心构成了他捍卫宪法中所倡导的、小型的、65人规模的众议院的基础。他并不相信,这些有勇气向投票公众去推荐自己的65个人会存在狭隘的利己主义。如果有人居然这么认为,麦迪逊就认为这些人缺乏对于人类最基本的信任和信心,这也就从根本上质疑了人类的自治能力。"如果任由我们当中的政治嫉妒来勾画关于人类品性共同点的画面,那么这些画面就隐含了这样的判断——人类并不具备足够的美德进行自我管理、实施自治。那么这个时候我们不得不得出这一消极的结论,即只有专制的链条可以将他们锁住,防止他们相互伤害和吞噬。"[①]

这种倚赖美德来为即将施行的宪法进行辩护的做法使得我们不得不质疑当初对于这些宪法思想家们属于"拥占式个人主义者"的单纯解读。那样的解读似乎意味着,这些思想家并不认为其他高尚的人类情感和情操在个体行动的抉择中会发挥任何的作用。如果汉密尔顿和麦迪逊一以贯之地将个体视为完全受个人利益驱使的无赖,那么很难避免人们对其所倡导的(建立在对人性保有乐观态度和充满信心基础上的)政府形式提出质疑。将宪法起草者们单纯定位为"拥占式个人主义者"的解读,在这里将面临很大的挑战,这种挑战会不会帮助我们进一步思考,这些起草者到底在多大程度上真的把核心的自由主义政治原则作为

[①] *Federalist*, 55, p.346.

美国公民身份的基础：自由主义、宪法与公民美德

其信仰予以践行？对于这个问题，我敦促大家必须保持警惕，不能简单地得出结论。

对于自由主义的信仰需要在个体所推崇的政治体制设计和实践，以及围绕这些设计和实践所阐释的理由中予以体现。对于人类是否有能力始终按照统一的道德原则进行行动的怀疑主义，与很多的政治理论和信仰中有关人类本性的假设都是可以兼容的。因此，不能将其视为任何特定意识形态的体现。由于同一实践行动可以同时被自由主义或者是共和主义所认可，因此，对于特定实践所给出的认同理由才是值得我们认真评估的，因为采取特定行动和政策背后的理由才真正会反映一定的价值和意识形态偏好。比如，无论是自由主义还是共和主义都会认同政党轮流执政这样的制度实践，但是，冒着简单化处理问题的风险，我们可以这么总结，自由主义会认同这样的实践，因为它可以被视为对被统治者权力的有效制约。而一个(弱)共和主义者则会认为这一实践的有益之处在于它鼓励了政治参与，培育了公共美德，所有这些对于培育公民全面人格而言都是极其有益的。而且即使同时从(自由主义和共和主义)这两方面来捍卫这一实践的正当性，其实也没有任何必然的冲突和不一致的地方①。

鉴于其明确地表达了对于自由主义政治思想的信仰以及对于"公民美德"的依赖，我们是否可以总结为，麦迪逊和汉密尔顿事实上在现有的两种政治话语中做了自由的切换？或者可以主张，他们基于自由主义所产生的对于人性的怀疑主义已经被他们对于公共美德的共和主义信仰弱化了？如果想要在目前对国父思想的两种主流解读中形成和解的话，这种合成式的说法确

---

① 是否存在这样的不一致和冲突，取决于所作出的共和主义承诺的强度。参见本书第二章。

第五章 联邦主义者：自由主义的承诺

实是很有吸引力的。但是这样的说法过度依赖于一个尚未证成的前提和假设。

如果认为美德是外在于自由主义的信仰的，那么这一结论得以成立的前提是认为，对于自由主义者而言，在自由的国度中，在公民中间倚赖和讨论美德是与其一贯的价值选择不一致的行为。如果并没有办法证成这一假设（在我看来，恰恰有很好的理由否定它），那么我们就要小心了。要确定对于美德的呼吁本身是否与自由主义的原则相冲突，首先要去阐释《联邦党人文集》中普布利乌斯表述了哪些基本原则，这就是本章的主要任务。完成了这一任务之后，我们就需要去看一些《联邦党人文集》的作者们所提供的对于公民美德的特殊观念，以及这些观念的休谟根源[1]。

自由主义的正义和自利：合作所要面临的问题

麦迪逊和汉密尔顿，尽管侧重点不一样，但是都一样地依赖自由主义契约论的理性来支持1787年宪法。汉密尔顿在使用自由

---

[1] 在下一章讨论这里提到的第二个任务时，休谟的影响力会更为突出。这很大程度上是因为麦迪逊和汉密尔顿在论证基本制度正当性时所使用的语言，几乎都是洛克式的自然权利和社会契约理论所使用的表达。我在第七章讨论反联邦党人的时候，情况整体上也是如此。洛克式的语言体系比休谟更早地在美国产生了影响，而且对于《联邦党人文集》的受众而言，也更没有争议。此外，尽管在第四章的讨论中，我主张休谟基本上可以被视为一个自由主义者，但是麦迪逊在对言论自由和宗教自由进行辩护的时候，他所采取的权利本位的视角是远远超越休谟的。与此构成对比的是，在一个扩大的共和国中的忠诚和美德问题对于1787年的美国人而言，是一个新问题。在面对这个问题时，相较洛克，休谟的政治和心理学洞见则显得更有价值。读者会发现，我有的时候在提到《联邦党人文集》的作者时，所采用的是他们所选择的笔名——普布利乌斯，而不是他们各自的真名。当我这么做的时候，大家可以假设我在麦迪逊和汉密尔顿的观点中找到了一致性和交汇点。杰伊在这里基本上被排除出去了，因为他对于《联邦党人文集》的贡献有限。当我讨论《联邦党人文集》的特定篇幅的时候，我会使用作者的真名，此外，当我发现麦迪逊和汉密尔顿观点之间有着明显的分歧时，我也会注明真名。

美国公民身份的基础：自由主义、宪法与公民美德

主义的观念来捍卫宪法时，更多地采用了工具主义的视角，而麦迪逊则更多地是实质性地承袭了自由主义传统的道德核心。但是这种差别只是程度差异，不是本质差异。

汉密尔顿认为要说服人们接受宪法的根本问题在于，要说服这些自利的人去构建一个对其长远利益而言最有利的政府。汉密尔顿认为，现实中建立的政府即使没有做到在任何细节上都与拟通过的宪法保持一致，但是也必须保证在实现人民的长远利益的能力上，能够与宪法设计的理想政府"能量相当"。汉密尔顿的论证借助了经典的契约论理论，他很清楚，这些自由和理性的个体对于构建一个"能够为人们追寻其所想要的好的生活提供稳定保障"的政府享有决定权，因此，所有的论证逻辑几乎完全诉诸那些自由和理性的个体的利益追求。

在《联邦党人文集》第十五篇中，汉密尔顿直接将宪法比作社会契约。在这个基础上，他就直接将自己的论证框架建立在了古典自由主义的基础之上。《邦联条例》之下的州政府就像霍布斯自然状态之下的个体，它们就是一些只顾追求自身利益和目标的机构，而且还没有任何有足够强制力保障的法律对其予以约束。全国政府所享有的立法、执法和司法的权力没有足够的惩戒权予以保障，因此，全国性政府的决定对于地方政府而言，顶多也就属于建议和意见，而不是它们本应该成为的决议或者命令[1]。这种区分直接类似于霍布斯在《利维坦》中所定义的实在法，在他看来实在法"不是建议，而是命令"，以及他在自然法和正统的法律之间所做的区分。他认为，自然法就是一些让人民热爱和平、服从国家统治的品质，而那些真正的、正统的法律是由利剑所代表的强制力予

---

[1] *Federalist*, 15, p.110.

第五章 联邦主义者:自由主义的承诺

以保障的①。

进一步地讲,自然状态所面临的种种不便在这里对于每一个州、每一个人民而言也是一样的。汉密尔顿写道:"在一个像邦联这样的组织中,一般性的权威被赋予构成邦联这个共同体中的无数集体机构——州这个共同体,因此每一次对法律的违反都会导致一种战争的状态,军事惩戒成了确保公民服从的唯一手段。"②因此,如果邦联中的任何一个州没有尽到维护好邦联集体安全的责任,那么对于其他州的安全就是一种威胁。这种威胁基本上类似于他们宣誓要共同抗击的外部敌人所带来的威胁。这个时候他们会陷入针对彼此的战争状态中,而实际战争爆发的风险也会相对高很多。

对于汉密尔顿而言,能够从这种不便中摆脱的理性选择就是州与州之间签订契约,通过契约建立一个具有足够权力的主权政府。这个主权政府能够确保每一个州不被其他州的武力所吞噬,保有其应有的独立性,同时也能够确保每一个州能够有效承担起作为一个联邦要求每个州为集体利益所应该承担的义务和责任。这一契约的签订意味着州要放弃一些自我决策的自由,将其赋予全国性的政府,与全国性政府共同分享对于公民所享有的主权。作为回报,每一个州获得其安全和独立(即使这些利益的范围相较当下没有扩展,但是至少得到了更好的保证)。每一个州仅仅依靠其自身或者是在邦联状态下,都无法获取这些安全和独立。这样的契约确保了一个与1787年宪法所倡导的政府形式"能量相当"的政府得以建立,哪怕这样的政府并不是在所有的细节上都与1787年宪法的规定完全一致。

---

① Hobbes, *Leviathan*, pp.198-200.
② *Federalist*, 15, p.110.

美国公民身份的基础：自由主义、宪法与公民美德

这一(通过宪法所提出的)计划是用来解决这个难以维系的孱弱的联合形式所暴露出来的问题的唯一解决方案。在简要介绍邦联所存在的缺陷之后，汉密尔顿指出："这样的设计和安排根本不配称为政府，没有任何审慎的理性人会将自己的幸福交付到这样的政府手中。"①汉密尔顿并不认同拟通过的宪法表明个体缺乏足够的能力去认识到什么是自己长远利益所在。汉密尔顿采取了一种典型的古典自由主义的方式，并没有定义一个理性的人所应该追求的幸福本质是什么。他只是认为，无论个体追求什么样的幸福，但是获得和保有这种幸福的前景是和现在所出现的战争状态格格不入的。

麦迪逊在《联邦党人文集》第十篇中，同样表达了与古典自由主义同样的逻辑，尽管不像汉密尔顿那么明显。他的论证思路是值得我们去梳理的，因为这一论证展现了自由主义国家所应该具有的道德基础和实践功能。麦迪逊将政府的目标描述为保护人们的"各种才能"(faculties of man)，这些能力是财产权得以产生的基础，同时也是经济不平等产生的根源所在。

> 保护这些才能，是政府的首要目的。由于保护了获取财产的各种不同才能，立刻就会产生不同程度的和各种各样的财产占有情况；而由于这一切对各财产所有人的感情和见解的影响，从而使得社会划分成不同利益集团和党派。②

这一段话更像一种宣言和主张，而不是一段(逻辑严密的)论证，因为其包括了很多未经证实的结论。这里面的很多提法都不是不证自明的，例如，能力(faculties)的多样性是财产权(property

---

① *Federalist*, 15, p.110.
② Ibid., 10, p.78.

第五章 联邦主义者：自由主义的承诺

rights)产生的根源，或者说能力上的差异本身是财产权的正当性基础所在，这一财产权的概念似乎比麦迪逊脑海中的更为宽泛的拥占性权利(right of acquisition)要窄得多。另外，这些能力，目前为止被等同于"自然禀赋"的能力，是不是一定能够构建起任何形式的权利。这些提法，罗尔斯认为(同时也有其他的学者同样秉持一样的评价)，从道德的视角来看，将能力作为权利的唯一正当性基础是完全武断的、完全专断的。尽管如此，站在这些立场上去批判麦迪逊，远不如去探究他为什么会将自己的主张建立在这些模糊的概念和观点上来得重要。

当麦迪逊提到政府有保护公民各种才华和能力的义务时，他实际上为自己所倡导的公民对自由的国家所承担的政治义务和责任，提供了一定的论据。他使用自由主义契约论传统为他提供的标准对邦联政府存在的缺陷进行测量和评估。自由主义契约论的道德核心在于，只有通过对正义规则的自愿协议，就如和他人达成协议一样的情况下，才能对个人的自由意志的行使形成最小的外部约束和限制。更重要的是，自由的国家说服其公民服从其统治的最强有力的论据就是：没有国家的保护，公民根本无法自由地发挥其才能，无法完全像一个自由人一样自主行事。

麦迪逊在《联邦党人文集》第五十一篇中几乎陈述了同样的观点，在五十一篇中，他使用了社会契约论的语言，同时清楚地表达了自由平等主义的道德观。他写道："在一个其体制使得强大的党派能很容易联合起来压迫弱小党派的社会里，无政府状态会真的像在自然状态下一样占据统治地位，在那里弱者不能保护自己免遭强者的侵犯。"在这样的情况之下，由于强弱状态的不确定性，即使是社会中较强的那些部分和组织也被敦促同样服从和接受政府的统治，因为无论你是强者还是弱者，政府都

美国公民身份的基础：自由主义、宪法与公民美德

会向你们提供同样的保护①。正如霍布斯所主张的，即使是一个社会中最强的组织或者是党派也没有信心认为自己强大到足以击退一切入侵者。社会契约用一种同时适用于强者和弱者的政治平等取代了自然的不平等。尽管麦迪逊和霍布斯一样，同样关注无论是社会中的强者还是弱者所秉持的、愿意加入到这一社会契约安排的利益动机所在，但是，毫无疑问，麦迪逊认为，政府的道德价值是从它有能力为社会的弱者——那些无力承受社会多数派攻击的少数派——提供保护中所获得的。除此之外，其他任何解读都将与麦迪逊在《联邦党人文集》中不断强调要从党争的威胁中保护公民自由和政治自由的初衷相悖。与霍布斯不同，麦迪逊在设定"优良政府"的标准时提出了更多的要求，而不仅仅只看重政治稳定这一项指标。

这一契约论的观点也同样可以适用于宪法批准程序中所提出的新问题、新选择。麦迪逊确实在《联邦党人文集》第四十五篇中，在回应有关问题时，使用了契约论的观点，他主张："革命的目的是保障那些美国人民在英国的专断统治中无法获得保障的利益。这些利益就是被美国人民诠释为其所理解的'幸福'所包含的和平、自由和安全。"任何威胁到这些利益的政府基于以上阐述的理由都无权获得人民的支持，这点同时适用于英国的殖民政府和邦联之下的各个州政府。麦迪逊指出，如果认为全国的联合对于美国人民的幸福而言是必不可少的，那么那种为了反对全国政府的建立而宣称"全国政府的存在是对州政府重要性的减损"的做法就是荒谬可笑的②。

公民在多大程度上需要承担对于州政府的忠诚义务，取决于

---

① *Federalist*, 51, pp.324-325.
② Ibid., 45, pp.288-289.

第五章 联邦主义者：自由主义的承诺

州政府保障公民自由和普遍福利的实现状况。如果它们没有充分地完成这一任务，或者基于它们的表现，公众提出了削减其权力范畴的要求，那么它们的合法性就相应地降低了。不可否认，邦联的支持者们确实有很多值得称道的捍卫州主权的理由，在这些众多的理由中，比较常见的就是对于地方性的偏好，或者是古典共和主义的理论宣称——小的城邦是孕育积极公民的摇篮和核心。然而，相较"州是否有能力保护人民的才能"这个标准，其他理由的道德比重都显得微不足道。而在麦迪逊看来，州政府根本就没有做到有效保护其公民多样的才华和能力。

当麦迪逊将"才能"等同于获取财产的技能时，表明了在他的自由主义中具有资本主义或者说拥占式个人主义的因素。但是，这并不意味着他不关心"共同善"。他一生的公共生活轨迹足以证伪这一主张。更重要的是，他不并认为人的本性中只有自利作为行动的动机。麦迪逊定义了"共同善"这一术语，并且从一个特定的、受到特定意识形态影响的视角，指出了实现共同善所面临的问题。麦迪逊认为，在市场经济环境下，物资的稀缺是一种必然，每个人能力的不同必然导致财富占有的差异，为此，整个社会必然充斥着围绕稀缺的物资所产生的各种冲突和矛盾。此外，人们总是对自己所拥有的财产充满了热情，同样的，对于他们自己的意见、宗教信仰和其他类似的东西都保有同样的热情。相应的，他们就会对那些在追求自己所欲的事物过程中出现的、被视为障碍的人和事产生天生的敌对感。这些激情和热情都很容易就被点燃，并且展现最狭义的自爱。这些热情使得人们"只会相互烦恼和压迫，而非为了共同善相互合作"①。这些有关人类天生热情和激情的观念证成了麦迪逊认为党争、派系斗争深植于人类本性的主张。

---

① *Federalist*, 10, p.79.

美国公民身份的基础：自由主义、宪法与公民美德

但是同时，这些观念也反过来构建了自由主义国家的必要性，正因为如此，自由主义国家面对党争，一个必要的功能就是规制这些相互竞争的利益，或者说得更直白一些，主要是要打破和控制"党争的暴力"。

汉密尔顿和麦迪逊都明确使用了契约论的观点来证成体现联邦党人立场的核心观点：汉密尔顿展示了加强国家权力以避免战争状态的必要性，麦迪逊通过展示任何政府宣称自身正当性的基础，在一定程度上削弱甚至否定了州政府的合法性。他们在主张自身观点时，使用了大量政治游说作品中的表达，在他们看来，他们的批评者的存在，（通过大量的政治游说作品开展的政治辩论）事实上有效地促成了这些观点和政治前提的广泛接受度。

尽管对于《联邦党人文集》在制度设计问题上的原创性可以作出相当合理的声明，但是他们所提到的问题其实是自由主义传统中所固有的顽疾。他们也认识到，相关的问题——如，每个个体是否能够充分承担起集体利益的义务，是否能够展现出对于个体以及少数人权利的充分尊重等——会伴随着革命时代的"瞬间热情"的衰落而显得越发突出[1]。这确实是很难避免的，革命政治的热情本身就是短暂的，不能对它们的持续有任何的期待。但是，就像认识到由于动机和结构上的原因，自由主义的政治中同样存在着难以克服的不稳定性问题一样，联邦党人并没有过多地丧失对于

---

[1] *Federalist*, 46, p.295.爱德华·考文（Edward Corwin）依旧是处理建国时期叙事最好的学者，他对1776—1789年州与州之间所发生的事件以及这些事件与当时宪法学说发展之间关系的短篇叙述，应该被认为是同类作品中最优秀的。他主张，当时麦迪逊最为担忧的就是州立法机构对于司法行动的频繁干预。因此，对于个人权利的看重，在麦迪逊看来，将成为支持新宪法最主要的推动力之一。参见Edward Corwin, "The Progress of Constitutional Theory between the Declaration of Independence and the Meeting of the Philadelphia Convention", *American Historical Review* 30 (April 1925), pp.511-536。

第五章 联邦主义者：自由主义的承诺

共和主义美德的信仰。

动机的因素在文献中被不断地强调，尤其是那些反对普布利乌斯"人性"概念的作者对此进行了大量的讨论①。普布利乌斯对如下观点深信不疑：我们所观测到的最常见的社会行动动机并非是那些让我们认识到自己政治责任的动机。麦迪逊关于"政府事实上是人性幽暗面最好的体现"以及"党争深植于人性中"的主张，其实都是这一观点的体现。汉密尔顿在《联邦党人文集》第十五篇中支持了这样的观点。汉密尔顿认为，那些反对加强全国政府力量的人，事实上忽略了能对人类行动产生真正动力的源泉是什么，这些才是国家权力得以建立的原始诱因所在……（因为）如果没有强制和约束，人类的情感和激情并不会遵循理性和正义行动②。

尽管对于人性讨论的频率非常高，但是如果我们在评估普布利乌斯的正义计划以及其中所存在的不稳定因素时，对其"人性"观念倚赖过多，或者是对其附加太多的权重，这其实都是一种误导。之所以这样说是基于下文要阐述的三个原因，其中第一个适用于麦迪逊，后面两个都是针对汉密尔顿而言。

首先，麦迪逊接受了一个基本的观点作为自明之理，认为社会是通过一个契约（尽管是一个拟制的）所建立的，这个契约需要所有成员的一致同意。在一封写给杰弗逊的信中，他重申了洛克的观点：只有全体一致的同意才能为多数决原则提供正当性基础。如果没有预设原始的一致同意，那么那些由多数人所作出的政治决定就不能理所当然地被视为是少数人默示接受的。这些政治决

---

① 可参见 Norman Jacobson, "Political Science and Political Education", *American Political Science Review* 57(September 1963), pp.561–569。
② *Federalist*, 15, p.110.

美国公民身份的基础:自由主义、宪法与公民美德

定就不过只是一种武力的宣誓,少数派并没有任何的道德义务接受这些决定的约束。但是,如果就如《联邦党人文集》中那些被引用的文章中所默示承认的那样,认为个体受到一种势不可挡的对于权力和支配权的热爱的鼓舞,那么基本上就很难看到人们产生初始合作的动机,也很难看到后续产生的那种愿意受那些不利的政治决定约束的动机,在此基础上,"一致同意"出现的可能性就非常微弱①。

其次,当麦迪逊和汉密尔顿用社会契约的观点来捍卫宪法的时候,有一点很重要,那就是他们所要解决的问题是要去捍卫一个特定的政府,这个政府将会对已经社会化的个体的财富和权力的分配产生影响。这就使得他们所要处理的问题与那些纯粹的契约论理论家们所处理的问题区分开来,后者的缔约者是处在一种前社会状态中的。麦迪逊、汉密尔顿笔下这些将要决定拟定宪法命运的人是被认为存在个体的偏好、利益和行动动机的,而这一切都是社会化的产物,而非人类本性的产物。麦迪逊之所以要澄清这些,目的是要说明,违反合作规则的动机将不可避免地从一个依据自由原则创设的社会中生发出来。这种观点在麦迪逊《联邦党人文集》第十篇中得以体现,在该文中他提到:"自由对于党争就如空气之于火。"②只要个体自由行使自由选择的权利,那么他们注定了会采取一些分裂式的行动,这些行动本身会侵犯其他公民的权利,而且对共同体永久性和整体性的利益本身也是一种损害。

尽管他们的行动是理性与自爱的自然激情共同作用的结果,但是涉及个人的财产以及个体关于好的生活的价值观念(如宗教、政治观点)时,激情就发挥了主导性的作用。而这些(有关财产和

---

① Meyers, *The Mind of the Founder*, p.178.
② *Federalist*, 10, p.78.

第五章 联邦主义者：自由主义的承诺

好的生活的)价值在自然状态之下并不存在，恰恰是社会化条件下的产物。麦迪逊认为作为诱发党争原因的那些具有竞争性的动机事实上是与政治相关的。正是因为存在一个允许自由资本竞争的政治经济体系，才导致了这些竞争性动机的出现。

因此，当麦迪逊宣称"党争深植于人性"的时候，可能更多地表达了一种加尔文式的悲观主义，或者也可以将其政治化地解读为他的一种宣言，这个宣言反映了他对自由资本主义政治经济的信仰。这一切都建立在一个基本的认知基础上——人类就是完全的自我目标设定的选择者，基于不平等的自然禀赋和自由的经济交换条件，他们获得了不同程度和不同种类的财富，并由这些存在差异的财富状态决定了个体激情的差异、依恋和看重对象的差异。麦迪逊所要面对的问题就是要努力证成，尽管自由民主的结构本身是鼓励私有化倾向的，充满了各种不安定的因素，但是，自由民主并不会自我消亡，而是会很好地发展，在经验上依旧是可行的。

尽管存在着这些不安定的因素和私有化的倾向，但是麦迪逊和汉密尔顿依旧对于人类自治的能力秉持一种乐观的态度。尽管这些倾向同时也解释了在理解他们政治观点时不要过度强调他们对于"人性"的评价的第三个原因。他们认为，尽管自由民主合作所存在的问题是非常常见的，但是作为人类行动动力源泉的激情本身并不是一成不变的，而是可以塑造，可以引导的。

这一观点的有关细节的讨论要留到下一章去讨论。这一章只要注意到一点就够了，那就是——麦迪逊相信，完全能够在公民当中培育出足够的美德，从而让自由民主的规范获得良好的遵守。这一信仰在他在弗吉尼亚宪法批准会议上的演讲以及《联邦党人文集》第五十五篇中表现得很明显，他说，人类本性除了存在某种程度的不可否认的劣根性,同时也存在其他品质可以证明给予彼此某种尊重和信任是值得的,而共和政体要比任何其他政体更加以这些品质的存在为先决条件①。事实上,没有这些品质,共和政体是根本站不住脚的。

同其他作品一样,在整部《联邦党人文集》中,汉密尔顿和麦迪逊都展现了对于自由的国家能够为公民承担公民责任提供哪些理由的高度关注。他们同时也注意到了这些理由在促进对于国家而言积极的行动模式方面的局限性。在《联邦党人文集》第十篇中分析多数派与少数派的党争危险之前,麦迪逊写了《论美国政治制度的弊端》("The Vices of the Political System of the United States")一文作为该论证的前奏,在这篇文章中他明确地提出:"对于一种政治义务的现实服从并不会从理论论证其必要性中产生。"麦迪逊认真考虑了什么才是使得社会中的多数派能够约束自身不践踏少数派或者是个体的权利和利益的有效动机②。同时他解释了为什么人们会无法做到这样的自我约束。他认为,无论是审慎思考的能力,还是对于人格的尊重,乃至于宗教都不足以遏制人类狭隘的贪得无厌的动机。

关于人格尊重的因素,麦迪逊认为,事实上对于个体从事道德行为而言确实是一个有益的动机,尽管这被认为在对人们形成有效约束,防止其从事不正义的行动方面是一个不够强大的动机。当考虑群集行为的时候,这一动机的有限性就更为明显。这一动机的有效性会伴随群体人数的变化而变化,人越多,个体行动影响动机的优与劣就不再明显,由于有人一起分享和承担

---

① *Federalist*, 55, p.346.
② Madison, "Vices of the Political System of the United States", in Meyers, *The Mind of the Founder*, p.63.

第五章 联邦主义者：自由主义的承诺

赞赏和责备，法不责众、搭便车等心理因素就会导致这一动机的影响力减弱①。

宗教作为约束不正义行动的动机也有其短板。宗教信仰有的时候可以被点燃，成为难得的人类热情，这个时候宗教信仰就像其他激情一样，其力量会伴随对于大众的同情不断地提升和扩展②。但是，即使宗教处于"最冷静的状态"时，它也不是完全可靠的、万无一失的，它有可能成为约束人们不当行为动机的同时，也成为一种实施压迫的动机③。

除此之外，也许最为安全的方案是在考虑抑制不公正行为的动机时，应该"将关于个体的善的审慎考量融入普遍的、永恒的共同体的善之中"④。这个动机是从什么是个体的长远利益的论证中得出的。之所以对于个体善的审慎考量会成为尊重别人权利的有效动力是因为，对于获得和保有个体所欲的目标而言，共同善（在此将其定义为政府的稳定和法律的普遍适用）是其必备的前提条件。如果今天我能够通过侵犯他人的权利实现个人利益最大化，反之亦然，明天别人也会通过侵犯我的权益获取自身利益的最大化。尽管理论上这一动机完全自洽，但是麦迪逊完全认同休谟的观点，即"尽管这种（审慎考量的）动机考虑应该是完全自洽的，但是在经验中却发现，这种动机常常是被忽视的。无论是对于整个民族而

---

① Madison, "Vices of the Political System of the United States", in Meyers, *The Mind of the Founder*，休谟的原文参见"Of the Independence of Parliament", in *Political Essays*，p.68。
② 休谟认为，人的大脑事实上是被不同感受和情感背后所体现出来的一致性所支配的，无论是面对相反意见时候的争辩本性，还是宗教信仰所引发的党派分裂热情，其实都一样。参见 *Political Essays*，p.82。
③ Meyers, *The Mind of the Founder*, p.64.
④ Ibid., p.63.

言,还是对于个体而言,我们常常忘掉,诚信是最上上策"①。

尽管如此,自我约束所面临的困难并不像麦迪逊所言,是一个由"遗忘"导致的问题。如果不诚实在一个社会极为盛行,那一定是由于人们经过经济理性审慎思考之后,认为诚实并不是最优的策略选择。麦迪逊在考虑邦联存在的众多具体的弊端时就注意到了这点。例如,他提供了三点理由让我们相信,尽管邦联的成员要求联合,但是他们并没有对保有这个联合本身作出足够的贡献,承担应当承担的义务,原因就在于不存在足够的惩戒措施。

第一个理由就是涉及成本和收益在成员州之间的分配。他注意到:"联合的任意一个行动必然会导致某一个成员州或者是几个州不平等地承担更多的责任和成本。"例如,保护制造业的关税措施就会相应地对农业利益和农业州的利益构成不当的影响。其次,在围绕稀缺资源展开的竞争中,每一个州的成员对于自身利益的偏好,有可能会导致他们夸大自己所承担的成本的不平等性,或者哪怕这种成本根本就没有出现,他们也会偏向于认为自己承担了特定的成本。最后,即使存在一些具有美德的州,这种州也会越来越少,或者表现越来越不尽如人意,因为他们会认为"寄望于彼此自觉的遵守(联合条约),最后导致的结果就是没有人会遵守,尽管遵守(条约)应该是每一个人潜在的倾向"②。

麦迪逊这里所提到所有人愿意合作的"潜在"倾向,指出了建立人们愿意展示这种倾向的条件的必要性。邦联无法确保每一个

---

① Meyers, *The Mind of the Founder*, p.63.这一观点被麦迪逊在1787年6月6日的费城会议上多次强调。参见 Farrand, ed., *Records of the Federal Convention of 1787*, Vol.1, p.135。休谟的原文参见 *Enquiry Concerning the Principles of Morals*, p.81。同时可以参见本书第四章。

② Meyers, *The Mind of the Founder*, p.60.

第五章　联邦主义者：自由主义的承诺

州的合作这一点,恰恰展示了它最主要的弊端之一。邦联的设计中,展示了一种错误的信心,这种信心认为正义、善的信仰、荣誉以及几个立法会议所制定的合法政策就足以提供州与州之间合作的有效动机,从而使得任何求助于法律确保个体遵守特定义务的那种动机都显得尤为多余。事实并非如此,麦迪逊指出,邦联所存在的最大弊端就是缺乏法律惩戒,邦联政府是一个没有任何有效强制力保障的政府①。如果没有足够强制力保障的权力,"一个正义的国家"这种说法本身就是一个矛盾。霍布斯首先提出,没有强制力保障的法律存在,那么从正义或者不正义的角度去讨论自利的动机就是不恰当的。在一个人人自危、相互觊觎的状态之下,一个人有足够的理由采取所有必要的手段去保有自己的生命,而无需考虑其行动会对他人的幸福构成什么样的影响。只有确实存在一套执法机制,能够确保每一个有理性的人的生命和财产获得充分的保护时,对于他人权利(权利本身也是一个由强制力保障的合作的产物)的入侵才可以被视为是不正义的。从这个角度来看,麦迪逊认为"邦联无力为正义的行动提供有效动机"的主张就完全成立并站住脚跟了。

汉密尔顿也表达了和霍布斯式的分析几乎同样的看法。在《联邦党人文集》第七篇中,他提到:"由于没有任何的裁判人或者是普通法官居中调停争议各方的冲突……诉诸(以剑为象征的)武力在有的时候似乎确实是解决分歧的有效裁判。"②无论诉诸武力充满了什么样的弊端,在目前邦联的制度安排之下,它都不应该被视为是不正义的。考虑未来州与州之间的分歧会越来越多地源自激烈的商业竞争,而州与州之间、地区与地区之间存在各自优势上

---

① Meyers, *The Mind of the Founder*, p.59.
② *Federalist*, 7, p.61.

美国公民身份的基础：自由主义、宪法与公民美德

的差异，汉密尔顿认为："如果不是基于当下的邦联背景，独立的平等对话本身是不存在任何问题的，但是，基于当下邦联这种松散的状况和主体之间事实上的不平等差异，建立在平等基础之上的对话习惯事实上更容易引发不满。因此，在当下背景下，我们准备将那些州不得不从事的、特定寻求自身利益的正当行为视为一种损害。尽管这些行为在现实中如果是由享有独立主权的国家所从事，会被认为是完全正当的行为。"①汉密尔顿并不试图否认，如果缺乏一个有效的对于商业进行规制的法律执行机制，那么州追寻其特定利益的行为就不是不正当的，哪怕这样的行为对于整个联合体构成了损害，也不应该被视为是不正义的。因为缺乏有效的执行机制，每一个州都无法确保其他州不会做出类似的行为，因此他们有理由作出这样的选择。事实上，汉密尔顿只不过是换了一个语境来表达和霍布斯同样的观点，那就是，如果联合体维系下去唯一依赖的措施是成员州对有关规范的自愿遵守，那么我们就有足够好的理由来怀疑其他州的气量和操守了。

> 尽管州与州之间存在共同的利益，但是它们依旧有自己独立的、特殊的利益所在……作为联合体的一个部分，对于每一个州而言，联合政府有能力（通过赋予每一个州以特定的义务）提供实现全国性目标所需的一切资金和资源，同时也是每个州的利益所在；但是当考虑每一个州的特殊利益时，州总是希望自己承担的全国性义务越少越好，而其他州承担的越多越好。②

---

① *Federalist*, 7, p.63.
② Alexander Hamilton, *The Papers of Alexander Hamilton*, edited by Harold C. Styrett, and Jacob E. Cook, 4 vols. (New York: Columbia University Press, 1960—1979), Vol.2, p.83.

第五章 联邦主义者:自由主义的承诺

他进一步论述,"由于个体的特殊利益相较联合体的一般利益而言,对于个体行为有更多的影响力",因此州在现实选择中,和很多自我偏私的政权一样,只有通过经济考量认为这么做有利可图时,州政府才会服从全国政府的决定,否则州政府是很难支持全国政府的①。如果没有建立一个具有足够强制力保障的全国政府,任何国家层面的行动规范都很难真正影响个体的理性行为。如果仅仅是对那些不宽容、不顾全大局的州进行不公正或者是行为错误的批判和指责,除此之外不存在任何的现实有效的惩戒措施,那么即使是那些具有更多德性的州领导人也很难从这种没有任何现实影响的"批判"中得到满足,从而有足够的动力继续择善而从。

总之,麦迪逊和汉密尔顿都充分地注意到了,在自由主义的政体中(尽管不是仅仅在这一类型的政体中),行动的自利动机更容易出现。他们对这类动机的思考是很有说服力、很务实的。这一认知直接导致了麦迪逊在《联邦党人文集》第十篇中对于"打破和控制党争所导致的暴力"的必要手段的著名分析,同时也引发了汉密尔顿对于"采纳宪法就类似于在自然状态之下创建政府"的极富智慧的讨论,以及"(构建)比邦联条例所构建的政府更为充满力量的政府"的呼吁。

在解读麦迪逊式的自由民主时,对于"协调自利的个体的行动从而使其能够合作"的问题的关注,主要有两个方面被不断地强调。这两方面既不完全是对于普布利乌斯自由主义信仰的描述,也不完全是有关人类本性观点的阐述。首先,无论是麦迪逊还是汉密尔顿都并不认为自利是人类行动动力的全部图景,之所以假设人类是追求自利的,更多的时候是服务于切实可行的制度设计

---

① Hamilton, *The Papers*, Vol.2, p.83.

的。其次,麦迪逊和汉密尔顿在捍卫自由主义的制度机制时,不仅仅认为这是能够确保冲突的各方能够和平共处的方法(尽管这已经很重要),同时也认可了其在道德方面所具有的、非工具性的功能。其中,第二点值得展开进一步的说明。

自由主义的正义:权利和道德价值

《联邦党人文集》的作者们都清楚地注意到了赋予其公民广泛的自由权的政体所普遍受困的搭便车问题,以及那些会对该政体构成不利影响的不稳定因素。尽管如此,这些都不足以让我们将这些作者们视为自由主义者,至少当我们在准康德意义上使用这个概念时,无法这么定义他们。事实上,他们捍卫的宪法设计,不仅仅是可以被视为一种对于自利者形成有效制约的权宜之计予以珍惜,在麦迪逊的文章中,这种宪法设计还构成了一种独立的、能够从道德角度证成的正当存在。尽管这种正当存在需要法律和秩序的保障,但是不能被简单等同于法律和秩序。如果并不是这样,我们可能就更容易看到美德与自由主义的对立之处,如果麦迪逊所言是真的,那么我们将其称为一种内在于自由主义话语中的美德表达似乎更为合理。毕竟,任何想要促成善的倾向或者是制度安排,它们自己本身也应该是善的,也可以被称为美德。

那么是什么样的政治秩序的善和道德价值令麦迪逊和汉密尔顿如此努力捍卫?在这里,两位思想家呈现出来了一点众所周知的分歧,这一分歧在理解两者思想上具有某种重要性。汉密尔顿更趋向于强调一个腐化的政府对于美国"国家尊严和信誉"的损害,而麦迪逊则从政府对公民基本权利保障的角度关注

第五章 联邦主义者：自由主义的承诺

这种损害①。他们两者在全国性政府的权力范围以及具体享有权力方面的分歧，以及美国到底是作为一个商业共和国还是农业共和国存立的未来发展路径的分歧变得越来越明显，就像很多研究者所知道的，这种分歧最终导致了两者在联邦时代的政治分裂。但是，其实一直到撰写《联邦党人文集》时期，这种分歧还仅仅是程度上的分歧，而不是质上的分歧。

尽管相较麦迪逊，汉密尔顿的自由主义者资质受到了更多的挑战，但是，哪怕是对于他而言，社会契约也不仅仅是一项妥协的权宜之计，或是确保内部秩序和实现民族振兴的工具。这些可以从汉密尔顿早期召集大陆会议召开的有关言论以及向乔治三世提交的《权利宣言》的草案中寻得踪迹。和《独立宣言》的风格非常相似，在其提交一份对于英国国王和议会的具体申诉清单之前，汉密尔顿总是要在以上的文件中陈述"(政治之)首要原则"。在这些首要原则中，其中一条就是："自由与奴役的唯一区别在于：前者个体仅仅受到经过自身同意的法律的统治……而后者则是受到他人意志的主宰。"在前一种情况中，他的生命和财产是属于自己的；而对于后者，只有在其主人高兴的时候，其生命和财产才属于他自己。

汉密尔顿继续写道：

"美国人，在一切理性原则之上享有天赋人权和自由。"所有的人都源于同一造物主，享有同样的天性，因此权利的享有

---

① 这是一种程度上的差异。无论是对于汉密尔顿还是对于麦迪逊而言，政府的强大对于自由的保障而言都是必需的。但是，汉密尔顿更倾向于谴责美国政治的运作状况导致了国家的耻辱，也没有实现国家强大的承诺。在《联邦党人文集》第一篇中，他将宪法危机描述为"一个帝国的命运"(p.1)。而在《联邦党人文集》第六篇中，他发出了"由于松懈和无效的管理，国家的尊严和信誉已经沉沦到了极端萧条的时刻"的哀叹(p.59)。麦迪逊则似乎很少担心"国家尊严"或是其强大，更多地是担忧《邦联条例》之下荒诞无能的政府对权利所构成的侵害。参见 Corwin, "The Progress of Constitutional Theory"。

也是平等的。没有任何的理由可以说服我们,一个人相较其他人享有更多的权力和特权,除非我们自愿赋予他这样的权力。①

只有在宣称了这些洛克式的自然权利原则之后,汉密尔顿才转而诉诸英国宪法和英国与殖民地之间的合约来论证他的观点。

很容易就会发现,汉密尔顿的表达其实与古典自由主义文本中的其他主张很相似,对于"全体人民所享有的权利"的主张本身是存在诸多限制的。在汉密尔顿这里,能够称为"人民"的阶层是有其特定所指的,我并不打算将其伪装为一个社会平等主义者或者说对于人民所保有的善的意志和愿望怀抱更多信心的人②。尽管如此,认识到一点依旧是很重要的——汉密尔顿所有针对英国政府的控诉都是自由主义和契约论式的控诉。

美国人民不仅仅渴望自由,而且他们有权得到它,因为作为人类,这是天赋的自然权利。鉴于所有的权利都来自人类共同的造物主,因此人与人之间是完全平等的,没有人有权宣称他享有优先于他人的特权,除非获得了其他人的同意。宣称这种优先性是不正义的核心所在,侵犯了美国人民同全人类一样所享有和珍视的平等和尊重。

其实有一点是非常明显的,那就是麦迪逊的自由主义并不仅仅像读者们常常从《联邦党人文集》第十篇中解读出来的一般,仅仅是一种用来解决相互竞争利益问题的讨价还价的解决方案。其实,麦迪逊的主张当中有着很重要的道德意义没有被认识到。麦迪逊首先将国家的功能界定为"保护人们的才华",从而进一步强

---

① Hamilton, *The Papers*, Vol.1, p.47.
② 关于彰显了汉密尔顿明显的精英主义倾向的有关演讲,参见 Elliot, ed., *The Debates in the Several State Conventions*, Vol.5, p.244。

调了国家在确保个体在共和国中能够保有自治权的重要性所在。党争,无论是特定的宗教信仰所导致,还是效忠特定的政治领导人所导致,或者是持有财产的差异所导致,它们之所以要被控制,不仅仅因为它们导致了不稳定,还因为它们促成了不正义。没有受到约束的宗教热情是无权要求宗教容忍的,就像煽动群众的政客也不享有言论自由和平等的辩护权一样。在一个扩大的共和国中,当由政治或者是宗教引发的党争没有受到代表机构的限制时,那么"不公正和有着特殊利益的大多数超越和压迫剩下的少数派"的风险和可能性就会因此加大①。

麦迪逊在《联邦党人文集》第十篇中并没有针对他所理解的"正义"理念展开任何的讨论,因此必须要到其他地方去寻找他对正义理解的蛛丝马迹。也许他在弗吉尼亚立法会议上捍卫宗教自由的经典演讲是理解其关于正义的"首要原则"的最好文本。要求公民支付一定金额的赋税来支持既定宗教的法案存在什么问题?麦迪逊认为,这样的要求是对理性人与生俱来的尊严和尊重的严重亵渎。麦迪逊提醒他的同胞们,弗吉尼亚在它自己的《独立宣言》中早就承认了人生而平等、自由和独立,尽管有的时候我们会忘记这一宣言意味深长的所指。要求公民承担宗教赋税的方案侵犯了公民的平等身份,它强迫公民信仰特定的宗教,这样的信仰不是他们自我选择的结果,而是国家强迫的结果。

更重要的是,选择自我信仰以及朝圣的权利是个体对其造物主承担的特定义务。在对待这个问题上,麦迪逊显示出了在其他问题上所没有展示的对洛克观点的无比亲近。每一个人都注定了"要向其造物主表达敬意,并且只能以他/她认为造物主愿意接受

---

① *Federalist*, 10, p.84.

的方式表达"①。这一义务优先于其作为政治共同体的任何义务,不能因为多数人的共同偏好而否定个人的信仰。正义的社会契约要求契约成员所承担的义务是平等的,尤其是是涉及基本权利的保护时,没有人需要承担额外的负担。

> 因此,当我们宣称自身享有拥抱、信仰和遵守那些我们确信其神圣起源的特定宗教的自由权时,我们不能否定那些并没有被这些同样的宗教显现证据所说服的人的自由……(当下的方案)损害了那些在宗教问题上不愿意服膺于立法机构权威的人所享有的平等权,令他们在平等的公民中间低人一等。②

这些观点获得了麦迪逊和其他代表的认同,他们在弗吉尼亚宪法批准会议的宣言中表达了类似的观点。在那次会议上,麦迪逊主张:"不允许全国性政府对于宗教权利进行干涉,对于宗教信仰最小的干涉也构成了(对自由)最公然的篡夺。"③在那次会议上,代表们宣称:"从缔结社会契约开始,人类及其后代就享有不受剥夺的自然权利",同时提议应该制定《权利法案》以重申这一观点,并确保这些权利获得更好的保护④。宗教信仰自由就是这些不可剥夺的权利当中的一项,"我们对造物主所承担的宗教责任及其表现形式只能受到理性和信念的主宰,而不是由强制力或者是暴力决定。因此所有人都享有平等的、天赋的以及不受剥夺的宗

---

① Meyers, *The Mind of the Founder*, p.7.
② Ibid., pp.8-9, 10-11.
③ Elliot, ed., *The Debates in the Several State Conventions*, Vol.3, p.330.
④ 必须注意到,麦迪逊最初是反对《权利法案》的制定的,但是这不能理解为他不支持宗教信仰自由。在弗吉尼亚大辩论中,他沿用了休谟的说法,认为"遍及美洲大陆的教派多样性"会为宗教自由提供必要和足够的保护。参见 Elliot, ed., *The Debates in the Several State Conventions*, Vol.3, p.330. 参见休谟关于"概论党派"中对于实在派别与情绪派别的讨论,见 Hume, "Of Parties in General", in *Political Essays*, pp.77-84.

第五章　联邦主义者：自由主义的承诺

教信仰自由,宗教信仰由良心自觉主宰"①。进一步需要说明的是,麦迪逊在后来的演讲中进一步澄清,对于既定宗教而言,宣称"(特定)宗教信仰是社会秩序的社会黏合剂"的说法是根本站不住脚的。这里有一种对于卢梭式公民宗教(Rousseauian civil religion)的剧烈反对,他认为:"将宗教作为推进世俗政策的引擎是一种极其粗暴鲁莽,甚至可笑的做法。""这样做是一种对于人类自我救赎手段的亵渎式颠覆和扭曲。"②麦迪逊认为,国家之所以应该在个体朝圣的方式上保持中立,原因在于每一个人应该以其认为最能够取悦上帝的方法去朝拜上帝③。这种朝拜方式的本质直到今天依旧是充满争论的,但是其决定权已经完全交付于个人手中。

对于宗教信仰自由的捍卫理由并无法完全扩展到麦迪逊捍卫的其他权利中,尽管宗教信仰自由是洛克式自由主义的中心所在。但是,很清楚的一点在于,麦迪逊将其中立性原则适用到宗教信仰以外的其他领域。拟通过的宪法确保了国家在"何谓善"这个问题上的中立性,这是一个在《邦联条例》之下各州政府所没有完成的

---

① National Archives Manuscript Volume, "Ratification of the Constitution with copies of credentials of delegates to the Constitutional Convention", Microcopy No. T-830, Roll No. 1.

② Meyers, *The Mind of the Founder*, p.9.

③ 当然,关于政教关系,在我们的历史上出现了大量的宪法论辩,尤其是政府应该如何在教会和教派之间保持中立的问题,讨论尤其多见。杰弗逊提供了一种关于美国宪法第一修正案作为反建立国教条款的解释,他认为,第一修正案的目的是要在国家和教会之间修建一面隔离墙。其他的解释则认为,第一修正案的目的只是禁止给予某一特定教会相较之其他教会或者是教派而言的排他的权力地位和特殊偏好。伦纳德·W.莱维(Leonard W. Levy)认为前一说法更符合国父们的初衷。我认为,这两者都展示了居于强形式和弱形式的自由主义话语中心的中立原则(关于中立性原则参见本书第二章)。麦迪逊认为个体应该以什么样的方式履行其朝圣义务,应该完全取决于他个人,由个体自行判断什么是最能取悦上帝的方式。同时,麦迪逊也不愿意将宗教作为推广社会政策的工具。所有这些,对于我而言,证明了伦纳德·W.莱维的判断是对的,至少麦迪逊的态度应该如此。参见 Leonard W. Levy, "No Establishment of Religion: The Original Understanding", in his collection, *Judgments: Essays on American Constitutional History*(Chicago: Quadrangle Books, 1972), p.170。

目标。在麦迪逊所列举的《邦联条例》之下的政治制度所存在的弊端的简短目录中,他主张:

> 目前拟建立的政府最值得期待的地方在于,这种按照人民意愿对于主权的修正可以确保全国政府在不同的利益和派别之间保持足够的中立,这样就能够确保它对社会不同部分之间相互的权利侵害形成有效的控制,同时也可以对它自身形成有效的控制,防止它追逐那些与整个社会利益相悖的利益。①

君主政治并没有达到这一目标。虽然"国王在面对其所有的臣民(相互之间的利益)的时候足够中立",但是他却常常通过牺牲臣民的利益来成就自身的强大。而在小型共和国中,几乎很难构建一个能够对全社会形成有效威慑的强大的中央政府,但是,(因为政府与国民距离过近)这样的共和国中所谓的主权意志并不足够中立,而是更多地臣服于其构成部分的意志②。

这里对于确保政府中立性的最优路径的表述构成了麦迪逊《联邦党人文集》第十篇的前奏。"主权范围的扩大会缓解个人权利的不安全感。"③这并不是说在大的共和国中,人们不太会像在小的共和国中一样,展现过多的狭隘偏私和自我偏见,而是因为当他们试图去实现这些狭隘的,存在着自我偏见的利益和目标时,在(更容易做到中立的)大的共和国中会存在更多的障碍④。

在扩大主权范围会有助于其保障的基本权利构成中,包括了

---

① Meyers, *The Mind of the Founder*, p.64.
② Meyers, *The Mind of the Founder*, p.64.这里作为条件的"足够的"表达使得对麦迪逊对于中立性要求的理解疑问重重,尽管他是强烈反对和唾弃赋予特定教派和政治言论以明确的优先权的。
③ Meyers, *The Mind of the Founder*, p.64.
④ 当然,这是在讨论一个大型的共和国相较一个小型共和国所具有的优势时,和休谟观点极其相似的一种说法,参见 Hume, "Idea of a Perfect Commonwealth", in *Political Essays*, p.157。

第五章 联邦主义者：自由主义的承诺

言论表达和出版的自由。在围绕宪法所展开的辩论过程中，麦迪逊并没有足够的动机为自由言论提供相关的哲学辩护，因为这并不是一个受到挑战的原则。事实上，那个时候反联邦党人是主张通过《权利法案》对言论自由展开特殊的、强有力的保护的①。直到1798年年底，即杰斐逊和麦迪逊分别给肯塔基州和弗吉尼亚州的州议会起草抵制《外国人和煽动叛乱法》的方案——《肯塔基方案》（Kentucky Resolution）和《弗吉尼亚方案》（Virginia Resolution）期间，麦迪逊才注意到并真正开始考虑这项权利。这个时候他还是偏向于反对对宪法第一修正案的言论自由条款作狭义解释——这一狭义的解释认为这一条款只是用来禁止事前针对出版业的控制，而并不针对除此之外全国政府对表达和出版的其他所有规制②。

除此之外，麦迪逊确实为言论自由提供了简明扼要的辩护。麦迪逊认为，对于自由表达的规制权是赋予政府的权力中，最令人

---

① 正如赫伯特·斯托林（Herbert Storing）所主张，《权利法案》是反联邦党人所留下的最为伟大的宪法遗产。参见 Herbert J. Storing, ed., *The Complete Anti-Federalist*, 7 vols.(Chicago：University of Chicago Press, 1981), Vol. 1：*What the Anti-Federalists Were For*, by Herbert J. Storing, pp.64-70。无论是麦迪逊还是汉密尔顿都不认为，在宪法未被正式批准之前就纳入一部权利法案是一种可行的做法。麦迪逊在《联邦党人文集》第三十八篇（p.238）中认为，《权利法案》对于自由的保护而言，并不是必需的，《邦联条例》这些类似的宪法文件中就从来没有过相应的设计（当然，在有的州的宪法中确实存在类似的东西）。汉密尔顿则坚持认为，《权利法案》在保护自由方面是完全无用的。在讨论表达自由的时候，他在《联邦党人文集》第八十四篇（p.514）中指出，这种自由的保护是要倚赖公共舆论，以及人民和政府的共识的合力来实现的。这其实就是休谟观点的一种注释，休谟在《政治论文集》中认为，"（表达自由）存续于政府得以建立和维系的基本观念中，存续于政府建立的首要原则中"，参见 Hume, *Political Essays*, p.24。同时参见 Wills, *Explaining America*, pt. I, chap.3。对于汉密尔顿而言，这一逻辑同时适用于对朝圣权利的保障。对于《联邦党人文集》的作者而言，有着充分的策略上和理论上的理由反在当时的条件下制定《权利法案》，尽管后来麦迪逊的态度经历了一个明显但是真诚的转变，参见本书第六章。

② 关于美国制宪时期对于表达自由的理解的讨论参见 Leonard W. Levy, "Liberty of the Press from Zenger to Jefferson", in his collection, *Judgments: Essays on American Constitutional History*(Chicago：Quadrangle Books, 1972), pp.115-158。

恐惧的权力。"因为这项权力事实上是对自由监督公众人物和公共措施的权利以及自由交流的权利的一种否定和摧毁。而这些权利恰恰被视为对其他权利唯一有效的护卫。"①

对于熟悉 J.S.密尔《论自由》的读者而言，麦迪逊的这些言论实在是再熟悉不过了。虽然就像任何其他好的事物也有可能被不当使用一样，言论和出版的自由也有可能被滥用，尽管如此，麦迪逊义正辞严地指出："相较不作区分地全部修剪，从而损害了那些有可能产出丰盛果实的元气和活力所在的枝叶这种眉毛胡子一把抓的修剪法，允许一些有害的枝叶留下来并繁荣生长，可能是一个更好的选择。"②此外，就宪法的批准本身而言，自由言论也是很重要的，麦迪逊认为，自由的对话是确保1787年宪法能够得以通过的必要条件，因为通过自由的对话，人们可以认识到宪法的力量所在，以及《邦联条例》所存在的弊端③。此外，如果公众人物和公共措施无法（通过自由言论）获得自由的监督，那么我们就无法发现他们的问题所在。麦迪逊同时也强调，真理是越辩越明的，不仅正确的思想和观点有助于我们发现真理，哪怕是错误的思想也对真理的出现有所助益，因此，只有允许那些明显错误甚至是过度的观点得以表达，我们才有可能发现真理。

大体上，汉密尔顿和麦迪逊的自由主义信仰，在他们对于一个问题的理解中得以彰显，这个问题是从霍布斯开始的自由主义思想家们就已经发现并试图去解决的，即存在利益分歧的公民如何进行有效的社会合作。但是，这仅仅是故事的一角，不是全貌，麦迪逊对于宪法的捍卫，相较汉密尔顿而言，不仅仅是工具主义的，

---

① Meyers, *The Mind of the Founder*, p.244.
② Ibid., p.259.
③ Ibid.

第五章 联邦主义者:自由主义的承诺

同时也是道德性的。无论是他对于财产权利来源的追溯,还是他对于宗教信仰自由和言论自由的捍卫,以权利为本的社会契约论在其论证中都发挥了举足轻重的作用。这里面所蕴含的一个重要观念就在于,一个自由的国度,在论证其政治权力的正当性时,不仅仅应该站立在"所产出的总体的善"的功利主义的角度论证,还应该能够在个人权利的视角上也完全站得住脚。此外,一个自由的政体依赖自由的公共对话存在,通过自由的公共对话,政体可以向每一个自由的、平等的和理性的个体证明其权力行使的正当性。

可能在关于麦迪逊特定观点的认知上,我们还是会存在分歧(比如,我对于其财产权利来源的讨论就存有不同的看法),但是他的思想的基本脉络应该是很清楚的。言论自由是非常重要的,因为它能够确保其他权利获得有效护卫,只有在有效的公共讨论中,权力才能被有效地监督和证成。自由的公共讨论不仅仅能够发现整个政府体系存在的问题(比如,围绕《邦联条例》的讨论中所发现的美国政治体制的弊端),也可以帮助检视既定的政体之内具体的权力行使人的行为所存在的问题。宗教信仰的自由是一项不容挑战的绝对原则,因为这是个体对其造物主承担的前政治义务,不能为政治共同体的多数决所否定和推翻。同时,鉴于什么样的方式是朝圣的"恰当"方式本身存在不可避免的不确定性,那么任何试图对于朝圣方式进行规制的公法从根本上都无法向公民证明其合法性和正当性。任何试图规制朝圣方式的立法只能通过强制力实现其效力,而不是通过理性或者是说服获得公众的认同,基于此,这样的立法本身就是可以受到挑战并被否定的。

如果将麦迪逊的正义观视为一个整体的话,有很多值得质疑的地方。但是毋庸置疑的是,麦迪逊的正义观深植于自由主义社会契约论的传统中,并且建立在自由主义平等权的基本前提之上。

当提到国家应该"保护个体才能"或者是"尊重宗教的多元性"时,那么国家所为就不应该仅仅从功利主义的视角被视为权宜之计,而是与正义相关的、正确的做法。

由于汉密尔顿和麦迪逊都认为,如果允许公民自行其是,那么他们常常会无法按照正义的要求行动。因此,我们无法否定两者在这个问题上的现实主义的倾向。但是,与此同时,他们也并不相信人类无力践行那些对保有自由的国度而言必要的美德。尤其值得注意的一点在于,人们为保有正义的秩序而行动的可能性是一个独立的问题,不同于提供正义的标准这一问题本身。麦迪逊和汉密尔顿对于公民会按照正义要求行事的乐观当中并没有忽略正义原则缘起的道德本质。下一章将讨论《联邦党人文集》的作者们认为在美国背景下必要的和可能的公民美德的类型和来源。

第六章
普布利乌斯的自由主义和公民美德

帕特里克·亨利(Patrick Henry)在弗吉尼亚宪法批准会议上质疑宪法的支持者:"先生,这是我对这部待批准的宪法最大的反对意见,这里面根本没有任何真正的责任所在——自由似乎命悬一线,我们居然将自由的保有寄望于人们有足够的美德通过制定法律来惩戒自身,除此之外,别无其他防范措施。"

与此相呼应,詹姆斯·麦迪逊在《联邦党人文集》第五十一篇中提出:"野心必须用野心予以对抗……用这些必要的手段来对政府权力的滥用予以控制本身可能就是对于人性的一种反讽和反思。但是政府如果本身不是对于人性(阴暗面)的最大体现和反讽,它又是什么呢?"

帕特里克·亨利这一"对宪法最大的反对意见"[1]在一定程度上是极富吸引力的。宪法的支持者们[2]因为秉持"掌权者的美德足够捍卫自由"这一所谓轻率的信仰被不断地嘲笑。帕特里克·亨利一而再、再而三地表达了他对此的反对意见。他提醒其他的会议代表:"无论那些友善的绅士们如何评价我们的代表,我始终

---

[1] Elliot, *Debates in the Several State Conventions*, Vol.3, p.61.
[2] *Federalist*, 51, p.322.

美国公民身份的基础:自由主义、宪法与公民美德

惧怕人性的堕落,希望通过恰当的制约手段来保护我们的权利,对抗这种人性的堕落。"他说,他"绝不会将权利保护寄托于如此软弱基础之上,认为我们会被那些具有美德的人所代表,这是不可能的"①。"对于保有自由而言,除了建立在自爱(self-love)基础上的制约,其他任何形式的制约都是无效和无益的。"②

对于《联邦党人文集》第十篇和第五十一篇的读者而言,亨利所持的"宪法最优秀的捍卫者们在拟建立的新秩序中过度依赖美德"的观点是有些出乎预料的。因为在《联邦党人文集》的这两篇文章中,人性的阴暗面事实上得到了更多的考量,成为制度设计所要关照的核心问题。事实上,尽管这么回应亨利显得具有一定的片面性,但是依旧不失为一种有效的回应,那就是亨利很显然误解和低估了宪法中"辅助性预防措施"的设计,因此夸大了为了确保掌权者能够勤勉尽责对于美德和良好意愿的倚赖程度。新宪法中的很多新颖构思,尤其是将权力享有者的宪法地位与其利益联系起来(以防止其滥用权力)的很多设计,亨利似乎并没有看到③。

这其实并不是唯一针对亨利的反对的回应④。《联邦党人文集》大多数的作者都与亨利共享保护自由的目标,但是他们并不因此打算去诋毁那些被赋予了保护权利职责的政府官员所具有的以

---

① Elliot, *Debates in the Several State Conventions*, Vol.3, p.327.
② Ibid., p.167.
③ 在下一章中我将返回讨论对于亨利等反联邦党人而言,受到威胁的自由到底所指是什么。这个概念中充满了积极的和消极的意义,尽管亨利理解政府的一般性理论,与要求为了公益而牺牲自我利益的崇高的共和主义相去甚远。
④ 亨利的反对意见在反联邦党人当中是非常常见的。梅兰克森·史密斯(Melancthon Smith)认为,展望未来,"明智的选择是对政府施以相较现在而言更为多重的制约"。乔治·梅森(George Mason)则认为,总统和议会之间,在外交事务上存在着过多的权力重叠,这种重叠"破坏了平衡"。转引自 Wood, *Creation*, p.548。同时参见下一章所涉及的另外一位反联邦党人联邦农夫(the Federal Farmer)的讨论。反联邦党人似乎和他们的对手一样,更为强调通过政府中设置"机制性措施"来制约权力,但是对依靠"美德"的制约,他们则深表怀疑。

第六章 普布利乌斯的自由主义和公民美德

及向官员赋权的人民的德性。这事实上是一种巧妙的策略。联邦党人被他们的反对者称为精英主义者,他们也反过来嘲讽这些反对者,认为这些反对者对"我们人民"所持有的美德和智慧缺乏足够的信心。但是,这确实是个根本性的原则问题。无论是麦迪逊还是汉密尔顿都不相信,没有统治者和公民致力于保护政治秩序,拟建立的宪法秩序会得以稳定地保有。尽管我们很快就会看到,统治者与公民之间,哪怕是公民之间,在对保有宪法秩序所持有的动机上是如此相异。

反联邦党人另外一个不断主张的观点就是,公民很难体现出对于一个大型共和国政府的支持倾向。普布利乌斯花了大量的精力驳斥这一点,就像驳斥对方对于美德的不信任,努力展现对于统治者有能力勤勉尽责的信心一样。在论述这两项核心观点时,普布利乌斯依赖的基本上都是复杂的政治心理学的原始概念。这种论述是建立在经验基础上的,这种经验假设了政治和社会结构与个人对保有这种结构的动机之间的因果联系。无论是其论述的经验主义的形式,还是论述中的实质内容,都反映了当时对于麦迪逊和汉密尔顿而言构成普遍影响的政治心理学的内容,即大卫·休谟的思想。

普布利乌斯所倚赖的政治首要原则都源于自由主义的社会契约论。无论是将宪法视为解决政治话语中自古就存在的合作问题的有效路径,还是对于个人权利的捍卫以及强调对于他人生命、自由和财产等其他权利的相互尊重义务,其实都彰显了普布利乌斯这种自由主义的社会契约论观点。普布利乌斯首先注意到了个体偏好追求的实际目标(主要是那些独立、拥有财富和权力的人所追求的目标),然后评估了追求这些个人目标的动机对于追寻合作行为所造成的困难。所有这些问题的存在本身都迫使普布利乌斯必须要努力论证自由民主在美国的可行性。按照麦迪逊的说法,其

美国公民身份的基础：自由主义、宪法与公民美德

实就是要为共和国所面对的疾病找到共和的治疗方案。这个解决方案既包括了对于政府权力的系统性、制度性的制约，也包括了对于（公民和权力行使者）忠诚基础的理解，这种理解是建立在复杂的道德心理的基础上。

麦迪逊和汉密尔顿都主张，那些对于保有一个自由的政体而言所必需的公民要素——情感和习惯，在拟建立的宪法政府中都能够得到有效的培养。普布利乌斯认为，为了维持一个稳定的政府，一些条件是必备的，比如，公民的守法习惯，统治者能够勤勉尽责，较少财产的拥有者，甚至无产阶级大众在将来对统治精英的服从，这些所有的一切都是很重要的。普布利乌斯认为，能够培育这些条件的主要政治要素就是有效和持续的管理。这是普布利乌斯用来反驳反联邦党人所持的"政体的规模是决定公民的忠诚感的重要来源"的核心论据，在普布利乌斯看来，不是政体规模，而是政体统治的时间决定了公民的忠诚度。因此，普布利乌斯进一步主张，假以时日，只要中央政府的统治是有效的，那么公民目前主要对州政府所保有的这种忠诚感就会在一定程度上转移给全国政府。

自由民主政府要求普通公民和公职人员既要认真服从国家的正义规则，同时也要表现出应有的美德。政府倡导的任何政治原则和机制，如果无法培育出公民保有政体稳定的意愿，那么都是无法得以持久的。《联邦党人文集》的作者们是如何阐述以上的观点的，将是下文探索的重点。这种探索包括了对这种论述在对抗其时代的反对者时的有效性评估，同时也会关注这些论述对于政治理论，尤其是美国自由公民身份理论的贡献。关于后者，我认为，休谟强调的观点，即习惯和习俗是忠诚感的来源基础，对致力于培育有效全面的政治对话的自由主义者和共和主义者，都带来了令人不安的影响。

第六章 普布利乌斯的自由主义和公民美德

公民身份的义务：从理论到实践

麦迪逊和汉密尔顿意图表明"拟建立的宪法政府体系可以有效培育公民的支持并且可以保持稳定"这一主张所要面对的问题可以概括为以下几个方面。

(1) 义务论。每一个人都应该采取行动以保持自由国家的稳定和持续发展，这样才能够为每一个个体自由追求个体选择的目标提供必要的安全和有利条件。

(2) 经验行动问题。基于各种各样的原因，人类的行为并不是常常能够达到第一点的要求，其中最主要的就在于，无论是从经济理性思考的角度，还是从普遍观测到的人的自私的角度，乃至人们狭隘的仁爱激情角度，诚实其实都不是最好的选择。

(3) 强制力的要求。对于正义的要求而言，足够的国家惩戒力是必需的。如果个体没有信心认为其他人必然会遵守法律，那么要求人们放弃那些他们认为对自我保护而言必需的手段就是不合理的。

(4) 强制力的限度问题。虽然权力对于保有自由而言是必需的，但是如果得不到很好的控制，权力也会成为自由的威胁。当权力超出可接受的限度，导致那些自由的国家意在保护的权利范围被大力缩减的时候，那么权力就构成了对权利的威胁。

(5) 美德要求。自由民主国家需要公民和统治者都同时具有一定的道德气度以确保其自身的持续发展，从而不致沦为集权暴政或者是无政府状态。

普布利乌斯的可行性论述的关键在于要去证明，在不损害基本自由的前提下，美德的要求可以获得满足。在讨论上面五个问题的时候，普布利乌斯没有使用任何对于其读者而言少见或者说独特的概念，也没有提出任何独到的观点，唯一的突破仅仅在于，

美国公民身份的基础:自由主义、宪法与公民美德

不同于反联邦党人,普布利乌斯认为美德要求可以在一个联邦式的、全国性的共和政府中得以实现。要试图重新阐释这些论述,首先需要检视普布利乌斯的道德心理观念。这就需要勾画出普布利乌斯所认同的公民人格肖像。我认为,普布利乌斯的人性观念以及美德认知,都与普布利乌斯对某些自然的和审慎的动机的理解紧密相关,这些自然的和审慎的动机对于人们展现那些在普布利乌斯看来必需的公民美德形成了有效的激励。

对拟建立的政府体制而言,这里存在同等重要的两大问题:首先一个是,普通公民是否会展现出应有的忠诚和相关美德;另外一个是,公职人员是否能够做到勤勉尽责。虽然麦迪逊和汉密尔顿对于拟建立的宪法体制在培养这些公民和公职人员所应该具有的美德以及对抗存在于其中的弱点上的能力,都很有信心。但是,针对以上两个问题,他们还是给出了一定程度上存在差异的心理学解释。

对于普通公民所应该展现的忠诚问题,汉密尔顿在《联邦党人文集》第二十七篇当中做了有关的论述。他首先阐释了一般性的心理学认知。汉密尔顿认为,能够有效解释人的效忠感的来源以及伴生的行动动力的主要是两条基本原则。第一条基本原则是:人们"对于政府的信心以及对政府的服从程度,事实上是与政府管理能力的好坏相互匹配的"。作为这条原则的例外,那些认为公民的忠诚度完全取决于一些偶然因素的例子,由于没有太多的代表性,在此根本不值得作任何深入的讨论①。第二条基本原则更符合严格意义上的心理学原则,这一说法反映了"人很大程度上是一

---

① *Federalist*, 27, p. 174. 同时参见 Elliot, *Debates in the Several State Conventions*, Vol.2, p.254。汉密尔顿在这些地方主张:"人民的信心源于有效的管理。这是真正的试金石。"

第六章　普布利乌斯的自由主义和公民美德

种习惯的动物"这一政治隐喻：

> 国家权力的执行越是混合在日常的政府行动当中……公民越是习惯于在日常生活中接触到这种权力,这种权力通过特定的事物和情感变得越深入人心,逐渐成为感人心弦、动人情感的存在,这个时候获得社会尊重和爱慕的可能性也更大……而一个一直远离人民的政府……是很难唤起人民情感的共鸣的。①

汉密尔顿认为忠诚感的主要来源是有效的管理和人民的习惯,这事实上与休谟在讨论"利益感"(opinions of interest)和"正当感"(opinions of right)时所持的观点基本一致。前者是必要的,因为这个时候公民才会感知到现行政府有足够的能力承担起一个自由的国家所应该承担的必要责任,意识到政府对于其个体利益而言是有所助益的。这些国家责任包括对外部和平、内部秩序和正义的供给,以及通过商业规制促进繁荣等,这些在《联邦党人文集》中都获得了全面的介绍,同时也被写进了宪法第一条第八款中。此外,休谟的"正当感"对于促进公民的认同而言也是必需的,因为上面所提到的这种政府有益于个体的利益的感觉,一旦保持公民合作的计划令公民承担了特定的不利后果时,就很容易被否定、被遗忘,当利益考量被否定时,这个时候就需要"正当感"维系对于国家的认同和忠诚。

在这点的看法上,虽然休谟和普布利乌斯有很多理论相似点,但是他们却是因为相异的动机采取了相似的论述。休谟的忠诚理论事实上是试图脱离当时主流政治讨论所迈出的一步(尽管他试图瓦解自然权利思想家论点的做法,有着明确的保守主义的政治

---

① *Federalist*, 27, p.176.

美国公民身份的基础:自由主义、宪法与公民美德

倾向)。普布利乌斯则是作为国家建设者在面对活跃的政治反对者时阐述了相关的理论。因此,普布利乌斯必须要表明,他所倡导的政府不仅仅能够在自由主义的规范中实现美德要求,而且相对于其他反联邦党人所提供的选择而言,是更有能力实现这一目标的。此外,更艰难的是,尽管他认识到,相较全国政府,他试图削减其权力的州政府在诉诸公民的个体利益诉求和情感偏好上确实有着更为明显的优势,但是他依旧要论证和表明全国政府的优势所在。

在《联邦党人文集》第四十五篇中,汉密尔顿指出:"即使是接受了现在拟通过的宪法,州依旧会保留很多上面所提到的优势。这部分是因为州始终在日常事务中保留了其权力的行使,比如在有关人民的生命、自由和财产以及州的内部秩序……以及繁荣等事务中,始终有州的权力在发挥作用。"①州始终扮演了人民生命和财产最直接和可见的守护者,负责日常地调整人与人之间的利益冲突以及处理那些极易直接唤起人民情感反馈的常见担忧。州政府相较全国政府,在使人民铭记对于政府的情感、尊重和敬畏方面,确实有其特定的优势②。

相较从一个强大的全国政府那里所获得的利益,州政府的效用对于公民而言更显而易见,因为州政府是那个通过其司法体系直接维护其公民权利的捍卫者,也是公共产品最主要的提供者。正因如此,他们也是那种通过经济理性审慎思考所产生的归属感和认同感最主要的受益对象。由于全国性政府的目标更多地与"更一般性的利益"相关,因此它"更难引起人们情感的共鸣,而且

---

① *Federalist*, 45, p.293.
② Ibid., 17, p.120.

第六章 普布利乌斯的自由主义和公民美德

也不容易激发人们形成习惯性的义务感和积极的归属感"①。唯一的例外就是在革命时期,在革命期间以及革命结束之后很短的一段时间之内,人民会展现出对于国家议会"短暂的热情"。然而,不久之后,人民的"注意力和归属感"都会回归州的事务②。

州政府同时也会从那种由社群热情和自私情感中所产生的认同感中有所受益。之所以认为州会从人的自私情感中受益,是因为州控制了日常的荣誉和酬金的分派,而对精神利益和物质利益的供给很容易(使公众)产生对于政府的归属感。因此,"所有那些由贪婪、野心和利益所激发的,主导大多数个体和所有公共机构的行动的热情,都汇入了对于州的大海般的情感潮流中,而对于全国性政府,却没有产生丝毫的情感火花"③。在汉密尔顿看来,州的这一忠诚感来源导致了邦联的不稳定性,任何有可能削弱州的官方权力和名誉的主权行动都有可能受到州的抵制。

关于社群热情,普布利乌斯注意到了那种更容易对州生发出来的、非基于经经济理性审慎思考的自然归属感。尽管麦迪逊认识到没有必要详细阐述这一点,他在《联邦党人文集》第四十六篇中还是提到,如公职人员与选民之间的个人熟悉程度、友谊、家庭关系以及党派归属这些因素都会强化选民对州的忠诚感④。这种联系很明显是建立在仁爱和信任感基础上的,而我们更多地只会向与我们有亲密联系的人表现出这种仁爱和信任感。

值得注意的一点在于,无论这种对于地方政府的忠诚感其来源多么的可贵,但是并不能凭借这一点去否定拟建立的联邦政府

---

① *Federalist*, 17, p.120.
② 麦迪逊在《联邦党人文集》第四十六篇中使用了这一表达。参见 *Federalist*, 46, p.295。
③ Farrand, *Records of the Federal Convention*, Vol.1, p.285.
④ *Federalist*, 46, p.295.

的正当性和合法性。汉密尔顿在《联邦党人文集》第十五篇中就彰显了类似的观点,他认为:"对于地方性主体的自然偏好很容易误导一个赋予国家主权以充分权力的决定。"①如果任何的地方性情感,或者是热情,遮蔽了个人的判断能力,使其无法认识到正义的原则只有通过全国范围内的机制设置才有可能发生效力,那么这种情感就是没有任何美德可言的。这一观点强化了汉密尔顿的另一主张,他认为,当考虑不同类型、不同层级的政府在提供给其人民幸福的能力时,(相较全国政府)独立的州的重要性应该是次要的考量②。

普布利乌斯列举了从贪婪到仁爱等各种人类的行动动机,从而彰显了拟建立的政府所要面对的不同类型的合法性问题。对于美德的需求,只有在人们的利益偏好和激情能够被有效引导到支持国家的方向时,才能够得以实现。汉密尔顿在六月十八日制宪会议的演讲中,指出了以上的问题,他在演讲中最后总结:"政府必须要按照能够激发人民拥护动机的方向构建……简而言之,(政府)必须能够引发个体热情的兴趣……并且能够将这些激情朝着热爱国家和支持国家的方向引导。"③

事实上,很早之前休谟就开始极其敏锐地探索将激情和利益转化为对政权的支持的有效路径。普布利乌斯不同于休谟的特殊观点就在于,他认为即使没有休谟所主张的忠诚感的最本质来源——(最初)习惯或者是习俗的恩赐,拟建立的宪法政府依旧可以培育公民对于国家的支持。要证成这一观点,普布利乌斯必须说服他的读者,目前归属于州的那些最初始的归属感和经过理性

---

① *Federalist*, 15, p.112.这一部分可以与休谟在《人类理解研究》中所讨论的人类天生的社会同情力会导致不公正和政治动荡构成比较。参见 Hume, *Enquiry*, p.46。
② *Federalist*, 13, p.89.
③ Farrand, *Records of the Federal Convention*, Vol.1, p.311.

第六章 普布利乌斯的自由主义和公民美德

的审慎计算所产生的情感事实上是可以被强制削减的,同时其他的情感和热情能够被引导到对全国政府形成有效支持的方向。

汉密尔顿关于公民的忠诚的论述建立在一个基本观念基础上:政府必须被大多数公民认为对他们的权益是有所助益的,政府才能获得公民的支持。这是隐含在上文所引用的汉密尔顿认为政府获取人民认同的首要原则中的。没有这种源自于经济理性审慎考量的动机基础,全国政府是不太可能有能力命令公民对其展现应有的忠诚,从而取代那种他们对州的天然归属感的。汉密尔顿认为这是一个"(有关)人性的事实":

> 众所周知的事实是,人的情感会伴随对象距离和范围的疏远和扩散而不断减弱。基于同一原则,一个人对家庭的依附甚于其对邻里的依附,对邻里的依附整体甚于对于社区的依附,各州人民对于他们的地方政府相较联邦政府而言,常常怀有更强烈的偏袒。这一原则只有一种情况下被破坏,那就是联邦政府通过其更有效的管理打破这种地方性情感。①

汉密尔顿并没有解释为什么这种(通过有效管理)有助于一般性福祉的感觉足以取代那种主要令州受益的自然生发的仁爱。但是他在有关州的忠诚问题上持有这样的观念,显然比在家庭和邻里关系上持有这样的观念更令人少惊讶一些。如果认为对对家庭或者是邻里的归属感会被更一般性的利益所取代,这明显是荒诞的。之所以认为对于州的忠诚可以被一般性利益所取代,表现了普布利乌斯的一个观点,这个观点由麦迪逊表述,但是同时获得了汉密尔顿的认同。他们都认为,每一个独立的州都拥有众多的人口、辽阔的地域、多元的利益,以致其与更小的地方团体几乎没有

---

① *Federalist*, 17, p.119.

相似之处。现在的州跟古典共和城邦毫无相似之处,后者可以依凭单一地建立人与人之间的仁爱得以有效的维系和运转,(因为)古典共和城邦的地域范围几乎小于目前任何一个美国州的范围①。

汉密尔顿的核心意在说明,(鉴于州的规模,人民对州的情感也并非如对古典城邦那么深厚和牢固)只要中央政府能够勤勉尽责,那么对于中央政府的认同感和忠诚感就会润物细无声地在公民的内心得以成长。他主张,只要全国性的政府能够更多地融入公民的日常生活,那么就能够获得公民的忠诚。尽管对全国性的政府的忠诚感在不断增加,但是全国性政府并不会对州政府构成任何威胁。虽然汉密尔顿没有直说,但是完全可以推测出,在他看来,一旦纽约州、弗吉尼亚州以及其他州的公民对全国政府感觉到了更强烈的归属感,这就表明部分州在保护公民权利、提供公共产品这些基本的职责方面有所失职。这个时候,对于全国政府的归属感就以一种没有对州实施任何威胁的、非强制的方式产生了。这种归属感是依靠将一般性的福祉转化为公民的习惯所培育出来的。

从汉密尔顿对这个过程的描述中,我们既可以解读出积极的内涵,也可以感受到其消极的言外之意。从自由主义的视角来看,有一点是可欲的,由于国家被视为是保有和鼓励个人私人追求的

---

① *Federalist*, 9, p.73. 鉴于麦迪逊对于小的共和城邦所具有的问题的论述,我们知道,对于麦迪逊而言,即使是在一个狭窄的地域范畴中,建立在仁爱基础上的联系也是一种非常微弱的政治联系。阿代尔注意到,麦迪逊的这一论述事实上是从休谟的文章《一个完美共和国的理念》中习得的。在那里,休谟注意到两种民主形式都有可能发生动荡,因为它们容易受到"大众潮流"和"个人派系"的影响。但是他同时也指出,也许在一个大型的国土范围内组建一个共和国会显得更不容易,但是保有它却相对容易。因为在大型共和国中要形成派系分裂的大多数本身就很困难,而且无论是有权参与首次选举的底层人民还是这些主宰了社会发展的高层官员,事实上都具备变革和改善民主的能力。参见 Hume, *Political Essays*, pp.157-158,还可参见 Adair, *Fame and the Founding Fathers*, pp.99-100。

第六章　普布利乌斯的自由主义和公民美德

重要手段,公民必然会基于这个考虑自觉地履行其公民责任。将国家的功能描述为"手段性的,工具性的",并没有任何嘲讽之意。一个人确实会对对其个体的善而言尤为重要的工具产生一系列情感和偏好。例如,木匠对于车床或者是木工刨的感情。木匠常常会有要照看好这些工具的愿望,常常清洁它们,给它们抛光,一方面可以让它们保持良好的工作状态,另一方面能够令自己在工作的过程中赏心悦目,有良好的视觉和触觉感受。按照汉密尔顿的判断,如果一个人对于国家有类似的感觉,那么认同感和忠诚感的产生就顺理成章了。

与此不同,从共和主义的视角来看,汉密尔顿论述的基本脉络是令人担忧的,尤其是其在看待国家存立的目的问题上。对于公民共和主义者而言,政治机构的正当性取决于它是否有能力提供特定的机会,让公民通过有效的公共参与发展其道德和理性能力。很显然,汉密尔顿在讨论个体应该对政体产生的必要的认同感和归属感的情感基础时,并没有如共和主义者所期待的一样,体现出任何对于以上所涉及的政府角色的理解。汉密尔顿没有展示出任何太多的兴趣去为我们提供一个关于"何谓好的生活"的明确定义,也没有试图去论证全国政府(或者是州政府)应该成为我们认识到"何谓好的生活"的方法和手段。

同时还存在另外一个更为隐晦的,但是无论是自由主义还是共和主义对于汉密尔顿的批判都有可能会涉及的问题。这个问题与汉密尔顿和麦迪逊所介绍的归属感的心理学本质相关。尽管对于国家的归属有利益感作为其源头,但是最终是因为正当感(opinion of right)得以稳固下来,正当感的提出导致在忠诚的问题上完全剥离了认知的内容,将其视为一个完全不受理性检视的习惯形成过程。今天,我们不会认为强调习惯的重要性,或者说强调

美国公民身份的基础:自由主义、宪法与公民美德

对于政治秩序的归属感的情感基础,存在任何从本质上与共和主义相互冲突的地方。我们并不会因为一个爱国者无法从理性的视角解释他对祖国的爱而对他的爱国情义有任何质疑。为什么要谈及习惯和共和主义的关系,因为如果认为亚里士多德是古典共和主义思想的源头的话,值得记住的是,对于他而言,道德教育就是一个灌输好习惯的过程,他主张,道德只能向那些本身就具有好的品质、好的德性的人教授[①]。

麦迪逊和汉密尔顿在阐述正当感时,排斥了理性批判的因素,也就排斥了对话的必要性。然而,对于共和主义的当代理解而言,政治的首要原则不应该是给定的,而是应该按照政治共同体道德理解的要求,通过公共讨论、公共审议来确定,并需要根据情境的变化不断调整[②]。而如果自由主义也被视为是在自由和平等的理性个体所构建的共同体中论证政治权力的正当性的一场对话,那么自由主义者也应该寻求同样的抗辩式对话。然而,汉密尔顿和麦迪逊恰恰希望能够避免这样的一场对话,至少在宪法制定这一棘手的事业完成之前要避免这样的对话。

相较汉密尔顿,麦迪逊想要避免这种抗辩式对话的意愿更为明显。麦迪逊的反对主要是建基在他对以下问题的认知基础上:政府获得公民的习惯性支持的必要性;围绕首要原则和宪法改革所展开的辩论对习惯形成过程的损害路径和方式。麦迪逊的反对还有一部分是基于他的一个确信——他相信在不久的将来,由于整体社会经济的发展,对于宪法争议的解决将会越来越困难。这些观点都体现在他围绕"频繁召开宪法会议的可行性"问题给杰弗

[①] Aristotle, *Nicomachean Ethics* 1.3 and 2.1, trans. J. A. K. Thomson (Baltimore: Penguin Books, 1955), pp.28 and 55.

[②] 参见 Sunstein, "Beyond the Republican Revival"; Tushnet, *Red*, *White and Blue*。

第六章 普布利乌斯的自由主义和公民美德

逊的回信中,这些内容在《联邦党人文集》和其他相关文献中都有所反映。此外,在被我命名为他所谓的有利时机(propitious moment)的论述中,麦迪逊也阐述了相关的观点。

麦迪逊对于杰弗逊激进的社会契约论的观点并不认同,这种激进的社会契约论基于"被统治者对于社会契约条款明确无误的同意是合法统治的条件"的认知,认为每一代所签订的社会契约只有权约束自身,他们制定的法律对于未来的世代并无约束力。麦迪逊认识到,杰弗逊的思想中包含了哲学立法的精神,这在理论上是正确的①。但是在实践的层面,杰弗逊认为定期召开制宪会议的号召却应该被否定。在由无私的哲学家所构建的世界里,对于社会合作条款的定期重新协商是可行的,通过这样的协商可以带来互利的改革,这种改革反映了新环境下新的一代人所获取的新的智慧。但是,鉴于我们对人类本性的了解,我们有足够的理由相信,现实中(并非都是哲学家的)各方只会按照最有利于自身的方向去重新协商有关社会产品分配的社会契约条款,而并不考虑现有财产持有者的正当诉求。当所有的法律都是暂行的,其废除是完全可以预料的时候,那么那些依凭实在法存立的权利,主要是财产权,都将绝对地消亡、不复存在,此外,在那些试图保有现有财产状况与那些试图改革之前财产状况的人之间必然要爆发暴力冲突②。过于频繁地废弃依凭先例确立的义务不仅仅削弱了这种义务感本身,而且会令人们越来越恣意妄为。在这样的情况下,没有人有信心可以保有和守卫通过勤奋经营自身产业所获得的一切,这就阻碍了产业的发展,整个社会会因此受到损害。因此,相较明确的同意,麦迪逊意识到了尽管默示同意(拟制同意)的哲学立场

---

① Meyers, *The Mind of the Founder*, p.179.
② Ibid., p.177.

有可能被质疑,但是它对于稳定和促进产业的发展而言是必需的①。多数情况下我们可以假设这种默示同意是存在的,除非对于现行事务明确的反对已经到了无法忽略的程度。

在反对建立能够重新确认政府统治的合法性的政治机制时,比如定期召开制宪会议,麦迪逊反复强调培育被统治者拟制同意的观念的必要性和重要性。他的主张的核心观点就在于,习惯(habit)或是说先入之见(prejudice)是能够遏制激进的、恣意任为的行动的最有效的动机之一。伴随着这种对于义务的习惯感的不断延伸和扩展,以牺牲公共的善为代价去实现自身利益的自然冲动至少会被部分地抵消和中和。类似于杰弗逊这样(定期召开制宪会议)的提议,最令人恐惧的后果就是导致服从习惯的势弱。因此,麦迪逊反问道:"难道不是因为这种频繁的修正使得一个政府过于变化无常、过度求新,从而导致其根本无法在国民当中保有那种有利于政府的先入之见?这些先入之见对于大多数理性的政府而言其实都是最有益的辅助。"②

麦迪逊在《联邦党人文集》第四十九篇中继续了这一主题的讨论,他再次在里面回应了杰弗逊要求频繁召开制宪会议的主张。每一次会议"都会暴露政府的不足之处",而"这种频繁地暴露政府不足的制宪会议会导致政府丧失那种由时间赋予一切事物的敬畏感,没有这种敬畏感,即使是最为聪明和自由的政府也很难保有必要的稳定"③。这种敬畏感是对自私倾向的必要制约,这是一条普遍心理学规律的衍生品。这一心理学规律就是日久生情,时间孕

---

① Mayers, *The Mind of the Founder*, p.178. 这其实极其类似休谟的观点,休谟认为在稳定财产关系方面,习惯和习俗是非常重要的。参见 Hume, *Treatise*, pp.501-513;还可参见本书第四章。
② Mayers, *The Mind of the Founder*, p.176.
③ *Federalist*, 49, p.314.

第六章　普布利乌斯的自由主义和公民美德

育了熟悉感,熟悉感则孕育了偏爱和特殊的情感。这条规律对于对待政府的态度而言,同样适用,只要相关的附加条件能够得以满足,时间自然会孕育出这种特殊的情感和偏好。这些附加条件就是政府能够良好行政,政府的存在被公民视为其是有利于一般性福祉的。除此之外,对于共和国的爱不是基于国家任何其他道德品质(除非是间接的),而不过是简单地基于它伴随时间日渐获得历史的厚重感和正当性这一事实。

麦迪逊认为,只有法律本身是正义时,对于法律的习惯性遵守才是一种美德。所谓正义的法律就是指尊重少数人权利的法律,无论这些少数派是宗教团体还是财产拥有者。但是他似乎并没有意识到,将来即使是这些小型产业的拥有者,甚至是无产阶级大众也会认可财产权并且尊重这些财产权。麦迪逊尤其恐惧即将发生的经济变化会导致阶级矛盾的加深,从而使得这种拟制的同意成为问题。因此,基本权利的保有部分取决于是否能够成功地通过灌输培育起公民对国家的忠诚习惯,它同时也取决于是否能够尽快地解决目前这些根本的宪法争议。

麦迪逊所持的"有利时机"的观点在下面所提到的一系列考量中得以展现。在弗吉尼亚宪法批准会议上,他认为:"人民有足够的美德和智慧来选择那些德才兼备的人,这是一条伟大的共和原则。"[①]但是在费城会议上,他同时也指出:"伴随着时间的流逝,我们会越来越不确定,人们是否会按照这一原则来行动。"

> 在构建一个我们希望其长治久安的制度体系时,我们不能够忽略由时间所带来的变化。人口的增加必然导致贫困人口比例的上升,同时也带来私下要求平等分配上帝恩宠的诉

---

① Elliot, *Debates in the Several State Conventions*, Vol.3, p.489.

美国公民身份的基础:自由主义、宪法与公民美德

求的增加。总有一天,这些要求重新分配的贫困的人口数量会超越那些非贫困人口的数量。①

麦迪逊进一步注意到那些"不患寡而患不均的平均主义的心态"已经开始出现,而且"预示了将来的危险"②。在将来的某一个时刻,这些接近贫困的大多数将不再认同和接受现有的财产分配,也不再认为合法分派财产的政府是正义或者是对其有益的。为此,引用休谟的话,他们将会失去保有美德的大多数动机。

当麦迪逊试图去说服杰弗逊,定期召开制宪会议以寻求财产关系的合法性这一做法将导致非正义时,我们有理由推测,麦迪逊已经认识到了这种越来越明显的阶级分化以及可能出现的阶级对抗。他建议,最好就是在现在解决这些宪法争议,而且一旦解决就不要再提起。再次提起这些争议将导致对现有权利的再审议,从而损害现有的正义。大众的异议乃至确实受到的伤害都不足以构成非正义的证据,也不能构成重新协商分配方案的合法性基础,只要现有的财产分配不违背正当性获取财产的有关规则。正当性获取财产的有关规则蕴含了自然法的原则——"个体只要对特定份额的土地融入了其劳动并带来了土地收益的提升,那么他就对这一特定份额的土地享有排他的权利。"③

麦迪逊面临一个两难的问题。首先,(伴随着财产分配差距的加大)未来人们将越来越难展现对于保有自由民主的政体而言必需的道德气量。其次,如果采取任何的重新分配方式来救济和回应他们的这种不满的话,又会与自由主义的原则相悖,构成一种非

---

① Farrand, *Records of the Federal Convention*, Vol.1, p.422.
② Ibid., p.423.
③ Meyers, *The Mind of the Founder*, p.397.

第六章 普布利乌斯的自由主义和公民美德

正义,至少在麦迪逊的理解里是这样的①。麦迪逊同时借助制度性安排和寻求情感支持来应对这一问题。这个问题是麦迪逊在晚年试图去反思在制宪会议上有关赋予普选权所应该具备的财产条件的讨论时,再次考虑的问题。在制宪会议上,麦迪逊建议,尽管他没有为此奋力争取,议会选举应该以不动产的持有作为条件。他认为:"未来大多数的人不仅仅将没有土地,甚至将没有任何形式的财产。"这些人"将基于他们同样的境遇联合起来(抗议和反抗),那个时候财产权和公共自由"将无法获得保障②。确实在34年之后,如他所言,那些作为无产者的公民相较之那些有保障的、有财产的公民,更不尊重财产及其相关权利。但是在 1821 年,他却改变了之前的想法,认为这个问题应该采用其他方法来解决(而不是采取限制无产者参加选举的方法)③。在那之后的几年,伴随着美国选举的民主化进程,在选举问题上引入新的财产资格限制前景堪忧,很难令人接受。在当下的情况下,麦迪逊写道:

> 当财产所有者成为社会的少数人时,他们的安全就只能从财产所具有的普遍影响力中获得,从持有者所获取的优势信息中获得,从通过普及教育所启发和扩大的大众的不公正感中获得,从试图在一个疆域扩展的国家中联合起来实现不公正目的所要面临的困难中获得④。

---

① 必须注意到,麦迪逊这些经济上的改变并不都是有益的。事实上,麦迪逊发现,尽管这些改变是会引发令人遗憾的结果的,但并不会带来任何行动上的改变。
② Farrand, *Records of the Federal Convetion*, Vol.2, pp.203-204.
③ 参见 Meyers, *The Mind of the Founder*, pp.394-400。
④ Meyers, *The Mind of the Founder*, p.400. 从这里可以推测,麦迪逊看到了公职人员在传播"普遍的、大众的不公正感"中所发挥的作用。这点上,他基本追随了休谟的观点,休谟认为,尽管正义感的出现对于大多数人而言是不可避免的,但是它依旧"可以被政治家的诡计、计谋误导,政治家们为了统治顺畅、国家太平,常常致力于在民众当中传播对于正义的敬畏感,和对于不正义的唾弃感"。参见 Hume, *Treatise*, p.500.

美国公民身份的基础：自由主义、宪法与公民美德

在这里面存在着一种指导性的张力，这种张力存在于现实层面的政治领域所要求的自由主义的平等主义与法律层面财产权的合法性诉求的冲突之间。如果选举的财产性要求可以被公共舆论所否定，麦迪逊发现它们其实同样可以在道德立场上被否定。他指出："恰恰是因为自由的市场竞争制度（free institutions）所激发的计划和事业，从而使得大量财富集中于个体或者是特定组织的手中，变得非常地稀松平常。"[1] 当麦迪逊担心这些财产所有者所享有的权利有可能被作为大多数的无产者不正当地剥夺时，他同时表达了一种对于公共自由所处危险的担忧，这种危险是由"越来越多的人对少数人的财富的依赖"所导致的。

对于财产权的保护要求并无法为对普选权所施加的财产限制提供正当性理由，因为这种限制恰恰"违背了自由政府的重要原则——那些受到法律约束的人，应该在法律制定的过程中有权充分发声"[2]。政府应该建立在同意基础上的目标使得公民必须能够发出作为选民的声音，如果要在"每一个政府部门都应该是通过平等和普遍的选举产生"与"对某一部分的公民的选举权（基于特定的原因）进行限制"之间做一个选择的话，那么必然会选择前者。两害相权取其轻，两利相权取其重，相较让无产者整体性地政治失声，可能让财产所有者失去他们作为特定个体和被保护阶层的被代表权是一个更好的选择。

1787年的麦迪逊似乎很少被自由资本主义发展所导致的不平等后果所困扰。他更在乎的是那些潜在的分裂矛盾如何能够被解决，被遗忘，从而使得一个政治按照既定的规则得以正常运行的时代可以到来。尽管有人可能感觉到1821年的麦迪逊对这些不

---

[1] Meyers, *The Mind of the Founder*, p.397.
[2] Ibid., p.398.

第六章 普布利乌斯的自由主义和公民美德

平等的后果感到有些遗憾和担忧,但是这些遗憾和担忧并没有影响他的行动。在获取(财产权)方面的自由主义的正义原则——正如麦迪逊自己所理解的——排除了那些按照其他的原则可以被正当化的再分配计划(即使对于麦迪逊而言,按照自由主义的平等原则,再分配也有可能被正当化)。对于1787年的麦迪逊而言,重要的是为了可预见的光明未来,那些会导致再分配后果的政治辩论需要被完全忽略和抵消。这样做主要有两点优势,首先,这样可以避免由定期的制宪会议可能引发的、认为政府存在一些问题和弊端的不可避免的推论的出现;其次,这样可以确保一段稳定期的出现,这段稳定期对于依靠时间产生特殊的偏好和情感而言是必需的。当然,这样做是有代价的,这个代价就是限制了关于政治首要原则的公共讨论和公共商谈。在我看来,这一讨论和商谈无论对于共和主义的意识形态,还是对于自由主义意识形态而言,都是必要的。

社群主义和新共和主义对于《联邦党人文集》的批判主要集中于这本著作所显露出来的一种所谓的"致力于倡导和培育本质上自私的、自我中心的,甚至是冷漠的公民群体"的倾向。这些批判主要是围绕《联邦党人文集》第十篇和第五十一篇展开的,这两篇文章可能表达了麦迪逊关于人性最为愤世嫉俗的看法,他宣称政治行动其实都是基于狭隘的自利动机,政府的角色完全是工具性的,致力于解决因为资源的稀缺性所引发的冲突。基于这些描述,在麦迪逊民主的基本框架中,政治参与的目的主要是促进团体或者是个人利益的实现。这些批判强调,麦迪逊论点所存在的问题就在于,这将导致社会分化,这种分化主要存在于那些具有足够的经济、组织和选民资源进入政治程序的利益集团与缺乏类似资源的人民大众之间。包括选举在内的大众的政治行动多为表达性的

美国公民身份的基础:自由主义、宪法与公民美德

而非工具性的,其功能不过是定期正当化现有政权的统治①。

对本章所引用的一些麦迪逊的言论的解读,还是不乏一些支持者。这些解读是从他与大卫·休谟所共同认同的政治心理学中产生的。有时共和主义对于麦迪逊的批判试图将其所倡导的民主阐释为一种去道德化的、讨价还价之后的妥协安排。但是,我们可以看到,麦迪逊所倡导保护的自由权都是那些从道德角度值得珍视的权利,试图去保护这些权利的政府也不仅仅是那些平等的、合法的政治权力诉求与社会资源诉求之间斗争妥协的产物。当试图去审视麦迪逊用于打破和控制党争暴力的相关计划和安排时,我们必须注意到他所认为的这些安排应该得以存立的正当性理由。在麦迪逊看来,这些安排对于人们能够设想出理性的生活计划,同时按照这样的计划行动而言都是必需的。尽管这些计划可能和大众的情感以及他们对公益的思考本身是相悖的。我们可能并不完全支持麦迪逊试图捍卫的全部权利清单,但这并不重要。直到今天,自由主义传统中依旧为这一权利清单预留了很大的争论空间,比如,正义的原则是否要求对于自由主义者的财产权利实施最小程度的限制,或者是否需要对资源和社会福利进行更平等化的分配。对于麦迪逊而言,最引其注意的是基本自由的脆弱性,和由此所引发的获取制度性手段和鼓励有利于这些自由保障的习惯和信仰形成的重要性。他对一个问题尤其敏感,即政府对于公民那种非认知性支持的需求的迫切性,他试图通过诉诸一系列心理需求以促进这种支持的生成。

---

① 关于这些批判,可参见 Barber, "The Compromised Republic: Public Purposelessness in America"; McWilliams, "Democracy and the Citizen: Community, Dignity, and the Crisis of Contemporary Politics in America"; Bellah, et al., *Habits of the Hear*; 还可参见 H. Mark Roelofs, *Ideology and Myth in American Politics* (Boston: Little, Brown, 1976), especially chap.3。

第六章　普布利乌斯的自由主义和公民美德

鉴于他所表露出来的对于自由的脆弱性认知和他的政治心理的微妙，麦迪逊在第一次议会期间积极捍卫《权利法案》是一件非常有意思的事情。在下面的这段演讲中，他试图去理解"书面护栏"(paper barriers)在培育对政权的心理支持方面所可能发挥的作用。

> 也许会有人认为那种仅仅停留在纸面上的"书面护栏"（通过《权利法案》防止对于共同体成员权利予以非法限制）的力量过于弱小，从而不值一提。我也很清楚，对于那些非常清楚这些说辞的情况、很难被说服和撼动的人士而言，它们确实是不够强大，根本无法影响这些绅士们在审视这些文本时的行动选择；但是，鉴于这些"纸面上的障碍"试图并确实有可能建立某种民众对它们的敬畏感，去塑造一种有利于它们的公共舆论，去唤起整个共同体的注意力，它本身确实是一种防止多数人去从事特定偏好行为（多数人的暴政）的有效手段。①

一定程度上，对于《权利法案》的支持是麦迪逊基于政治现实所作的一种让步和改变②。麦迪逊论述的要点在于尽管"书面护栏"不是一面无法攻克的石墙，无法抵御四面随处投掷的棍棒和石块，但是至少可以挡一挡不是那么猛烈的寒流。比较有意思的地方在于，麦迪逊承认这些"书面护栏"对于那些共同体中更为难缠的成员是无法产生有效的影响的，因为他们非常清楚"这些说辞的本质，并且不断地检视这些权利本身"。这些极其精明的少数必然会质疑那些《权利法案》所列举的权利以及捍卫它们的理由。然而，麦迪逊依旧极富预见性地指出，一份"试图在普遍公众中获得

---

① Meyers, *The Mind of the Founder*, p.169.
② 参见本书第五章。

一定程度好感的书面文件","也许确实是控制多数人暴政的有效手段"。

除了这一篇文章,很难再找到麦迪逊其他用语模糊躲闪、充满纯粹防御性的表达。他很敏锐地注意到,这种纯粹的"书面护栏"需要石块和铁器这些强制力的保障和支援。这篇论述更为特别的地方在于,麦迪逊认为,这样一份书面文件的问世,不仅仅可以引发对文件本身的尊重,潜在地也会引发对于文件所包含的原则的认同和敬畏。这种敬畏更容易在那些不对这些原则进行过度反思、不去试图对这一文本的必要性和可行性进行追根问底的公民当中产生。

比较具有讽刺意味的是,很多学者最近试图追溯麦迪逊最初反对在宪法中纳入《权利法案》的理由时发现,这些理由和他在第一次议会中用于支持在宪法中纳入《权利方案》的理由非常地相似,尽管那一次他对《权利法案》的支持显得有些犹豫不决、小心翼翼、充满了怯懦。在《联邦党人文集》中,麦迪逊质疑一份《权利法案》是否"足以保护自由",同时提醒他的读者,《邦联条例》中就根本没有类似的条款和法案[1]。汉密尔顿则采取了更为极端的主张,他认为:"宪法本身,无论是从理性的角度,还是从实用的角度,本身就是一部《权利法案》。"宪法已经做了这样一部《权利法案》所试图要做的所有工作。宪法"宣告并细化了在政府结构和管理中公民应该享有的政治特权";它定义了"所有与公共和私人相关的豁免和诉讼方式"。因此,一部《权利法案》所承载的所有实质性意义完全可以在制宪会议的程序中,当然,也可以在宪法本身当中被完全找到和实现[2]。更重要的是,对自由的保障最终需要依靠休

---

[1] *Federalist*, 38, p.238.
[2] Ibid., 84, p.515.

第六章 普布利乌斯的自由主义和公民美德

谟式的手段,即公共舆论来实现。

现在的问题依旧是为什么麦迪逊和汉密尔顿会希望将《权利法案》排除在宪法之外,尽管它备受欢迎,而且尤其从麦迪逊的角度来看,他完全认同《权利法案》所列举和试图保护的权利类型。对此,只能从记录围绕这个问题所展开的论辩的文献中,以及从其他相关的文献中去推测答案,因为直接针对这个问题的文本解释几乎没有。反联邦党人试图将《权利法案》定位为不可剥夺的自然权利的宣言书,应该作为宪法的前言存在,以此来对宪法读者进行政治游说和教育。但是赫伯特·斯托林(Herbert Storing)却认为,这种观点"将破坏稳定和有效的政府"。

> 《弗吉尼亚权利宣言》宣称自由的政府有赖"不断地重现和肯认首要政治原则"。联邦党人对此表示怀疑。对首要政治原则的肯认和重现本身无法取代良好构建和有效的政府。甚至在一些极端的情况下,它还会阻碍良好政府的建设。对于不可剥夺的自然权利的频繁强调能够培育良好公民身份和共同体归属感吗?对于人民民主主权的不断重申是否足以培育一个负责任的政府?……当然,联邦党人并不质疑这些原则的真实性和正确性,他们确实可以为政府运行提供终极的资源,同时证成政府的正当性。但是问题在于,尽管这些原则是正确和真实的,但是他们依旧会导致政府身处危险之中。一个理性和良好构建的政府需要、也理所当然地享有拟制的合法性和存续性。而一份彰显政治首要原则的《权利法案》很有可能剥夺了政府理所当然享有的这种拟制的合法性和存续性。[①]

---

① Herbert J. Storing, "The Constitution and the Bill of Rights", in M. Judd Harmon, ed., *Essays on the Constitution of the United States* (Port Washington, N.Y.: Kennikat Press, 1978), pp.45-46.

美国公民身份的基础：自由主义、宪法与公民美德

沃尔特·伯恩斯(Walter Berns)对这一在宪法中纳入自然权利宣言的损害性后果的分析表示认同并予以附议,他写道:"尽管它们是真实和正确的,但是这样的权利宣言也有可能导致对政府的损害,颠覆现有政权,尽管政府是依照这些首要原则所建立的。"①赫伯特·斯托林和沃尔特·伯恩斯都非常欣赏麦迪逊在将前十修正案纳入到宪法时,几乎没有提及任何"首要原则"的做法,他们认为这是他作为"宪法之父"在所从事的工作中彰显的最高政治智慧。

从斯托林和伯恩斯笔下,我们依旧无法弄清楚,为什么详细阐述一种基本权利的理论无法培育出共同体的归属感和对于共同善的认同。现代自由主义者一定会反对这样的提法。比如,罗尔斯就有效地证明了,相较一个建立在非自由主义意识形态(在罗尔斯这里,主要是指功利主义和至善主义)基础上的社会,如果一个政治共同体向其每位成员保证,他/她个人的重大利益不会因为社会的共同善或者是某一部分社会成员对于"完美和至善"的要求而被随便拿去交换或者牺牲掉,那么这个共同体就更容易在自治的公民中间培育起一种更强烈的共同体归属感②。

尽管如此,在宣称麦迪逊至少存在这方面的担忧(权利法案的出现会损害政府的稳定和合法性)这个问题上,斯托林和伯恩斯是很有说服力的。为此,我们似乎明白了为什么在讨论《权利法案》作为对抗压迫的"书面护栏"所有可能带来的有利影响时,麦迪逊会显得闪烁其词、充满防御性。我们看到,他并不愿意在未来继续讨论首要原则问题,也不愿意培育被统治者的一种同意感,而是尽

---

① Walter Berns, "The Constitution as a Bill of Rights", in Berns, *In Defense of Liberal Democracy*(Chicago: Gateway Editions, 1984), p.7.

② Rawls, *Theory of Justice*, especially chap.8.

第六章　普布利乌斯的自由主义和公民美德

可能地在现实中减少实现这种同意的机会。

对于十分精明的现代读者而言，麦迪逊认为政治的首要原则不应该再被强调，至少作为正当化政府权力的大众化语言不应该被强调的考量，完全没有出乎他们的预料，这不过是对他被过度夸大的现实主义的一种佐证。但是，通过进一步的审视会发现，他的立场越来越清晰，而在他的观点中包含了深植于自由主义政治理论中的一个矛盾，我怀疑这点会令我们中的大多数都感到有些困扰。自然状态理论描述了这样一个特定的生存状态，在这一特定生存状态下，个体在可想象的范围内完全可以充分地行使自我决定的自然权利。尽管在这里有着诸多的不便，但是确实构成了与市民社会形成鲜明对比的生活状态，这其中有很多自由甚至是市民社会无法企及的。自然状态是一种更自由的状态，至少初看似乎确实如此。政治国家被要求确保个人在追求自身目标的过程中不得被他人不当地打搅，为此，缔结社会契约、出让部分自由从而建立国家这种附加的安全保障，非常容易被视为一种支付了与自由相悖的交易对价的行为。而人类又是如此地骄傲，很多人都相信，在自然状态下他们完全有能力自我保护、自我抵御外在的侵犯。因此，事实上相较那些几乎没有什么天赋，或者说天赋有限、有缺陷的人而言，社会合作使得这些社会中的强势者、优秀者承担了更多社会合作的成本（他们本身不需要社会合作，完全可以自我防御，但是为了社会合作丧失了自己的自由权）。正如霍布斯所认识到的，这个时候正义的动机也就随之削减。

然而，自然权利是真正的政府建基之首要原则，对于自然权利的保护是政府合法性的唯一依据。因此，如果宣称这些事实不应该被大肆宣传，应该予以压制，对它们的不断强调与稳定高效的自由政府之间是不相容的，似乎显得很诡异。但是，认为这样很诡异,并不代表这种观点在历史上是很陌生的。麦迪逊的担忧不过是对休谟在《论原始契约》这篇文章中所表达出来的担忧的再次呈现。休谟在这篇文章中也试图去平衡"拟制的社会契约论"与"政治稳定的考量"之间的矛盾。尽管他认同前者,但是他也相信,如果始终鼓励和保持"政治合法性取决于自由和平等的人民的初始同意"的有关观点的呼吁,那么政治稳定是无法获得有效保障的①。

对信条不断的重复和强调是强化了而不是削弱了那些按照信条行动的倾向,同时也能够增强对于那些有助于信条实现的制度的支持,这难道不是再自然不过的吗?如果不是,我实在好奇两个问题。其一,如果出于稳定的考虑我们就最好不要骄傲地彰显我们的政治建基的首要原则,那么我们对政府的现实信仰和态度应该由什么决定?其二,如果首要原则是从自然权利中产生的,表达了一种基于理性、自然或者是上帝的基本事实,那么第一个问题中那些现实的信仰和态度的认识论地位是什么?如果政府在拥护其统治问题上保有大量人民的先见和崇拜,这对于政治稳定而言,毫无疑问是极其有用的,就像"高贵的谎言"(noble lie)②对于柏拉图的理想共和国的意义所在。但是,我想一定有人想知道,这种隐喻的相似性应该扩展到多远?

---

① 参见 Hume, "Of the Original Contract", in *Political Essays*, especially pp.45—47.
② 《理想国》第三章末,在论述了护卫者应接受到什么样的教育后,苏格拉底犹豫地讲述了一个高贵的谎言。这个谎言告诉人们说,他们所受的教育只是一个梦,其实他们是在地底被造出来的,被大地母亲派到地上,然后为保卫大地而战斗。尽管所有人都是兄弟,但神造人的时候,在人们的灵魂中添加了不同的金属,使掺入了金子的人有能力统治,掺入了银子的人成为护卫者,而掺入了铜和铁的人成为农民和工匠。如果在统治者和护卫者的后代中出现了灵魂是铜和铁的孩子,他们就应该被遣送到农民和工匠之中;而如果在农民和工匠的后代中发现了灵魂是金和银的孩子,他们就应被提升到护卫者和统治者中来。神给予护卫者最重要的诫命就是关注后代灵魂中的金属成分,因为神谕说,如果出现了铜和铁的护卫者,城邦必将灭亡。——译者注

第六章 普布利乌斯的自由主义和公民美德

如何确保政府的稳定(一):限制公共参与

我们看到,制宪时期的麦迪逊相较其他时期,展现了更为矛盾的人格。制宪时期,他的思想出现了一种张力,这种张力存在于政治平等的自由主义要求和(相对)不受限制的私人资本积累权利主张之间。同时,他的政治平等的观念本身也出现了一种内部矛盾,因为一方面他很清楚自由民主国家对于被治者的同意有着正式的要求,但是另一方面他同时也在努力寻求通过民主政治机制限制这种同意权的行使。因此,他所秉持的理性的公民形象并不是那种信息充分、积极按照公民教科书行动的行动者,而是那种更为消极的形象——好公民的标准在于能够感受到全国政府以及联邦体系内州政府提供给个体的所有福祉,并且很少积极地参与到公共事务中,而是专注于在私人领域中安静和平地追求自身目标。

关于政治效忠的基础,汉密尔顿与麦迪逊有着类似的理解。他认为,如果政治系统运作良好、有效存续的话,普通公民就会展现应有的美德。他关于政治忠诚的思想不像麦迪逊的显得那么有趣,因为他很少表现出麦迪逊那样的矛盾和冲突,无论是关于《权利法案》的宪法角色,还是关于政治平等和经济自由的关系,乃至政治参与的范畴,他的观念基本自洽和如一。对于麦迪逊而言,像汉密尔顿那样定位人民是无法想象的,汉密尔顿认为人民就是"一只巨大的野兽"。按照伍德罗·威尔逊(Woodrow Wilson)的说法,汉密尔顿是一个伟大的人,但却不是一个伟大的美国人[①]。因此,关于我们政体本身的问题,麦迪逊的政治思想可能更具指导性,因为麦迪逊不仅是一个伟大的人,同时也是一个伟大的美国人。

---

① Parrington, *Main Currents*, Vol.1, p.311.

美国公民身份的基础：自由主义、宪法与公民美德

麦迪逊对参与式公民身份的恐惧是真实存在的，而且他也经常表达这种恐惧。正如共和主义和社群主义的批评家们所注意到的，他总是试图将集体政治行动与暴民的统治联系起来①。没有任何证据表明，他或者是汉密尔顿相信，作为好公民而言，这种消极的、忠诚的公民会缺乏任何重要的其他品质，尽管已经获得承认的宪法事实上是寻求建立一种特定的政治系统和政治氛围——即通过选举程序使得最优秀的人从大众中脱颖而出。他们认为，对于自由的保护和对于繁荣的推进，对于大多数美国人而言依旧是很难承担起的更高端的责任，不是通过投票站外直接和频繁的政治参与就可以达成的目标。对于现在的观察者而言，很难说麦迪逊和汉密尔顿这种对于他们曾经和未来的同胞所可能具有的政治品格所作的分析全部都是错误的，至少在面对那些超越狭窄的和地方性的问题时，似乎过于积极的公民身份未必总是能够带来积极的政治结果②。

麦迪逊并不同意共和主义的作者们所持的观点，共和主义认为，政治参与在扩展政治参与者的视野以及将他们的关注点从纯粹的个人事务向更为广阔的政治事务转化方面，是非常有用，甚至是必需的。麦迪逊认为，现代政治最重要的贡献不在于政治参与，而是代表制的出现。事实上，彻底终结和排斥"依靠

---

① 这是休谟所产生的影响中一个比较负面的例子。在《一个完美的共和国的理念》这篇文章中，休谟引用了一个他比较认同的作者的说法："大量的政治共同体，无论是如何组合的，其实不过是暴民的集合。"哪怕每一个个体的理性都是正常水平，一旦作为集体出现，他们就成为了乌合之众。参见 Hume, *Political Essays*, p.153。

② 托克维尔已经注意到了美国人这种几乎仅仅关注地方政治决定的趋向。"很难让一个人跳出自我的限制，对整个州，甚至整个国家的事务感兴趣……但是如果涉及将穿过他的土地建一条道路这样的问题，他很快就会意识到这样一个很小的公共决策对他的重大私人利益有着很大的影响。"参见 Tocqueville, *Democracy*, p.511。或者参见另外一位关于美国政治的伟大评论者托马斯·菲利浦·奥尼尔（Thomas Phillip O'Neill）的作品，他说："对于美国人而言，所有的政治都是地方性的。"

第六章　普布利乌斯的自由主义和公民美德

人民的集体智慧"的政治制度,是美国共和政治最为杰出的贡献①。这就使得那些最有德性的人能够从共同体中脱颖而出。更为重要的是,"扩大选区范围",特别是将议会选区的范围扩大,不再仅仅停留在反联邦党人所偏好的小范围,对于这一选拔贤能的程序而言,是有所助益的②。选区范围越大,选举就越不容易受到熟人关系、裙带关系所导致的腐败的影响,相反,更多地是取决于候选人个人的品质。

这些麦迪逊式的民主模式所具有的特征对我们而言已经非常熟悉,这里面引发了两个相关的问题。首先,到底是什么使得政治参与显得如此地令人恐惧并暗含危险?其次,为什么有一些人就更有资格、更适合去统治其他人?也就是说,为什么有的人在履行公职方面就更为恪尽职守?当反联邦党人试图批判他们的对手过度依靠一些人的美德来维持政治体系的稳定时,为什么他们是错的?

对于第一个问题的回答,我们将再次依赖麦迪逊从休谟那里获取、从实践中得以确认的心理学观点。休谟注意到"荣誉感/尊严是对人性最大的制约",但是当人处于群体中的时候,这一制约力将大大减弱。身处人群中时,个体将寻求其同胞狭隘的认同,并且试图鄙夷和忽略其反对者批评的声音③。麦迪逊告诉我们:"人作为整体或者是群体出现的时候,并不是更少地受到利益的驱使,而是更少地受到责备的恐惧以及其他那些只有独处时才能感受到的(积极的)动机的控制。"④因此,"在无数不同品性的人的集会

---

① *Federalist*, 63, p.387.
② 这一观念也是来自休谟。参见 Hume, "Idea of a Perfect Commonwealth", in *Political Essays*, pp.145–158。
③ Hume, "Of the Independence of Parliament", in *Political Essays*, p.68.
④ Meyers, *The Mind of the Founder*, p.396.

中，激情从未在从理性手中夺取权杖的战斗中败下阵来，而是战无不胜，攻无不克。即使每一个公民都是苏格拉底，每一个雅典的公民大会依旧是一个暴民的组织"①。

麦迪逊惯常的论述方式是首先提出一种经验概括，在此基础上提供历史经验论据，他尤其注重在美国背景下提供有关的例证。在《联邦党人文集》第五十篇中，他在论证通过求助于人民来阻止和矫正对于宪法的侵害的不可行性时，就采取了这样的论述方式。毫不意外，麦迪逊认为这种解决方案就像杰弗逊试图通过定期的制宪会议来修改宪法的议题一样糟糕。他所提供的历史证据有效地显示了他的观点，即在无数的群体聚会中，激情在从理性手中夺取权杖的斗争中始终占据了上风。他注意到，1783—1784年，宾夕法尼亚州设立了一个（人民组成的）监察委员会，其职责主要是监督立法和行政机构，防止它们之间相互的侵权行为。但是如果认真分析这个监察委会的投票结果，任何一个"无偏见的观察者"都会发现，是"激情，不是理性，主宰了他们的决定"。他发现，相同的名字总是出现在每一次投票的反对一方，这种对人不对事、不考虑事实仅仅考虑立场的做法事实上表明了，人们在投票的时候更多地是依据个人忠诚或者敌意来判断，而不是根据每一个具体事件的事实。"当人们在判断一系列不同的问题时，如果能够冷静地、自由地依据理性来思考，那么他们就会针对不同的问题得出不同的结论（而不是像所观察到的，始终站在反对的一方）。但是如果他们被大众化的激情主导，那么他们的观点（如果他们还愿意这么称呼它的话）将完全相同，如出一辙。"②毫无疑问，几乎没有任何一位今天的观察者会将当时麦迪逊所描绘的现象归咎为"政党

---

① *Federalist*, 55, p.342.
② Ibid., 50, p.319.

第六章 普布利乌斯的自由主义和公民美德

路线"导致的投票结果,尽管麦迪逊确实拥有在那个时候对党派政治的影响进行批判和谴责的智慧①。事实上,麦迪逊论述的特殊逻辑不过是要表明,他高度认可休谟对于人性的观察和假设,集体行动不仅仅遮蔽了参与者的荣誉感,同时也剥夺了他们理性思考的能力。在麦迪逊看来,他们的投票都不能被视为观念的表达,因为所谓"观念"至少证明投票者进行了一定过程的思考,而这里并没有这个过程。

麦迪逊试图去论述,政治参与事实上会导致与共和主义者所强调的完全相悖的结果。事实上,促进——或者至少不减损人民美德是需要在政府统治中排除人民集体智慧的。这个要求源于"一旦人们进入人群之后其个人责任感就会减损,荣誉感对其限制也会降低"这一事实。

无论是麦迪逊还是休谟都并不认同,人天生就是不在乎自己的名誉和荣誉感的。他们认为,人只有被置于特定的场域中的时候,才会做出不名誉的行为。因此,麦迪逊鲜明的政治主张就在于,我们不能将人类置于这种不良的境遇之中。这样权利就能够得到更好的保障,人民的幸福感得以提升,人们也并没有丧失参与的机会,尽管实质上他们已经被拒绝任何形式的参与。

---

① 关于18世纪后期英裔美国人的政治思想中有关政党的讨论参见 Richard Hofstadter, *The Idea of a Party System* (Berkeley: University of California Press, 1969), especially pp.1-39。麦迪逊也表达了同样的观点,认为党派对于全国的统一而言,是一种威胁,因为党派会导致党争。正如霍夫斯塔特(Hofstadter)指出的,麦迪逊深受休谟影响,休谟认为:"彻底废除党派之间的差异与区分也是不具可行性的,尤其在一个自由的政府中,这样的做法尤其不可取。"参见 Hume, "Of the Coalition of Parties", in *Political Essays*, p.93。不过麦迪逊在表达的时候,让这一观点变得更为生动,也更有力量,他认为:"自由之于党争就如空气之于火。"参见 *Federalist*, 10, p.78。

如何确保政府的稳定(二):确保公职人员勤勉尽责

在宪法中得以倡导,并在《联邦党人文集》中得以捍卫的选举制度被认为是从政治共同体中"甄选"出"最具美德"的成员的有效机制,从而确保了只有那些具有美德的人才能够担任公职。最近有学者提出,这一制度设计反驳了对于麦迪逊作为"拥占性个人主义者"的解读,这种解读在现代新共和主义的批评者中占据了主导性地位,"如果麦迪逊采纳了霍布斯的(拥占性个人主义的)看法,他将被迫放弃孟德斯鸠共和政体的观点。除非人类可以超越个人私欲追求公共利益,否则共和国是根本不可能存立的。正如麦迪逊所认识到的,那种认为这种美德是外在于和超越平凡人存在的观点从一开始就否决了整个社会运作计划的可能性"①。这一观点具有重要的意义。在第二章中,我们采取了这样的观点,即如果人与人之间只能做到彼此困扰和相互压迫(没有践行任何美德的可能性),那么霍布斯笔下的共和国也是不可能出现的。因为如果人们受到这种观点的激励,那么在霍布斯笔下的自然状态中,人们更愿意凭借运气任意为之,听从命运的安排,他们之间就不可能产生任何缔结稳定契约的可能性。

但是,即使我们接受麦迪逊是认同这种能够甄选出"有美德的人"的程序的,我们依旧没有对他的思想图景给出一个完整的描绘。美德是一个普遍性、一般性的概念,麦迪逊的美德概念,尤其是归属于政治领袖的美德概念需要进一步的定义。一般而言,相较美德概念,公民美德这一概念与特定政治秩序的价值框架联系更为紧密。当然,正如亚里士多德提醒我们的,在善的或者说正义的城邦中,(美德与公民美德)这两者几乎完全重合。伴随着正义

---

① Wills, *Explaining America*, p.187.

第六章 普布利乌斯的自由主义和公民美德

标准的不断变化,与之相匹配的美德概念也不断变化。比如,宽容/容忍对于自由主义框架而言,就是核心的美德;但是在古典(共和主义)思想中,它充其量就是美德的附属物;而对于马克思主义者而言,整体上它就被视为多余的、没有必要的,因为社会对抗、社会不容忍这些问题都会伴随着社会阶级的消失而最终不存在。

那么当麦迪逊和汉密尔顿在讨论公职人员时,他们所持的美德概念到底是什么?很显然,他们不能仅仅靠望普布利乌斯试图在大多数公民当中培育的那种对于国家的消极的忠诚。从一开始把握普布利乌斯有关美德的讨论时,就需要注意两个前提。首先,普布利乌斯有可能非常认同弗朗西斯·斯科特·菲茨杰拉德(Francis Scott Fitzgerald)关于富人的看法,在他看来,富人与我们的唯一区别仅仅在于他们比我们有更多的财富。对于普布利乌斯而言,他们所希望看到的在新建立的全国性政府中掌权的人,绝不是来自和普通人完全不同社会等级的成员,甚至于将这些人称为"天生的贵族"都是不恰当的。相反,他们应该和所有的普通人一样,有着同样的喜怒哀乐,共享同样的心理激励和抑制因素,选择时有着同样复杂的动机。

其次,在理解普布利乌斯的美德概念时,最好将普布利乌斯在讨论这个问题时所处的政治环境铭记在心。他当时必须回应帕特里克·亨利对他们的指责,亨利认为当下的宪法体系过度依赖统治者的自我控制。我怀疑,正是基于这种回应的需求,因此《联邦党人文集》的第十篇和第五十一篇才会不断地强调社会(外部)和机构(内部)的制约与平衡机制,这也成为20世纪对这本著作的主要关注点。也正是因为如此,普布利乌斯不得不努力说服他的读者,公职人员有着足够的动力勤勉尽责,忠诚地履行其责任。为了达到这个目的,他再次依赖一系列的经验概括理论来论证,而这些

美国公民身份的基础：自由主义、宪法与公民美德

理论都是建立在行动动力和动机这一潜在的理论基础上的。而对于那些有可能质疑其理论的人，普布利乌斯通过向其展示恰当设立的一系列防卫机制来反驳其观点，普布利乌斯认为，这些防卫性机制足以遏制潜在的专制，也能够对那些狭隘、自私的无赖构成有效的制约。

《联邦党人文集》的作者回应反联邦党人对于现有宪法体系之内对于公务人员的廉洁性的质疑的方法之一，就是去讨论这种担忧的源头所在，即如何看待人性。在汉密尔顿看来，"假设人类普遍是贪腐成性的和假设人类本性是正直廉洁一样，都是政治理性中的一种错误。授权机制的存在其实就隐含了人性中存在一部分的美德和荣誉感，这是我们信心的理性基础，而现实的经验也证明了以上理论的正确性"①。这点在汉密尔顿的思想体系中表现出了明显不一致的地方，因为他同时也认同和支持休谟所持的"设计政治制度时，应该将所有人都假设为无赖"的观点。当然，这只是一种理论层面的明显的不一致，因为依据现实的预期，（如果没有美德存在或者完全把美德排除）即使在系统中考虑到了所有的预防措施，但是不法行为发生的可能性依旧存在。如果没有道德地行动的意愿，"道德制度"的执行效果和影响都是有限的。

无论汉密尔顿理论的一致性如何，将这一观点予以呈现的政治重要性是一点也不含糊的。他想要主张，反联邦党人所持的、认为人类不会放弃任何一个自我扩张的机会的观点，是无法被实践证实的。确实，人类是一种不完美的存在，我们也需要时刻防范这种不完美。但是，即使为了做到这一点，我们也不能自我贬低、自暴自弃，不能因为对于权力滥用的非理性担忧和恐惧，就放弃创建一个"有活力"（energetic）的政府。

---

① *Federalist*, 76, p.458. 同时参见 John Jay, in *Federalist*, 64, p.395。

第六章　普布利乌斯的自由主义和公民美德

麦迪逊在讨论众议院的成员忠诚履行职责的问题时,几乎表达了与汉密尔顿一样的观点。"责任、感激、利益和野心本身,"他提到,"是使这些议员将自己与对广大民众的忠诚和同情联系在一起的纽带。"他也认识到,类似动机并不足以控制人类反复无常和邪恶,为此他发出诘问:"(尽管认识到了这一点)我们又有什么选择呢?这些难道不是政府不得不承认和面对的人性吗?我们的理性设计能做到的不过也就如此了吗?"①

反联邦党人们很难反对汉密尔顿、麦迪逊对能够确保公职人员勤勉尽责的工具和手段所做的现实评估和考量。但是,他们确实表示怀疑,拟通过的宪法是否真的最大化地有效利用了这些工具和手段。毕竟缩小选区规模,尤其是将其维持在较小的州的内部的规模,一般被视为确保统治者与民众之间紧密联系和确保统治者勤勉尽责的必要手段。联邦党人和反联邦党人都认同,权力必须被制约,而且这种制约在很大程度上要依靠社会外部和心理上的制约。但是,他们对于什么样的条件可以激发人们行动的恰当动机存在显著分歧。这当然也就导致他们在什么样的制度结构能够使得这种动机脱颖而出、发挥积极的作用问题上无法形成共识。尽管不应该在这里将因果意义归咎于这样的分歧,但是确实是在这些相关的分歧和争论中,(真理越辩越明)围绕有关的制度设计产生了更好的主张和观点。

那些麦迪逊和汉密尔顿所列举的复杂动机是如何发挥确保官员勤勉尽责地履行义务的作用的?这一点可以通过讨论他们的以下观点得以展现:首先,宪法普遍承载的基本目标;其次,宪法设计中的特定机制。麦迪逊在《联邦党人文集》第五十七篇中宣布了他所认为的"每一部政治宪法的目标"。这一目标就是:"首先确保统

---

① *Federalist*, 57, p.353.

美国公民身份的基础：自由主义、宪法与公民美德

治者保有识别社会共同善的智慧，同时确保统治者保有追求和实现这一共同善的美德；在此基础上，下一步就是确保在他们享有公众信任和授权的基础上，采取最有效的预防措施确保他们能够持续地保有这些美德。"①

最初看到"确保某人是有德性的"这样的提法时，会令人有些费解，因为在日常的理解中，美德是从人的性格深处自然产生的。从关于美德的古典理解中，很难想象为什么一个真正有德性的人会需要外力的辅助以维持这种美德状态。亚里士多德的美德概念是一个整体存在，那些拥有并展示了这种美德的人就会得到幸福。拥有德性的人发现了好的生活方式，一旦他通过充满美德的行动获取全部可能的幸福之后，他就再也没有任何动机去追求类似于财富和权力这样的东西，因为一旦拥有了幸福，这些东西的价值都不过是工具性的。麦迪逊的脑子里显然没有类似的美德概念。在他看来，确保公职人员具有美德其实就是确保他能够有效履行公职。这里面既没有隐含他这么做不仅仅有利于授权他的人民的利益，也有利于自身利益的说辞，也不意味着如果要确保公职人员的德性就需要求助于他更多的利他情操，尽管这些因素在普布利乌斯的图景设计中都发挥了一定的作用和影响。

那么要确保某人是有德性的意味着什么？需要什么样的制度支持？首先，也是最为重要的就是，必须要有自由和频繁的选举限制，只有存在选举限制才能让公众有能力将那些"没有德性"的公职人员赶下台。其次，必须要设立众所周知的"辅助性预防措施"，从而确保在政府中能够用野心制约野心。三权分立以及议会机构中的权力分立其实都是为了给"那些掌管不同部门的公职人员必

---

① *Federalist*, 57, p.350.

第六章 普布利乌斯的自由主义和公民美德

要的宪法性手段和个体动机,以此对抗其他机构的侵犯"①。第二种限制是倚赖那种彼此权力行使有可能受到侵扰的利益存在而设定。麦迪逊和汉密尔顿都注意到,事实上,如果自利能够理解得当的话,能够带来公职人员对其责任和义务更多的忠诚,这种激励效果是远远超越反联邦党人的预期的。最后,还要有一系列的心理激励,如感激——这种心理激励会潜在地在公职人员中发挥作用,而且很有可能将他们更为紧密地与对选民和对国家的责任联系起来。

责任、感激、利益以及野心本身就是将那些领导人与他们所承担的公共责任紧密联系在一起的、不可替代的纽带。宪法制定的本质任务就在于让这些联系变得越来越强韧,在它们被腐蚀、被磨损时,提供必要制度性护卫。普布利乌斯主张,更重要的是,事实上,责任、感激、利益以及野心所发生的功效远比那些宪法的批评者所注意到的更为巧妙,也更值得信赖。比如,利益就对公职人员狭隘的自私行动提供了有效的内部和外部的制约。这种外部制约就简单地彰显为对于那些权力行使受到侵犯者所有可能采取的行动的认可②。而利益作为内部的自我制约则需要进一步的分析。

《联邦党人文集》中讲得很清楚,人们总是会基于"利益性"的动机去采取具有分裂性的行动,同时也会有意识地将那些可避免的合作成本转嫁给他人。然而,(这种对)利益(的偏好)总是与合理的责任观念相互联系③。从某个事物中获取利益的观念其实与一种思想是相伴相生的。这种思想就是,你在享有利益的同时是

---

① *Federalist*, 51, pp.321-322.
② 参见 *Federalist*, 67, pp.406-407。那里讨论了议员抵制行政权对其权力入侵的动机所在。
③ 我们发现,休谟在讨论利益作为行动的动机时,同样出现了这样的矛盾。麦迪逊似乎采用了休谟对长远利益和短期利益的区分。

美国公民身份的基础：自由主义、宪法与公民美德

否有能力去计算，为了从某个事物中获取特定的利益，当下可能的一系列行动会对这个事物将来的效用和生命力产生什么样的影响。相应的，一旦为了追求当下的满足就有可能对利益的对象产生不利的影响，那么基于以上的算计，人们就有可能会产生一种为了将来的满足而放弃当下满足的意愿①。

这种理解在制宪会议中表现得非常明显。例如，当麦迪逊试图去考虑人民之所以会同意宪法为他们设定的政治行动的各种限制的利益性动机时，他的解释就体现了这种理解。麦迪逊反思为什么人们会同意赋予参议院议员相对较长的任期，尽管这意味着对他们更换不满意的代表的权利的限制。他认为，人们认识到了"因为缺乏对于自身真正的利益进行判断和识别的有效信息，他们也易于犯错"。他们可能还会进一步地反思，他们也有可能"因为自己的浮躁和激情而犯错"，"能够足以防御这种错误危险的必要方式就是选出那些获得良好启蒙的、开明的公民。通过精选出来的公民以及（通过赋予较长任期使得）他们身上所具有的坚定性，能够确保他们不受这些不当信息以及浮躁和激情的影响"②。一个真正趋利的公民应该而且在很多情况下也确实会抵御住那种潜在的、有害的激情的诱惑。

汉密尔顿也表达了类似的主张，他认为自利有的时候能够在那些没有受过良好教育的社会成员当中培养和促成一种有用的认同和服从。社会中存在着各种各样的利益联合，比如，商人阶层和

---

① 阿尔伯特·赫希曼（Albert O. Hirschman）指出，在18世纪的政治和经济思想中，将利益视为激情的驯服者这种观点是非常常见的。利益之所以能够驯服激情，仅仅因为前者有计算（利益得失）这一因素，而后者没有这样的能力。参见 Albert O. Hirschman, *The Passions and the Interests* (Princeton: Princeton University Press, 1977)。

② Farrand, *Records of the Federal Conventions*, Vol.1, p.422. 同时参见 *Federalist*, 63, p.371.

第六章 普布利乌斯的自由主义和公民美德

相对低层级一些的技工和生产者,他们之间就是一种利益联合。后面两个社会群体非常清楚自己的局限和意愿,因此,在政治当中,他们很大程度会基于自身的自利动机去认同和服从商人阶层的决策。为此,汉密尔顿运用这一观点来反击反联邦党人经常提出的一个主张——在反联邦党人看来,议会代表的集合必须在事实上反映了一个国家整体人口的统计范本,即确保不同的阶层都有代表存在。汉密尔顿认为,利益联合的例子就说明了代表的选拔并不需要符合这个要求。

> 基本没有什么例外,相较自己领域的同伴,技工和生产者更倾向于给商人阶层投票。他们很清楚,商人是他们天然的保护者和朋友;无论他们对自己的正义感怀有多大的信心,与他们自身相比,商人还是更有能力推进他们利益的有效实现。他们很清楚,他们的生活习惯并没有赋予他们那些在审议的议会中必需的禀赋,没有这些禀赋,即使再伟大的天赋也是没有用的。①

如果麦迪逊关于利益的观念意味着,(在这种利益考量的基础上)人们很有可能现在接受一些在之后冲突更为激烈的时刻会拒绝的限制,汉密尔顿关于利益的观念则意味着对那种令自己固执地亲力亲为自己并不擅长之事的骄傲的彻底无视,那么利益就确实提供了两种有效的动机,一种就是效忠现有政权的动机,另外一种就是服从精英的动机,这两种都是普布利乌斯所倡导的共和政府的稳定力量所在。

此外,利益观念还意味着一种风险评估的能力。当出现两种可能的利益追求,如果前者尽管提供的满意度有限,但却是可以接

---

① *Federalist*, 35, p.214.

美国公民身份的基础:自由主义、宪法与公民美德

受而且其实现是有保障的,后者虽然能够提供更高程度的满足,但是并不像前者的获取那么有把握的话,这种风险的评估的能力会让你选择追求前者而不是后者。但是,由于平等的理性人之间各自有着不同的风险评估标准,因此这种退而求其次的替代选择也并不构成理性的一般规则。但是,比较合理的思维是会假设这种最小化风险的策略事实上是会在我们的现实选择中发挥作用的,并不会完全地被无视和忽略。这种最小化风险的策略在联邦党人两个极富争议的主张中表现得极为明显:第一个主张就是,联邦党人认为众议院的代表规模已经足以防止"暴政"或是"贵族政治"的产生;第二个主张就是汉密尔顿支持总统连任是一种不受限制的权利。

关于第一项主张,麦迪逊需要面对反联邦党人的以下指控。反联邦党人认为,如果议会代表数量太少,加上他们与选民之间的距离,议员就会不可避免地组成各种帮派,从而忽略选民的利益和宪法责任。麦迪逊则反驳,代表们有着足够动机忠诚履行其职责,但是由于反联邦党人过于简单的推论——一旦有机会,权力就有可能被滥用——从而忽略了这些动机的存在。这些动机中的其中一项就是议员们认识到,现行体制是他们所享有的权威和尊重的来源所在。"一般常见的现象是,那些从对人们的影响中有所获益的大多数人都更期待保有现行制度,而不是支持那些颠覆人民现有权威的政府革新。"① 无论暴政能够带来什么样的满足感,大多数的代表还是会愿意放弃那种快乐,从而避免失去现在已经拥有的、不可忽视的职务满足感。

在这个问题上,麦迪逊似乎也从休谟那里承袭了相关的思想。休谟注意到,无论是在共和国中还是在现代君主制国家中,"最高

---

① *Federalist*, 57, p.352.

第六章 普布利乌斯的自由主义和公民美德

权力"都赋予了行政长官"荣誉和优势"。"唯一的区别仅仅在于，在共和国中，公职的候选人需要在普选中争取人民的支持……想要在共和主义的体制中竞选获胜，候选人就必须令自己在勤勉、能力或者知识方面能够胜人一筹……"①很显然，这种让人变得勤劳的动机就自然而然地从自利的考量中产生了。如果无法达到这些民众期望的品德条件，那么就会将自己的公职、荣誉和报酬置于危险之中。麦迪逊不过是在此基础上加上了大多数人都会认同的一个风险评估（保有当下可接受的快乐，而不是放弃它去获取未来可能更大但是却充满了各种不确定性的快乐），这个风险评估足以让大多数人都选择保持美德。

关于第二个主张，汉密尔顿认为不限制总统的再次当选将有助于提升他对公职的忠诚度。没有这个条款保障，他的风险收益评估将朝着一个有害的方向发展。"如果恰巧一个贪婪的人担任了公职，而且他认识到必将有那么一个时刻（卸任时刻），他必须在任何情况下都要放弃他所享有的酬金。那么，作为一个平凡人，他很难克制自己会有这样的倾向——不顾一切地利用他在职的所有机会谋取利益，甚至对于求助于那些极端腐败的权宜之计也无所顾忌。"②

但是，另一方面如果他可以预期"通过自己的良好善行能够始终延续自己所获得的这种荣誉，他有可能会犹豫要不要为了那种对（眼前）利益的追逐而牺牲这种荣誉，极有可能他会不愿意牺牲

---

① Hume, "Of the Rise and Progress of the Arts and Sciences", in *Political Essays*, p.119.
② *Federalist*, 72, pp.437-438.汉密尔顿在 6 月 18 日的费城会议的演讲中也表达了同样的观点。参见 Farrand, *Records of the Federal Convention*, Vol.1, pp.288-291。

美国公民身份的基础：自由主义、宪法与公民美德

名誉以满足私欲"①。在总统的例子中是这样，在议员的例子中也是这样，这种替代(利益)的满足感需求的存在，有效地证明了趋利性的动机对于培育忠诚感的价值所在。

汉密尔顿对于趋利性动机以及对于总统任期的限制的讨论同时也隐含了其他一些并不明显的观点。为了反驳那些想要赋予总统(在国际关系中)排他的缔约权的人，汉密尔顿警告道："纵观人类行为的历史经验，对于人类美德再过积极的看法也实难保证，将一国利益完全交付给即使是美国总统这样的行政官员的独立决策是一种明智的选择。"②这就证成了议会享有和行使建议和批准条约的权力的正当性所在，也构成了对于总统的有效限制。这一限制和不受限制的总统再次当选制度之间相得益彰，构成了有效的平衡制约。为此，汉密尔顿主张，我们获得了更为安全的保障。我们并不依赖那些历史警示我们几乎不怎么存在的"最高级的美德"，而是依赖所有理性的人都致力的利益和风险的计算与评估③。

如果说《联邦党人文集》的作者们在"通过利益来治理人类"以及"通过利益手段能够使人为了公共利益而合作"这些观点上都承袭了休谟，他们同时在"反对简单化处理有关人性动机问题"这个取向上也受益于休谟和亚当·斯密，休谟和斯密在讨论道德动机

---

① *Federalist*, 12, p.438.
② Ibid., 75, p.451.
③ 盖瑞·威尔斯在这个问题上对汉密尔顿的理解和翻译是存在一些误读的，他认为汉密尔顿将这种"最高级的美德"视作共和国最主要的直接力量来源。参见 Garry Wills, *Explaining America*, p.187. 尽管汉密尔顿很有信心，认为所有的选举官员至少在某些方面是具有美德的，但是也很难认为他相信美德是共和国最主要和最直接的力量来源。在考虑总统衡量权力扩张的风险利弊时，他更多地是倚赖利益算计这一观点，而不是美德，在他看来，这是一个比"最高级的美德"更可靠的行动动机。

第六章　普布利乌斯的自由主义和公民美德

的时候展现了这一基本态度①。仅仅依靠利益是无法确保有效达成培育对公职的忠诚这一任务的。被选举官员,特别是那些众议院的成员们,对于选民的感激之情也在培养他们的忠诚感方面发挥了相应的作用。

这里再次出现了和前文一样的问题,这里所描绘的公共美德,与更为高尚的古典共和主义理念中的公共美德概念毫无相似之处。麦迪逊在《联邦党人文集》第五十七篇中所描述的(对选民的)感激之情,之所以能够成为培育众议院成员勤勉尽责的动机,是由人类那种永远无法满足的骄傲和对于荣誉的敏感带来的。他说,"代表们只有在那种能够使他们源源不断产生对于其选民的暂时性情感的环境中,才有可能有效履行公职。每一个人的胸怀中都存有一种对于荣誉、偏好、尊重以及信心的敏感,这种敏感能够独立于利益的考量,成为感激和善意回报得以产生的保证"②。麦迪逊似乎试图向潜在的宪法反对者保证,他们那种认为代表们会形成富人的帮派,从而有效追求狭隘的自我扩张的担忧,事实上是毫无根据的。他们不会这么做,不仅仅是因为在宪法设计中设定了制约平衡的机制,以及公职人员的趋利性动机,还因为那种"向那些尊敬我们的人回报仁爱"的普遍倾向在发挥作用。因此,麦迪逊能够肯定地宣称,他没有依赖那种基本没有可能的"最高级的美

---

① 约翰·杰伊(John Jay)也表达了和汉密尔顿以及麦迪逊同样的观点。《联邦党人文集》第六十四篇就是很好的例证。杰伊认为缔约权应该赋予总统,同时在缔约问题上赋予参议院建议权和批准权。他的论述逻辑是非常典型的,首先他论述了这项权力的重要性,同时指出鉴于外交事务的涉密性和紧急性,赋予行政部门这一权力是完全正当的选择。接着他论述了能够防止这一权力被滥用的内部制约机制。最后他指出,即使这项权力被滥用的机会比比皆是,但是却缺乏真正实施这种滥用的动机。"每一种会影响人类思维的考量,例如,荣誉、誓言、名声、良知,对国家的爱,对家庭的归属感和偏私,所有这一切都为(总统和议员的)职务忠诚提供保障。"参见 *Federalist*, 64, p.396。

② *Federalist*, 57, pp.351-352.

美国公民身份的基础：自由主义、宪法与公民美德

德"来确保公职人员的忠诚，而是依靠更常见、更稳定的东西——对于荣誉等的敏感——来确保那种忠诚。

唯恐这样的观点对于有的人而言也显得过于乐观，麦迪逊也迅速注意到了现实当中忘恩负义的例子"无论是在公共生活还是在私人生活中，都数不胜数，臭名昭著"。但是，他指出"它所激起的这种普遍的和极端的愤慨恰恰构成了与之相对立的情感——知恩图报所具有的能量和受欢迎度的有力证据"。甚至对于那些无法从类似的自身经历中来认可这一观点的人，麦迪逊进一步地说明，"正是代表们所拥有的骄傲和自负使得他依附于特定的政府形式，因为只有这类政府才会欣赏他的自命不凡，并且让他分享有关的荣耀和光荣"①。完全可以感觉到，麦迪逊希望能够说服他的读者，即使是那些在大众眼中有害的性格特征，也能够将代表与其选民紧密联系起来，因此，整个宪法体系事实上更为稳定，不太可能像宪法的反对者所担忧的那样成为精英勾结的帮派集团。

除了以上的动因之外，麦迪逊最终还是或多或少地存在一些纯粹的责任考量。责任的作用在麦迪逊讨论参议院时被清楚地提及和论述。麦迪逊赋予参议院在宪法之下的公正无私性，按照今天的标准来看，是令人吃惊的，这也给对其思想的原始多元性（proto-pluralist）解读带来了挑战。那个时候的参议院并不像今天这般，其与众议院的区别仅仅在于选区的规模差异。费城会议上，当麦迪逊反驳一项"由各个州自行直接支付自己参议院议员的酬金"的议案时，麦迪逊看到了议会两个机构的根本性差异。他反对这一条议案，主要是基于以下的理由："这样做会使得参议院和众议院毫无差异，议员们就沦为仅仅是州利益和观点的代言人和

---

① *Federalist*, 57, p.352.

第六章 普布利乌斯的自由主义和公民美德

倡导者,而不是正义和普遍善的公正的裁判者和守护者。"①

麦迪逊将参议院视为一个承担双重职责的准司法机构。它需要同时作为促进正义的中立裁判者和代表财产权的重要手段存在。尽管从费城会议的秘密程序中可以看出,麦迪逊对于参议院作为财产权代表的功能更为清晰和偏好,但是依旧需要强调,只要财产权是正当获取的,促进正义的实现与代表财产权之间也没有必然的冲突。麦迪逊一生都相信,参议院应该吸引那些愿意保护财产权的、令人尊重的人。如果在一个自由主义的政权中,这种尊重被视为是一种美德的话,那么这样说应该是可以接受的,即参议院很大程度上是由那些政治共同体中最具美德的成员构成的。

大家应该还记得麦迪逊曾经讨论过的那种因为"不患寡而患不均的平均主义思想"有可能带来的危险,已经有种种迹象表明,这种危险已经出现,并且对麦迪逊构成了困扰,正是如此,在制宪会议讨论参议院的角色以及参议员的任期时,麦迪逊把这个危险提了出来。他认为:"这种危险的防范在一定程度上需要在政府中建立一个特定的机构。这个机构由于其智慧和美德获得充分的尊重,通过这个机构来处理这些紧急的风险,正义才有可能获胜。"②

议员的"美德"很大程度上得益于作为其选区的、以州为单位的地区规模的扩大。麦迪逊认为,"大的选区在选举的过程中更容易偏好那些支持财产权的、具有良好声誉的人,相较那些仅仅依靠在剧院中施展个人游说能力参与选举的竞争者而言,前者更容易在选举中胜出"③。大的选区促进了美德的发展,因为那些在更小的选举范围内如果想要获胜所必需的、依靠个人喜好和裙带关系

---

① Farrand, *Records of the Federal Convention*, Vol.1, p.428.
② Ibid., p.423.
③ Meyers, *The Mind of the Founder*, p.399.

美国公民身份的基础：自由主义、宪法与公民美德

实施腐败的机会，在大的选区中会显得并不是那么重要。当选区规模扩大之后，一小拨人的投票情况也就显得不是那么重要，需要迎合的利益也就越来越少。

同样的，哪怕对于这么"大公无私"的参议院群体而言，他们的美德即使不是直接地，也是间接地因为自利因素的注入而得以增强。在讨论"不患寡而患不均的平均主义思想"可能带来的危险时，麦迪逊对一个观点阐释得非常清楚，即人们在多大程度上认同财产权，很大程度上取决于他们在现有的分配正义规则中是被如何对待的，境况如何。在麦迪逊看来，相较众议院的议员，参议员更多地是从那些在现有的分配制度中受益、境况相对乐观的人当中选拔出来的。因此，他们就产生了保护财产权、勤勉尽责地履行义务的审慎动机，这种动机不仅能够确保政治系统的稳定，同时还能够使得现有政治制度更为公正。

在费城有关1787年宪法批准的辩论中，坚定的联邦主义者贾斯珀·叶茨(Jasper Yeates)提供了如下洞见。

> 总统先生，迄今为止，作为一个软弱的政府的伴生物的那些基本没有实施力的法律、纸币以及那些邪恶的投机行为对我们造成了什么样的影响？先生，我并不希望用这些痛苦的回忆来折磨你，但是我们最好还是记住我们受到了怎样的伤害，这样我们才会不断地期待有人能够拯救我们于贫穷和耻辱之中。如果认为美德是共和政府的基石所在，难道它还没有受到致命的打击吗？人民的德性已经几乎完全堕落，政府的法律几乎完全被放肆的无政府主义取代。[①]

---

① John Bach McMaster and Frederick D. Stone, eds., *Pennsylvania and the Federal Constitution*, 2 vols.(N.P.: Historical Society of Pennsylvania, 1888), Vol.1, p.298.

第六章 普布利乌斯的自由主义和公民美德

那些对于造就具有美德的公民而言所必需的条件,已经被《邦联条例》之下过于弱小的中央政府所提供的社会和政治条件破坏。对于叶茨而言,对于美德流失和社会放荡唯一的补救办法在于建立一个强大的中央政府,而这在反联邦党人看来,恰恰是所有灾难的起因。

就像《联邦党人文集》的作者们一样,叶茨认为宪法的反对者们认为赋予新政府的权力必然会被滥用的恐惧是不合理的、令人难以理解的。"这样公平吗?这样自由吗?每一次有关权力的讨论都一定要将不利后果归咎于国会(congress),认为他们必然会滥用他们被赋予的权力?如果这样过度忧虑泛滥成灾的话,我们理所当然地就可以禁止使用火和水了,因为火有可能灼伤我们,而水则可能随时让我们溺亡。"①

这些观点和麦迪逊式的观点非常地相似。麦迪逊也曾经嘲讽邦联,认为其导致了政策的易变性、不稳定性,此外,邦联非常容易损害公民对其政治共同体的"敬畏感"。

> 邦联带来的最不利的影响在于极大地降低了那些深植于人民内心的对于政治制度的认同感、归属感和敬畏感,因为邦联对于政体所存在的很多顽疾视而不见,也让人民的希望一次次成为奢望,不断落空。不仅仅是个人,政府也是一样的道理,如果本身并不是真正地值得尊重,那么并不会获得人民长久的尊重和认同,而如果没有必要秩序和稳定,一个政府是不可能获得人民真正的尊重的。②

---

① McMaster and Stone, eds., *Pennsylvania and the Federal Constitution*, Vol.1, p.297.

② *Federalist*, 62, p.382.还可参见"Vices of the Political System of the United States, in Meyers, *The Mind of the Founder*, especially p.61。

美国公民身份的基础：自由主义、宪法与公民美德

事实上，这些观点完全可以追溯到霍布斯那里。霍布斯极为清晰且简明扼要地指出了在一个不确定和不稳定的环境之下，要求人们采取道德行动所存在的问题。他主张，在没有强制力保障的权威存在，从而每一个人虽无主观恶意但是却潜在地成为彼此威胁的情况下，要求人们遵守自然法几乎是不可能的①。

联邦党人在描述其观点时虽然不像霍布斯这么具有戏剧色彩，但是他们的观点基本是相似的。不稳定之所以会导致美德的消减，主要基于以下的原因。首先，政策的不稳定性会导致那些嗅觉灵敏、能够更敏感地注意到法律的迅速变化的投机者，通过内幕信息交易获取不义之财；其次，会阻碍类似于诚实、勤劳这样的美德生成。例如，如果一个缔约者几乎没有任何理由相信，他昨天所缔结的一份不是那么有利（于自己）的合同能够在明天依旧具有合法约束力，那么他就根本不会遵守这份对他不利的合同，也不会履行诚信的义务。而如果投机者能够从通货膨胀中不劳而获，那么就没有人会追求勤劳这一美德。

亚历山大·汉密尔顿和詹姆斯·麦迪逊相信，采纳新的宪法，无论对于创建一个有秩序的政体，还是对于培育忠诚甚至是具有美德的公民整体而言，都是必要的。尽管他们所持的美德概念（包括公职人员的美德在内），毫无疑问，远不如古典共和主义的概念那么崇高。当然，这并不意味着他们的概念可以轻易地被忽略掉。麦迪逊特别主张政治领域应该重视公平交易，社会层面应该重视诚信和勤劳。这些美德对于保有一个正义的政体而言，是必不可少的，而且与美国精神是一致的。他的目标是要能够助力于一个值得尊重、也确实获得了尊重的政治社会的培育。此外，麦迪逊所认为的"政治稳定是美德展示的必要条件"的观点也很难被反驳。

---

① 参见本书第二章。

第六章 普布利乌斯的自由主义和公民美德

最后这一个关于政治稳定与美德关系的观点获得了其他宪法支持者的认同。弗吉尼亚宪法批准大会的主席埃德蒙·彭德尔顿(Edmund Pendleton)是这样阐述这一观点的:"政府与自由之间没有冲突;前者是后者的避难所和保护神。真正的战争存在于政府与肆意妄为、党争、动荡和其他违背为了保有自由而设定的社会规则的行动之间。"① 政府权力和政治稳定对于自由的保有是不可或缺的。但是,它们对于遏制肆意妄为的行为所可能产生的危害也同样重要。所谓肆意妄为的行为是一种对自由的滥用,以快乐之名为所欲为。这种放荡行为不加以遏制就会导致政治动荡、政治分裂,从而对国家权力本身构成挑战。当法律变更过于频繁,政治越来越充满了党派之争,对于公共利益几乎无从顾及的时候,那么人们将彻底失去从事美德行为的动机,这个时候对于他们自由的真正威胁也就出现了。

《联邦党人文集》的作者们宣称宪法拥有足够的能力和优势去避免这些问题,在进行相关论述时,他们的整个论述框架和逻辑基本上都是经验式的。什么样的社会、心理和政治条件有助于美德的培育也完全来自对实践和经验的观察。无论是这一点,还是他们其他心理学的观点,包括利益、责任和习惯这些因素如何发生相互作用,从而促成忠实公民和负责任的公职人员的产生,基本都是与休谟极其相似的观点,甚至特定的观点直接彰显了休谟的影响。

作为《联邦党人文集》作者的这些自由主义的政治家们非常明显地展示出了对于公民美德的关注,同时也提供了令人瞩目的公民美德概念。尽管如此,我们在总结的时候,还是要提请大家注意,我们不能认为他们为我们提供了,对于所有自由的社会而言,

---

① Elliot, *Debates in the Several State Conventions*, Vol.3, p.37.

唯一的或者说最好的、最恰当的对公民美德的理解。事实上，正如我们在文中所指出，同时在下一章将继续强调的，无论是对于自由主义而言，还是对于社群主义以及新共和主义的评判者而言，都有足够的理由质疑普布利乌斯对于广泛的政治参与的可欲性所作出的消极评估，同时，普布利乌斯对政治参与对于政权稳定性的影响的阐述，也无法令人满意。尽管存在以上需要进一步阐释的问题，下一章的任务主要是去探索普布利乌斯的反对者——反联邦党人所提供的正义原则和公民美德概念。

第七章
反联邦党人和公民美德

试图从社会背景或者其所持政治原则角度去表征联邦党人和反联邦党人之间的差异,是一项在美国史学领域充满了争议的任务和事业。这个领域中,关于如何理解反联邦党人对于宪法的反对意见明显缺乏共识。我们要受到两派争辩过程中所大量使用的修辞的影响,沿着已建立的政体内部的政党之间的争议线索和路线来审视这场争论吗?如果按照这样的视角,我们会认为,在这场政党争议中,很多的异议事实上都是围绕具体政策展开的,而在基本原则方面是存在着实质性共识的,这也是这场政策争论依旧可以维持在一个适度可控的界限范围内的原因。或者可以说这并不仅仅是一种具体政策上的差异,是否可以理解为,在建国期间展开的这场大辩论中的双方事实上在提供了具有竞争性和排他性的政体观念的同时,也提供了一系列关于人性、社会和政府的相互包容的观念?到底应该如何去理解这场冲突,必须回到革命时期的具体境况中去解读。

正如这个问题于历史学家和政治理论家而言是极其棘手的那样,它同时也给塑造美国国父被公认的英雄形象制造了很多困难。如果我们采纳上文所提到的第一种观点,那么即使不是全部也会

美国公民身份的基础:自由主义、宪法与公民美德

使得大量那些被认为催生了美国最为杰出的政治才华的精彩时刻受到质疑,变得意义没有那么重大,甚至宪法本身也会受到质疑。但是如果并不认为宪法辩论背后存在着有关基本原则的共识,就会觉得宪法不过是很多人之间的一种政治妥协的产物,而宪法起草者们也并不是什么所谓的开创者,不过是一些娴熟掌握了普遍接受的政治智慧的政治家而已。而另一方面,如果我们接受第二种看法,即认为建国时发生争议的两派事实上提供了相互冲突的政体概念的说法,而且选择在价值上支持现有的宪法的话,那么我们就只能得出结论和承认,很多的国父们,包括像帕特里克·亨利这样独立战争中的英雄,在政治观点上秉持了极其危险的错误观点。尽管我们拒绝将这些政治人物"涂黑",就像我们也不愿意过度彰显和肯定宪法的起草者和支持者一般,但是一旦采纳第二种解释方式,我们的民族英雄的版图格局还是会因此受到影响,被称为"民族英雄"的总人数会直线下降。此外,接受上文的第二种观点的人还必须去解释,如果争议的双方在政体问题上存在着根本差异,为什么这些宪法昔日的反对者会迅速且平和地接受了宪法,而且在宪法批准后,他们还迅速准备好并有效融入美国政治[1]?

当然,历史学家与政治思想家之间,以及那些民族英雄的成就者与反对者之间,他们使用的理论和观点并不是互相排斥的。这些理论和观点的重合之处恰恰部分地解释了有关美国建国解释理论中的进步派和利益一致派(共识派)之间持续的、循环的冲突。这种冲突不过再次彰显了历史学家之间,尤其是研究建国史的学生,总是将现在的思考和视野投射到有关过去的研究和写作中所

---

[1] Cecilia Kenyon, ed., *The Anti-Federalists* (New York: Bobbs-Merrill, 1966), p.xcvi.

第七章 反联邦党人和公民美德

产生的矛盾。在进步派当中,如查尔斯·比尔德(Charles Beard)就将现在有关权力的争议投射到了建国时期,他们将反联邦党人描绘为支持农业的民主人士,被那些与他们完全分属不同阶层的、更富有的、生活在城市中的、作为社会精英的联邦党人打败了。而20世纪五六十年代早期的利益一致派(共识派),要么就宣称意识形态之争的结束,要么就认为在美国政治中从来就没有过根本上的意识形态上的分歧。① 利益一致学派(共识派)的这种观点被用来批判美国的政治传统,认为美国政治传统中有着很强的本位主义,它根本没有能力认识到政府和社会的非自由资本主义形式的合法性②。同时,这种观点也被作为削减地区、阶层和意识形态张力在美国政治思想和生活中的重要性的有利武器,并以此强调美国人民是统一的民族③。

共和修正主义者对于宪法创制者的解读,偏好于将反联邦党人的思想看作面对自由主义现代性的冷酷现实,并试图保留老式共和主义的最后(至少是几近最后的)喘息。因此,相较其他类似的作品,戈登·伍德在其极具权威性的著作《美利坚共和国的缔造者》一书中,做了很多的工作以激励人们重新思考那个关键和重要的时期,呼吁大家注意到联邦党人和反联邦党人之间深刻的裂痕。他说:"对于反联邦党人而言,宪法代表了一种对于独立战争中所抗争的东西的彻底的背叛。"④宪法要求对于统治者权力进行令人

---

① 参见 Daniel J. Boorstin, *The Genius of American Politics* (Chicago: University of Chicago Press, 1953); John P. Roche, "The Founding Fathers: A Reform Caucus in Action", *American Political Science Review* 55(1961), pp.799-816。
② 参见 Hartz, *Liberal Tradition*; Richard Hofstadter, *The American Political Tradition and the Men Who Made It* (New York: Vintage Books, 1973)。
③ 参见 Forrest McDonald, *We the People* (Chicago: University of Chicago Press, 1958); Clinton Rossiter, *1787: The Grand Convention* (New York: Macmillan 1966), especially pp.11-20。
④ Wood, *The Creation of the American Republic*, p.523.

美国公民身份的基础：自由主义、宪法与公民美德

发指的强化，这种权力的扩张是以牺牲人民对政府的参与权为代价的，从而弱化了"整体的公共利益"(unitary public good)这个观念，"整体的公共利益"只有基于共同认可的公共利益所采取的有德性的公民参与行动才会产生①。与反联邦党人不同，联邦党人提供了一种全新的"社会"概念(new conception of society)，这个概念可以包容更大范围和更多元的利益。他们提供了一种"新型的政治科学"(new science of politics)，这种科学"仅仅将机制性工具和制度设计作为解决美国顽疾的最后策略"，从来不试图尝试"道德改革和人类心灵的再生"②。

伍德认为，由于反联邦党人必须在后期选择与联邦党人合作，因此他们在政治意识形态上的根本分歧很多时候就被模糊了。由于宪法的反对者们被迫去处理那些有关即将建立的全国政府的权力分派和结构等更为细节和具体的问题，关于政府的建立的首要原则之间的差异注定会被认为是无关紧要的③。但是，事实上这是错误的。关于全国性政府的权力分派和结构设计的争论并不排斥——事实上，恰恰是建立在此基础上——对于一般政治权力的本质、范围和限制的更深层次的哲学层面的正当性论证。

约翰·波考克尽管和伍德以及其他主要的研究者的观点存在可融合的地方，但是，在联邦党人到底在多大程度上悖离了公民人文主义的范式这个问题上，和他们还是存在着分歧的。尽管如此，他也注意到了相关意识形态的分歧。像帕特里克·亨利这样的反联邦党人的"始终捍卫者"，常常用"朴素的道德感"批判宪法，认为"宪法对自利和帝国统治作出了太多的妥协和退让"④。波考克不同

---

① Wood, *The Creation of the American Republic*, pp.523 and 500.
② Ibid., p.428.
③ Ibid., p.547.
④ Pocock, *Machiavellian Moment*, p.531.

第七章　反联邦党人和公民美德

于进步主义学派以及很多修正主义者,他并没有太多地责难联邦党人对于共和主义的(部分的?)拒绝,特别是没有责难普布利乌斯。相反,他大大肯定了普布利乌斯的时代敏锐性——认识到了势不可挡的"现代性"(意味着大型商业国家时代的到来)以及它可能带来的所有变化。波考克之所以要专门指出这一点其实是为了主张,鉴于那些为了保有真正的共和国对公民美德所提出的要求之严苛,普布利乌斯试图合法化和接纳一些程度很弱的"腐败"似乎并不是一件坏事①。

如果仔细阅读那些对联邦党人和反联邦党人全部或者是部分立场进行阐述的最佳文本,这种对于两者政治观点存在显著区别的描述是很难站得住脚的。在本书中提及的联邦党人和反联邦党人的代表人物,除了一个有意思的例外,在基本的政治原则上是有共识的,都认同从自由主义契约传统中所产生的基本政治原则。但是这种在深层次的意识形态原则上的共识同时也伴随着两者在关于特定机制、政策以及公民特质的可取性上的分歧。对于反联邦党人而言,无论其内部表现形式有什么差异和变化,他们与联邦党人主要在以下问题上存在着分歧:政治体系中最可欲的权力运行中心;宪法设定的制约平衡机制的有效性;代表性政治制度和机构的角色;自由政府的社会和道德要求。最后两个问题是最考验我们是否有能力从两者的共识中发现分歧的关键所在。这两个问题都涉及了公民身份和忠诚问题。

关于培育公民对国家强有力的忠诚感,以及确保统治者能够对于宪法责任勤勉尽责的必要条件,由于不同的心理和社会假设,联邦党人和反联邦党人之间存在着不同的观点。反联邦党人中有三个人——联邦农夫(the Federal Farmer)、卡托(Cato)、布鲁图斯(Brutus),和普布利乌斯一样,认识到了保持政治合法性的重要

---

① Pocock, *Machiavellian Moment*, pp.551-552.

美国公民身份的基础：自由主义、宪法与公民美德

性所在。他们认识到，任何政治体制，无论是如何牢固地建基于正义的原则上，如果其公民不具备必要的美德以保有这样的政治运作，那么它依旧是不稳定的。同时和普布利乌斯一样，他们关于公民美德的观念也是建立在公民与国家强有力的联系基础上的。但是，在结构上，反联邦党人的观念在一定程度上更具有诗意的浪漫，更类似哈奇森式的观念，而不是休谟式的。与联邦党人相比，仁爱在构建凝聚政治社会的有效联系方面所发挥的作用在反联邦党人的思想中占据了更为重要的位置。与反联邦党人不同，普布利乌斯与休谟一样，考虑到美国大多数州的地域范围，对于这种建基在仁爱基础上的联系，在其政治社会中对于忠诚感的形成能够发挥多大的作用深表怀疑，就更不要说在全国范围内的有效性了。

与普布利乌斯质疑仁爱在培育忠诚感方面所能发挥的作用不同，反联邦党人更多地主张，政体的规模是培育忠诚感的必要条件。他们很多对于"（全国）联合政府"的批判都是源自这一主张。他们试图证成，州政府更容易通过诉诸公民利益和情感来获得大众的支持，而全国政府则没有这样的能力。

此外，与普布利乌斯不同，反联邦党人似乎更服膺于一种我称为"弱共和主义"（weak republicanism）的思想。在反联邦党人的作品中，有这样一个基本的认识：政治参与本身的价值源自其可以培育特定的美德。这点麦迪逊和汉密尔顿从来都没有表达过。这种类似于共和主义的变体的主张存在着两个方面的弱点。首先，在反联邦党人试图去证成其主要观点——小国寡民的政体是相较"联合政府"更为稳定的政体选择时，并没有将"培育美德"作为证成该政体类型正当性的主要理由。他们也常常如麦迪逊所言，认为任期制、罢免和定期选举这样类似的民主机制，作为一种"辅助性预防机制"，主要价值是用来制约潜在的权力滥用者，而不是用

第七章 反联邦党人和公民美德

来促进公民美德的生成。其次,布鲁图斯、卡托和联邦农夫都意识到了公民美德衰落的不可避免性,他们共和主义信仰的弱点就在于:尽管他们认识到这种衰落是令人遗憾的,但是并不认为这是采取行动的合法性理由,或者说,他们并不认为为了挽救这种衰落,需要采取任何对自由权构成限制的措施。他们价值观念中对于自由权的强调,事实上限制和约束了他们对保有共和主义的善而言必要措施的重视和采纳。

但是,以上这些总结和归纳并不适用于当时一位特别的写作者。他称自己为"来自马里兰的农夫"(A Farmer from Maryland),他的共和主义信仰和承诺是不容质疑的。他在宪法制定期间写作了大量有趣的宣传册,形成了(弥漫自由主义的)荒野中传出的独特的声音。对他的思想的考察——发现他的思想与反联邦人对宪法进行批判的普遍惯例和路径之间的差异——有助于我们理解那个时候的政治对话的范围和边界[①]。

---

① 对于反联邦党人思想比较好的一般性介绍和评估,参见 Storing, *Complete Anti-Federalist*, Vol. 1: *What the Anti-Federalists Were For*。我在选择要进行深入分析的反联邦党人的文本时纯粹只考虑其论证价值所在。这就使得我专注于当时那些最好的思想宣传手册成为可能,从而能够让我们从细节上聚焦于那些广泛的讨论。依据常识而言,任何关于反联邦党人最优作品排行榜的书单中,都会涉及联邦农夫、布鲁图斯和卡托,他们的作品基本都在纽约出版,同时也有类似于《联邦党人文集》的小册子发行。这些作品之所以被认为是杰出的,源自它们的综合性——它们不仅仅涉及政府的一般性理论,同时也涉围绕宪法及其宪法对政治权力的巩固所展开的专门的和重要的批判。这些作品甚至还从一些细节上考虑了州政府为什么相较全国政府而言,更有能力获取其公民的支持。它们对于强化联邦政府权力的批判,既涉及制度性的,也涉及态度性的。它们的批判也具有很强的针对性,呈现专门化、细节化的特征。这是那些论述能力很弱的宣传册所无法比拟的,那些小册子除了会夸张地重复口号之外,基本上不对宪法一旦被采纳所可能引发的不利后果进行任何分析。这些作者之所以比其他作者优秀,正如赫伯特·斯托林所言,不是因为他们的影响力最直接(尽管现实确实如此),更重要的是他们在那些其他国民认为理所当然的问题上没有掉以轻心,而是进行了更为深入的理论探索。鉴于我对所有四本著作的关注都集中在"公民身份"问题上,同时也将以"一个农夫"(A Farmer)为笔名署名的文章纳入研究文本,那种担心我在选择文本时存在对共和修正主义的偏见的担忧得到了缓解。

美国公民身份的基础：自由主义、宪法与公民美德

自由、社会和权力中心：布鲁图斯、卡托和联邦农夫的主张

布鲁图斯、卡托和联邦农夫与普布利乌斯一样，都接受一个观点，认为政治系统必须有能力培养公民必要的美德，以此才能确保他们在大多数时候自愿支持政府的统治。反联邦党人宣传册的撰写者们用来批判联邦党人的核心反对意见就在于，他们认为联邦党人构想的所谓"联合政府"在培育公民美德这个问题上注定是失败的。在我们确定反联邦党人使用的公民美德概念的具体所指之前，有两项分析任务必须完成。首先，就像分析普布利乌斯一样，我们必须确立这这些反联邦党人眼中公民所被期望忠诚效忠的政府机构所持的政治原则的大体框架。这些政治原则是自由主义的，或共和主义的，还是在一定程度上两者的融合？其次，必须从细节上把握"美德生成"的程序和动机。人们之所以会具有美德地行动是因为我们所认为的共和主义当中的至善主义倾向吗？还是因为其他尚未确定的原因？

反联邦党人对于宪法最常见的攻击就是指责宪法代表了一种构建强大的联合政府的趋向，这从根本上是对美国独立战争中努力争取的自由的背叛。那么，反联邦党人是如何理解那些"即将失去的自由"的本质的？另外，还有一个重要的问题，为什么一个地域范围上被扩展的共和国就必然会直接导致这种自由的丧失？

很幸运的地方在于，反联邦党人的宣传册的撰写者们对那些他们坚信必然会被联合政府剥夺的自由进行了明白无误的界定。他们是在阐述政治权力的起源和目的的一般理论时对自由进行定义的。这里将引用一段布鲁图斯非常详细的论述。在注意到恰恰是"人类彼此的需求最终导致了社会的形成"之后，布鲁图斯进一步考虑了政府的起源。

第七章　反联邦党人和公民美德

自然状态之下,每个人都自顾自地追求自身利益,在这个过程中,常常发生的冲突在于,一些人的所有和快乐会因为其他人的觊觎和企图而被牺牲掉,弱肉强食的丛林规则也将大行其道……在这样的环境中,人人自危;据此,公共利益呼唤政府的建立,同时将整个共同体的强制力赋予政府,由它来保护和护卫其共同体成员。因此,共同善就是世俗政府存立的最终目的,成员共同的同意就是其建立的基础。①

在关于政府建立目的的阐述上,布鲁图斯和普布利乌斯之间没有根本上的分歧。可以将布鲁图斯的观点转述为,政府建立的目的在于通过合法强制力的使用保护个体对于所有权和快乐的追求,确保这种追求不被他人觊觎,不被他人侵犯。布鲁图斯从公民人文主义的视角,将政府视为是一种约定的后天产物,而不是天生就存在的。在这份约定中,公民只需要出让那些与社会合作不兼容的自然权利。布鲁图斯主张:

为了建立政府,为了保有那些不可剥夺的自然权利,人们必须出让一部分自然权利……但是这并不意味着为了保护自身权利,个体必须出让其所有的自然权利。权利中的某些部分深植于人类本性,是绝对不可出让的。这些权利包括了但不仅限于良知自由权、追求幸福和捍卫生命的权利。②

布鲁图斯的观点在回应如何区分社会起源和政府建立、自然

---

① Storing, *Complete Anti-Federalist*, Vol.2: *Objections of Non-Signers of the Constitution and Major Series of Essays at the Outset*, p.373.下面的讨论和引用中,我只有在文献中没有标明作者的时候,才会专门提及宣传册的具体撰写者,而且是用其笔名进行介绍。其实有关文献的真实作者,一直存疑。有关围绕真实作者是谁的讨论,参见 Storing, *Complete Anti-Federalist*, Vol.2, pp.215-216(on the Federal Farmer); Vol.2, p.358(on Brutus); Vol.2, p.102(on Cato); Vol.5, p.5(on A Farmer)。

② Storing, *Complete Anti-Federalist*, Vol.2, p.373.

美国公民身份的基础：自由主义、宪法与公民美德

权利所包括的具体内容以及其他类似哲学问题上，表达得既不清楚也不完整。但是，非常清楚的一点在于，他陈述的核心思想展现了对于自由主义契约论一些基本前提的认同。首先，早在相互合作的计划被提上日程之前，个体就获得了全面的发展，个体的幸福观念、财产观念、价值观念就已经得以全面的发展，即个人秉持其特有的财产观念和幸福观念。其次，人类相互之间作为彼此财产和幸福最大威胁的潜在风险证成了政府得以建立的必要性。最后，除却对保有公共秩序必须作出的牺牲之外，如果政府不当地褫夺了个体的自然权利，那么政府的合法性将因此受到折损。

就像普布利乌斯所做的一样，反联邦党人在阐述完自身观点之后，他们建议公民在决定是否要批准新宪法时，应该对照他们所提出的标准来决定。继布鲁图斯之后，卡托进一步注意到了政治权力的共识基础。他认为，"正是那些你天然所享有的自由、平等和独立引导着你，帮助你决定是否要同意和服从特定政治权力的统治"。他接着指出，关于宪法最核心的问题在于"它是否有能力回应那些人们愿意加入特定政治社会所追求的最终目标，即对于生命、自由和财产的保有"[①]。联邦农夫陈述了类似的观点，认为政府的目标就是"通过自由和温和的政府统治，排除对于个人安全的非法限制，同时为个体提供必要的安全保障，确保其能够充分享受自身诚实付出的精力和劳动所带来的福利"[②]。在此基础上，他提供了各种理由以论证为什么拟建立的全国政府既无法满足自由的要求，也无法满足温和统治的要求。这些理由包括了全国政府无法提供能够有效防止掌权者滥用权力所需的足够的制约力量，整个代表制度的代表性的有限，而且这个政府缺乏诉诸公民利益

---

① Storing, *Complete Anti-Federalist*, Vol.2, pp.109–110.
② Ibid., p.261.

第七章 反联邦党人和公民美德

需求和情感需求的能力。但是,极具讽刺意义的是,他所采用的用以评估宪法拟构建的政府的前景的标准,几乎与普布利乌斯用来批判《邦联条例》之下的州政府的行为所采用的相关原则完全相似。

戈登·伍德则用不同的视角来将反联邦党人和他们的反对者区分开来,他将反联邦党人描述为"'国家是代表了单一同质利益的不可分割的有机体'这一传统认知的狂热捍卫者"①。他试图指出,正如"有机"这个词所暗示的,作为宪法的反对者的反联邦党人,事实上将国家视为一个基本的正义观念深植于自然秩序中的共同体。在这里,伍德事实上提供了一个关于古典共和国,或者是中世纪政体的合理可行的介绍。在古典共和国中,政治权力和物质奖励的分配是根据人与人之间的理性、道德和精神差异水平的"自然"分配状况来确定的。这也同时决定了个体能够以什么样的方式对共同善作出贡献。但是,这样的认知与反联邦党人认为政治合法性源自同意的观点,以及他们对于那些独立、平等和理性的个体所认同的相关原则的理解毫不相干,观点之间完全无法建立任何联系,也无法提供任何的相互支持。

更重要的是,伍德描述的这一特征并不符合反联邦党人在表达他们对于拟通过的宪法最根本的担忧时所使用的论证立场和方式。在反联邦党人看来,拟建立的宪法体系最令人担忧的地方就是政府权力可能的滥用。反联邦党人承认,征税权、军事防卫权和维持内部秩序的警察权"必须要赋予特定的机构"②。换句话说,他们认识到权力对于自由的保有而言是必需的。但是,他们同时也担忧,统治者会滥用这些必要的权力。布鲁图斯直接从自由主

---

① Wood, *The Creation of the American Republic*, p.499.
② 这是联邦农夫的观点,参见 Storing, *Complete Anti-Federalist*, Vol.2, p.232。

义契约论中证明了这种担忧的必要性,他说:"然而,统治者和其他普通人一样有着同样的习性,也很容易以权谋私,很容易伤害和压迫被统治者,就像个体在自然状态中伤害和压迫他人一样。"[1]

布鲁图斯进一步论证,考虑到人类众所周知的秉性——总是会受到自身利益的驱使违背那些本应该获得普遍遵守的法律,所以正是这种(人与人之间相互侵犯的)无法立足的自然状态,或者说情况可能没那么糟糕,只是一种生活充满了各种不便的自然状态,迫使我们必须建立一个有强制力保障的机制来执行有关的行动规则,因为没有这样一套机制的保障,即使这些本身是正义的规则也很难获得良好的遵守。一旦建立了政府,有了统治者,统治者其实也和其他的普通人一样,自利的秉性难改,再考虑到他们被赋予的权力,那么在一个既定的政体中,相较公民之间所形成的相互影响,统治者对于每一个公民的个人自由的影响是一种更大的威胁。如果对于统治者的权力缺乏有效的制约,那么他们很有可能为了追求自身的利益而牺牲其他社会成员的利益。当这种有效制约缺位时,任何有理性的公民都无法相信和保证,统治者不会违背人民对他们的信任,不会导致政治社会的解散。这样一来,一旦公民丧失了自愿服从法律的动机,那么这个社会要么陷入无政府状态,要么就会被置于独裁统治中。

布鲁图斯认为,拟建立的宪法政府无法对统治者形成有效的约束,因此也无法为公民提供足够的保障以激励他们履行自身的守法义务。他在讨论政治权力的必要性和对其的制约时,明确地使用了契约论的论据,这证明布鲁图斯和普布利乌斯之间的分歧是无法用伍德所主张的政体冲突论来解释的。并不仅仅是我们目前提及的这三位(布鲁图斯、卡托和联邦农夫)使用了契约论的论

---

[1] 这一联邦农夫的观点,参见 Storing, *Complete Anti-Federalist*, Vol.2, p.373。

第七章 反联邦党人和公民美德

据。在《肯塔基公报》(Kentucky Gazette)上以"瑞帕布里克斯"(Republicus)为笔名写作的作者也认为,天赋的自由就是一种能够从事所有服从于自我意愿的行动的权利,或者用更直白的语言表达,自由就意味着在理性以及洛克所主张的自然法的约束下,过我想过的、让我快乐的生活。这个里面同时也隐含了享有生命、自由和财产的平等权。这就意味着只要个体对他人的同等权利赋予了同样的尊重,没有任何人或者任何共同体有权剥夺个体的生命、自由和财产权利。而基于人类在一般情况下更多地是受到其激情和欲望而非理性的驱动这一事实,政府的建立成为一种必要,它应该去限制、控制或者说至少试图去抗衡这种激情。基于以上的论述,瑞帕布里克斯并没有提及政府能够有效培育公民美德这一结论,而是认为"政府的存在是对德性和美德的一种替代,政府是为了保护而不是侵害人类的自由而建立的"①。

马萨诸塞州的阿格里帕(Agrippa of Massachusetts)是反联邦党人当中比较独特的一个,他毫无保留地将商业的进步视为衡量和提升一个国家福祉的重要标准和手段,尽管这样的呼吁显得有些无力和徒劳。他认为拟通过的宪法最主要的问题在于它对商业的规制,阻碍了投资和生产力的提升。他认为:"只要商业不受限制,它会自行朝着好的方向发展。因此,我们要非常小心任何有可能对其自我调节能力构成限制和误导的规制行为。"阿格里帕在运用社会契约论的说理来反对拟通过的宪法时,就没有什么特别之处了,只是特别强调了拟通过的宪法没有采取足够的措施来保护地方和个体的利益。他认为宪法的支持者们忽略了是什么样的理性思考敦促人们构建了一个政治社会。他说:"仅仅告诉我们,要求我们应该忽略地方利益,这是完全不可行的,地方或者是个体的

---

① Storing, *Complete Anti-Federalist*, Vol.5, pp.161-162.

美国公民身份的基础:自由主义、宪法与公民美德

利益如果没有得到很好的保护,如何确保全国和整体的利益能够得以实现?人们之所以会进入社会,从来就不是为了促进他人利益的实现,而是为了个人利益。"这种自私的想法只有在另外一种考量和主张之下才有可能有所扭转,这种想法就是:"尽管人类都怀有同样的(自利)观点,但是所有人也都受到同样的限制,必须平等地为促进整体福祉而努力。"①

另外一个同样来自马萨诸塞州的宪法反对者,以"人民的心声"(Vox Populi)自称,以一种嘲弄的口吻表达了同样的观点。一个自称为"审查人"(Examiner)的联邦党人在一份出版物中宣称:"政府起源于嫉妒和猜疑是一种全新的观点。""人民的心声"则反驳他说:"这难道不是和太阳东升西落一样毫无争议吗?到底是什么样的原则能够促使一个理性的人愿意接受政府的统治?……难道不是因为进入一个有政府的状态中所有可能获得的好处吗?或者说至少是他应该预期到能够获得的好处。尽管这些好处其实都是消极层面的。"②对于愿意服从政府的统治的人而言,这些好处无外乎一点,政府是一种对来自他人的伤害的阻断和救济。

反联邦党人当中这种利用经典自由主义契约论的观点来反驳

---

① Storing, *Complete Anti-Federalist*, Vol. 4, pp. 81-82. 虽然阿格里帕(Agrippa)对于自由商业价值的讨论在反联邦党人中间是非常罕见的,但是这确实彰显了试图对反联邦党人进行概念化和一般化的困难所在,尤其是当反联邦党人一般都被视为现代性的恐惧者时。乔伊斯·阿普尔比(Joyce Appleby)已经认识到了这一点,并且宣称:"反联邦党人和联邦党人一样,都很担忧伴随着商业发展所带来的个体在自我完善方面不断扩展的视野所可能带来的后果和影响。"尽管她同时也宣称:"前者并不认为立法能动主义(legislative activism)和私有财产权之间存在着根本性的冲突。"如果不对立法机构能够对市场发展所进行的专门立法限制进行讨论,很难对这个观点进行评估。因此,一种讨巧的说法就是宣称联邦党人和反联邦党人在这个问题上存在着根本的分歧。但是在讨论建国的"首要原则"时,联邦党人和反联邦党人在这个问题上的分歧其实并不那么明显。参见 Joyce Appleby, "The American Heritage: The Heirs and the Disinherited", *The Journal of American History* 74 (December 1987), p.806。

② Storing, *Complete Anti-Federalist*, Vol.4, p.45.

第七章　反联邦党人和公民美德

新宪法的趋向非常普遍。政府很大程度上被视为为保有自然权利服务的工具,自然权利是通过理性发现的,而且如瑞帕布里克斯所言,构成了自然法的一个不可分割的部分。尽管反联邦党人对政府角色施加了各种各样的限制和制约,但是我们并不能因此就将他们视为我们在自由主义理论的讽刺漫画中所描述的那种激进的个人主义者。但是,这恰恰表明,反联邦党人所持的政府建立的首要原则是完全不同于古典共和主义那种认为"人是天生的政治动物"的观点的。尽管他们所倡导的各项制度以及实践很多都完全符合共和主义的立场,完全可以用共和主义的观点进行捍卫(比如,增加议会机构中的代表总数,这样就能够为更多的人提供担任公职的机会,进而发展他们的个人才华和公共精神),但是他们似乎并没有这么做。对于这些反联邦党人而言,人虽然是一种社会动物,但是这种社会本性不是在政治论坛中,而是在其他地方得以最好地彰显和淋漓尽致地表达。

小型政体的优越性(一):忠诚与利益

尽管在政府建立的首要原则上,联邦党人和反联邦人观点基本上一致,但是不能因此忽略了两者重要的政治分歧。尤其是反联邦党人对于小国家和小选区的维护与普布利乌斯对大型联邦共和国的倡导的冲突是如此的明显,这就很好地解释了两者的分歧。这一分歧的明显程度足以证明,即使这一分歧不是源自像根本的意识形态这样深层的差异,那么也是源自不同的关于合法政府的先决条件的非常成熟的理念。

针对反联邦党人关于独立的州的社会和政治结构的特征描述以及他们的一些社会学分析,普布利乌斯主要有两大主要的反对意见。首先，普布利乌斯认为反联邦党人夸大了同一个州内的同质性。普布利乌斯已经注意到，其实在大型的州内部，比如像弗吉尼亚和马萨诸塞，地区和经济的多元性已经非常接近州与州之间的差异。更重要的是，美国境内所有的州，无论是在版图范围还是在人口上都已经远远超越古典共和城邦，而且即使是古典共和城邦也并非是稳定、和平的政体的典范。其次，普布利乌斯认为，反联邦党人夸大了拟建立的新政府权力滥用的危险。仅仅因为中央政府的权力扩张就由此推导出权力被滥用的风险也随之相应增加，这种看法是缺乏理性基础的。事实上，普布利乌斯提供了大量的理由来阐释他们与反联邦党人完全对立的看法。

普布利乌斯很清楚，如果他能够说服读者们接受他的理念，那么他就有效破坏了反联邦主义反对宪法的原则立场的中心支柱。如果我们接受布鲁图斯、卡托和其他人的明确主张，即政府存立的目的在于保护生命、自由和财产，那么我们就可以认为他们之所以要捍卫《邦联条例》之下更为松散的政府形式，是因为那样的政府形式更有助于这些目标的实现。但是，如果真要做到这一点，有赖于州内的社会结构和政治稳定之间存在一种理想的关系模式。如果普布利乌斯可以证明州并不满足反联邦党人所主张的稳定所需的各项社会要件(当中包括社会的同质性和利益的一致性)或者能够证明这些社会要件标准对于稳定而言并不是必要的条件，那么他论述的关键部分就基本上已经成立，足以否定反联邦党人的核心政治主张。事实上，普布利乌斯在这两个方面确实都做到了成功的论述，因为他发现了反联邦党人在国家与社会关系的理论上的弱点所在。

布鲁图斯以区分权威政府和暴力统治为起点来批判联合政府。任何没有能力培育公民自觉认同其权威的政府，为了确保其

第七章 反联邦党人和公民美德

政令的畅通、法令的执行,必然要依靠强制力来维系其统治。因此,布鲁图斯写道:"人民守法的动机要么来自对政府的热爱,要么来自对政府的恐惧。"没有人民的热爱,政府就会变得"软弱无力和低效",这个时候的统治就会越来越多地依靠强制①。与此同时,卡托首先引用了孟德斯鸠的说法:"政治自由深植于安全中,或者至少是存在于一种心境的平安状态——安全感当中",然后他接着论述:"只有那种对其人民保有充分信心的自我节制型政府才有可能确保这种安全,提供这种安全感。"②不节制的、暴虐型的政府是无法在人民当中培育自觉守法的意愿的,对于布鲁图斯而言,这个时候的政府统治就变成了建立在恐惧基础上的非法统治,或者陷入无政府状态。

只有在如卡托所主张的前提下,即政府的自我节制和温和度很大程度上是与它的疆域范围相关③,以上的观点才能构成对于联合政府的有效反对意见,这很明显是反联邦党人的主张所在。联邦农夫在举例证明这一点的同时写道:"自由政府的法律很难将其影响扩展到过于遥远的范围,因为这些法律最终在极端情境下都要依照恐惧和暴力的原则予以执行。"④其实,需要一定程度的自我牺牲(几乎所有法律都有这个特点)的规则的有效性与其所适用的共同体的疆域范围之间具有了某种关联,这个观点在逻辑上是完全畅通的,也不是什么罕见的观点⑤。对于反联邦党人而言,

---

① Storing, *Complete Anti-Federalist*, Vol.2, pp.370-371.
② Ibid., p.111.
③ Ibid.
④ Ibid., p.231.
⑤ 疆域范围的问题是有关公共产品问题的经济分析的核心。参见 Mancur Olson, *The Logic of Collective Action: Public Goods and the Theory of Groups* (Cambridge, Mass.: Harvard University Press, 1971),尤其是第二章。孟德斯鸠是建国时期这一理论的主要阐释者。

美国公民身份的基础：自由主义、宪法与公民美德

需要证明的问题是，小的疆域范围是促进法律得以有效遵守的必要条件，同时证明，目前的州满足这一疆域范围的要求。在这个基础上，他们就可以主张州政府有能力避免那种联邦政府很容易陷入的衰落循环中。

布鲁图斯、卡托和联邦农夫所主张的这些观点不论是自身内部还是彼此之间其实都存在着诸多不一致的地方。尽管具体的观点描述有差异，但是由于存在一些共享的方法，因此可以将这些观点总体分为两类。这三者在宣称州更擅长于培育公民的认同感的时候，都认为州相较全国政府有两种可有效利用的资源。一个就是理性资源，另外一个就是自然情感或者说原生情感资源。所谓理性资源，就是那种经过审慎考虑所产生的情感，在这里指称的是只有在小的州中生活的公民才有信心相信，政治机构和制度会按照能够有效促进社会繁荣，同时不对他们的权利构成侵害的方式构建。后一种资源则并不是依据特定的政治理论可以解释的，而是从一种集体联系的心理学观念中产生的。后一种资源就是那种被认为能够在有着相同习惯、情感和利益的人之间自然产生的，并将他们彼此有效融合的纽带和联系①。

为了彰显这些资源是如何培育了一种对于州政府的忠诚感，从而构成反对联合政府的理由，最有效的方法就是聚焦一项反联邦党人针对联邦党人所提出的、也是最根本的制度性批判——所谓宪法代表制度的缺陷。聚焦一项制度性批判的有益之处在于能够让我们区分反联邦党人观点中的修饰部分和实质部分。因为这样的批判，相较那些彰显了反联邦党人文献弱势的"腐败""渴望权力的贵族"这些一般性的口号宣称而言，在理论阐释的视角，具有更高的清晰度。这一制度性聚焦使我们发现，反联邦党人在分析

---

① 这一布鲁图斯的论述，参见 Storing, *Complete Anti-Federalist*, Vol.2, p.369.

第七章　反联邦党人和公民美德

国家与社会关系时,似乎受到了公民人文主义的重大影响,但事实并非如此,而是从根本上悖离了这一传统。

反联邦党人通过阐述大量的理由对宪法设定的代表制度进行批判,这其中有两点是直接与忠诚问题相关的。他们指责宪法设定的代表制度:首先,在国家议会中议员的人数太少从而无法有效代表美国社会利益的多元性;其次,伴随着代表和被代表者之间距离的疏远,公众对于政府的信心也呈现相应比例的降低。反联邦党人同时在社会和地理的意义上使用"距离"这个概念,并且指出,无论在哪个意义上,宪法拟创建的政府都与民众"距离过大",从而无法在民众当中培育对它有效的支持。

第一项指责如果要成立,反联邦党人必须对美国社会进行特征化描述。谁将被代表和如何代表这两个问题一样重要。由于"社会"这个概念的模糊性,使得对这两个问题的相互关系进行专门的讨论成为一件非常复杂的事情。有关社会的解读是如此之丰厚,这其中也包括了共和主义的解读。联邦农夫在开始讨论代表制度时,提供了一套社会理论作为论述前提。他认为社会是由两大主要的阶层所构成的,这使我们想到了传统的混合政府的理论。一个阶层就是"天生的贵族",主要由大型财产的所有者、高级官员和"杰出的专业人士"构成。另外一个阶层则是"天生的民众",主要由下属的官员、专业人士、技术人员、商人、小工商业者以及普通公民构成[①]。他认为这两个阶层存在着根本的不同,这同时也使得他们将对政体的善作出不同的贡献。他采纳了混合政府的基本理念,要努力在这两个对公权力享有平等的请求权的阶层之间实现一种平衡。他认为,代表制度的价值在于:"在立法过程中统合、

---

① Storing, *Complete Anti-Federalist*, Vol.2, p.267.

平衡不同阶层的利益、情感、观点和认知。"①

这种混合政府理论很快就被抛弃了,因为联邦农夫怀疑这种理论对美国土壤的适用性。这种怀疑在他修正自身的阶层划分理论时表现了出来。他在之前自己所划分的两大阶层之间加入了另外一些类别的公民,认为这些公民跨越了他自己之前的阶层划分,而且与之前的阶层存在着不和谐的利益诉求,这种不和谐完全不亚于麦迪逊口中党争的利益冲突。

> 不仅仅这两大阶层的努力有待平衡,还有其他的利益和阶层、党派需要平衡,其他的这些阶层和党派不仅仅会因为对于权力的渴求而互相压制,同时也会因为对于对方掌权的恐惧而相互压迫……在他们看来,商人凭借一己之力就能够制定有利于自身的法律,同时对农场主构成压迫,而如果条件允许,农场主也会按照同样的原则行事,以牙还牙,以眼还眼;商人会对土地征税,而农场主一旦有权将对贸易征税。②

基于联邦农夫这种对社会基本单位的理解,那么他的代表理论所引发的结论必然如下:如果我们认为所有的社会阶层都应该在国家权力行使的过程中获得充分的代表,同时我们对任何阶层中的公民能够大公无私地履行公务的能力都深表怀疑的话(这种怀疑会让我们认定:每个代表只能有偏好性地代表自己的阶层,而无法无私地代表其他阶层),那么解决以上疑问的唯一方法就是,代表所构成的议会机构必须(足够大从而可以)全面地再现整个社会的利益结构。这事实上就是联邦农夫所得出的结论。他主张:"在社会的任何阶段,在任何的公共议程中……如果一个社会阶层

---

① Storing, *Complete Anti-Federalist*, Vol.2, p.268.
② Ibid., pp.267-268.

第七章 反联邦党人和公民美德

在政府中没有自己的利益代言人和守护者,为他们争取所得、防止损失,那么(在政治议程中)他们注定是要被无辜地牺牲掉的。"①

这种将代表制度视为保护利益的手段的观点在反联邦党人的作品中广泛流传,并且获得了著名的弗吉尼亚人理查德·亨利·李(Richard Henry Lee)的响应,李在反联邦党人思想中甚至显示了非常明确的反多数的趋向②。李主张说,众议院的代表人数太少,从而使得多数派的汇集非常地容易。因此,"简单多数很容易被强大的利益动机诱惑,从而伤害和压迫共同体中的少数派"③。

很讽刺的地方在于,李对扩大众议院规模的意见,和麦迪逊极力捍卫的扩大选区的观点非常地相似。两者都认为这样做的好处在于能够使得多数派聚集更为困难,从而确保权力能够有效地行使。但是,值得注意的是,尽管普布利乌斯对人类受利益驱使这一点抱有同样悲观的态度,但是却没有陷入和李同样的结论,普布利乌斯对于政治心理有着更为复杂的理解。这种理解的复杂性使他相信,公正统治的态度和能力完全有可能通过后天的培养实现,至少对于宪法批准后即将掌权美国政治的这批人,是完全有可能通过后天培养确保他们勤勉尽责的。

对普布利乌斯这一乐观论点的不认同,为反联邦党人反对宪

---

① Storing, *Complete Anti-Federalist*, Vol.2, p.268. 另可参见卡托的观点,Storing, *Complete Anti-Federalist*, Vol.2, p.119。

② 李(Lee)被视为在新英格兰地区以"联邦农夫"为笔名发表的很多同时期的新闻文章的作者。但是,最近有很多学者根据文章的写作风格和内容都在质疑这一消息来源。参见本书第253页注释①。

③ Storing, *Complete Anti-Federalist*, Vol.5, pp.117-118.来自马里兰的农夫也表达过这种反多数决的观点,他认为"个体权利常常受到多数人利益明显的压迫"。之所以会提出这样的观点,是因为他希望能够颁布一部《权利法案》来对权利实施充分的保障。正是由于多数人这种压迫少数人的倾向存在,所以民主政府需要建立像《权利法案》所倡导的那样保护机制。参见 Storing, *Complete Anti-Federalist*, Vol.5, p.15。

美国公民身份的基础：自由主义、宪法与公民美德

法提供了丰富的实践和理论论据。前面提到的第一点反对理由被反复提及，而且被认为是强有力的主张，即国家立法机构的代表人数太有限，从而无法在其构成上真正与人民构成的人口参数相契合。如果立法机构无法确保其代表"涵盖了所有的社会阶层，包括农场主、商人、技术工人"以及其他的职业团体，那么立法者就无法深入了解人民的需求和利益，同时也无法"正确把握并极富热情地促进他们的繁荣"[1]。在此基础上，布鲁图斯和联邦农夫进一步地主张，这种对于人民需求的熟悉程度和热情只有在州和地方政府的层面才有可能出现。

反联邦党人认为，无法平等地代表所有人民利益的政府是不正义的[2]。他们同时也注意到，这样的政府很有可能是不稳定的。它既无力确保统治者忠于职守，也无力确保其公民的忠诚。当然，事实上这两者之间，前者是后者的必要条件，你不能指望公民会忠诚于一个其统治者可以任意违背社会契约条款的政府。但是，这不是一个充要条件，即使统治者做到了遵守社会契约的合作规则，还需要进一步地追问另外两个问题才合理：统治者应该忠实于什么样的合作规则？为什么这些规则能够培育公民的忠诚感和美德？

有关正义原则和公民公正地行动的倾向的相互关系，反联邦党人和普布利乌斯的理解有大量的重合之处。事实上，为了向其反对者保证，在拟通过的宪法之下，各州依旧能够保有持续的生命力，普布利乌斯在这个问题上借鉴了反联邦党人表达中最为常见的一个观点。这个观点就是，州的主权不仅仅能够获得宪法条款

---

[1] 这是布鲁图斯的观点，参见 Storing, *Complete Anti-Federalist*, Vol.2, p.380。
[2] 分别参见布鲁图斯(Storing, *Complete Anti-Federalist*, Vol.2, p.380)和联邦农夫(Storing, *Complete Anti-Federalist*, Vol.2, p.224)的论述。

第七章 反联邦党人和公民美德

的保障,更重要的是州所具有的那种能够对其公民情感的主导能力也是其主权的重要保障力量。这一观点的理性基础在于,相较全国性的政府,州政府管辖的事务与公民个人的权利保障和繁荣推进之间有着更为显著的联系。联邦农夫下面这一段表达中就隐含了这样的观点:"在混合体制的共和国中,公共事务的细节管理更多地依靠地方政府;如果没有地方政府,人民的状况将变得极为糟糕;社会幸福很大程度上是依赖(地方)内部的司法权和内部的警察权来实现的。"①他进一步主张,由这些机构所提供的公共产品——对于权利的保障和公共产品的供给——才是人民幸福的真正原因所在,并不是"王室的荣耀"或者是"政府的权力"构成了人民的幸福感。他同时呼应了普布利乌斯的另外一个主张,即良好行政的国家是最好的国家,行政管理的有效性在判断国家的好坏问题上优先于政府形式的考量。

> 我对联邦始终如一的归属感(因为我认识到某种形式的国家联合是必要的),以及通过保护财产权以及法律的稳定执行所获取的利益将会使你相信,如果说我存在特定的偏见的话,这个偏见就是对作出类似承诺的普遍政府体制的偏好……充满智慧和诚信的行政管理,无论其政府形式如何,都能够带给人们快乐;能够提供这些对于快乐而言的必需品这一优势,甚至可以解释为什么我们会对邪恶的、轻率的、野心勃勃之人的权力滥用保持一种开放心态。②

联邦农夫将警察权的行使视为其良好行政理念中最为核心的概念,但是对于警察权的重视并不代表他不重视国家提供的其他

---

① Storing, *Complete Anti-Federalist*, Vol.2, p.339.
② Ibid., pp.224 and 234.

美国公民身份的基础：自由主义、宪法与公民美德

公共产品和善。对这些产品和善的理解和阐释中，毫无疑问，包括了某种共和主义的理念，这种理念认识到公共参与所固有的一项价值，那就是对个人能力的发展。尽管是否提供这项公共产品并不构成对政府进行评价的基本标准。联邦农夫并没有主张代表制度的功能在于能够完善个人才华，也并不认为按照古典传统这是一项必须提供的公共产品。通过公共参与来完善自身并不是所有有能力知晓自己的才华和善的公民都会追求的，相应的，也就不能说，缺乏对参与的欲望就代表了个人品质的某种缺陷。

联邦农夫有关自由政府的理念在以下问题上给予了我们完全不同的认知：公民应该追求什么，政府角色与公民的这些欲望之间的关系，这种政府角色与公民忠诚感之间的相互关系。"在自由政府中，是人民或者是他们的代表负责制定法律；法律的执行完全依赖人民的同意和自愿促进；人民在自由追求个体目标的同时，他们也尊重行政长官的治理，为此他们能够充分享有自己的劳动果实，而只需要从中分享很小的一部分以承担公共义务。"① 这个反联邦党人也充分注意到了搭便车的问题，他认识到，如果不应对搭便车的问题，就会导致毫无限制地追求私人目标，进而带来影响社会稳定的后果。在一篇描述公民及其统治者动机的文章中，他指出："如果经过合理的计算，一个人能够从压迫他人的过程中相较其付出的成本，获利更多，那么他肯定会更有兴趣采取这种压迫的方法。"② 但是，如果公民意识到政府的构建是有利于其利益的实现，并有利于提升其幸福感的，那么一种自觉遵守法律的普遍倾向就会出现。更重要的是，这种"利益感"（opinion of interest）在很多情况下是足够强大的，足以对抗和推翻那种与生俱来的、狭隘的利

---

① Storing, *Complete Anti-Federalist*, Vol.2, p.264.
② Ibid., p.279.

第七章 反联邦党人和公民美德

己主义的背叛倾向。

反联邦党人对于联合政府的批判的脆弱性在普布利乌斯的双面夹击中显现出来。宪法的反对者很大程度是依赖在州的特定特征与合法政府之间建立特定联系来支撑其观点的。其中州经常用来主张自身和全国政府的区别的特征就在于,在其境内民情、习俗和情感的相似性。但是,当联邦农夫和布鲁图斯在一般意义上讨论社会本质时,他们却强调了社会的多元性和其内部所充斥的各种相互对抗的利益。而他们所讨论的利益,主要是按照职业群体划分的利益差别,包括大资产阶级、小工商业者、农场主、专业人士和其他从业者,这种利益划分在所有的复杂社会都有可能存在。因此,这种利益对抗不仅仅会在州与州之间出现,即使是在独立的州内部本身也会存在。

另外,认为政府的大众支持状况取决于它是否有能力唤起民众建立在理性判断基础上的情感的观点,事实上也从政治理论角度削弱了对于小型共和国的捍卫。反联邦党人为了利用这一观点支持自身的立场,他们放弃了将其论述建立在小型的州所固有的任何优点(就像公民人文主义理论上所提供的论据那样)基础上的论述路径,而是更多地依赖有关于公民和公职人员的行动趋向,培育支持国家倾向的必要条件的一般经验性概括来论述其观点。这就使得他们的主张中并不存在任何专门针对联合政府的清晰的理论反驳。因为无论是对于反联邦党人,还是对于普布利乌斯,对于政府正当性最有效的证成都是政府有能力在一个合法的框架下确保公民对于财产和快乐的充分追求。在这个层面上,联合政府完全可以主张,在践行提供这样的法律框架并确保公民对财产和快乐的追求的职能方面,它的能力从来不亚于独立的州。

其他试图去捍卫小型州的理论其实也都不是很站得住脚。反

美国公民身份的基础：自由主义、宪法与公民美德

联邦党人指出：首先，公民对于政府的信心与自身和权力中心的距离之间呈现正比例关系；其次，州的规模事实上确立了能够有效建立公民与政府忠诚关系可接受距离的极限所在。这些观点事实上都建立在一个假设前提基础上，即对于政府的信任只能建立在一个排他的基础之上——代表和被代表者之间的亲密度和熟悉度。反联邦党人提出这样的观点主要是为了驳斥和否定公民还有可能基于其他原因而对其统治者产生信心的观点（比如按照伯克式的观点，基于传统就能够产生对统治者的信心，统治者和公民之间是依靠数代共享的习惯和实践紧密联系在一起的），或者是反对另外一种观点，即基于一种对于贤能政治的信仰，相信那些适格的统治者一定能够带来良好的统治。总之，反联邦党人试图去否定普布利乌斯强调的所有有可能构建公民对政府的信心的其他基础。

布鲁图斯试图去将联合政府由于社会和地理距离的扩大所可能产生的影响描述为政府权力发展到极端的暴力政府或者无政府状态，无论是哪种形式，都将不可避免地导致对"自由完全的损毁"[1]。这些可怕的后果都源于选区的扩大，扩大选区有利于作为"天生的贵族"的成员的选举，但是其实他们和任何特定利益群体的成员一样，是无法为共同体中多元的利益代言的。宪法中这种"大选区，但是有限代表"的设置是无法实现代表制"充分且公允"地履行代表义务的目标的，也就无法为美国社会所有阶层的公民提供对政府形成牢固公众信任的合理基础[2]。

布鲁图斯进一步主张，当代表制计划获得充分和公允的落实时，"那些被委托履行政府权力的代表将和其人民休戚与共，唇齿

---

[1] Storing, *Complete Anti-Federalist*, Vol.2, p.385.
[2] Ibid., p.384.

第七章 反联邦党人和公民美德

相依,致力于追求那些赋予其权威的人民所追求的目标"①。他从中所得出的结论与联邦农夫所得出的结论非常的相似。为此,代表的集合就应该与社会中根据职业所划分的利益群体的统计样本的构成完全一致。唯有如此,选举官员才会充分考量全体公民的利益,公民才有充分的理由信任政府。

对于布鲁图斯而言,如果无法建立人民对其政府的信心,那就将迎来它的反面的情绪——怀疑、猜疑或嫉妒。政府与被统治者之间不断加大的距离引发的最直接结果就是怀疑的产生。这种怀疑感会伴随着联合政府与人民距离的不断拉大而与日俱增。在当下宪法构建的政府之下,人民并不会把代表视为他们当中的一部分,而是视其为追求独立利益的完全不同的部分,这就导致了统治者与被统治者相互之间产生了一种永远的猜疑和嫉妒②。当一个人必须依赖一个陌生人来担任其利益的信托人、代理人时,那么猜疑和嫉妒就必然产生。

> 如果即将雇佣的人是自己非常熟悉的邻居,从而使得雇佣者对他的诚实和忠诚毫无怀疑,而且他们之间情感的真诚度和他服务于委托事项的热情也毋庸置疑的话,那么作为雇佣者的委托人就会带着毫无保留的信任将自己的事情交付到这个他所熟悉的受托人手上……但是,如果雇佣的是一个陌生人,一个从来没有见过的陌生人,对于对方的办事能力和德性完全无法判断……那么委托人在委托对方相关事项的时候就会有所保留,而且时刻都对受托人的行动保持警惕。③

---

① Storing, *Complete Anti-Federalist*, Vol.2, pp.382-383.
② Ibid., Vol.2, p.385.
③ Ibid.

美国公民身份的基础:自由主义、宪法与公民美德

布鲁图斯将这种对于一般受托人关系的理解适用到了对宪法的代表制度相关问题的思考当中,他指出,对于国家的大多数居民而言,"他们所能够直接选举的人当中没有人是和他们距离很近,或者是他们的邻居,或者在生活中和他们同属一个阶层的,因此没有一个人能够让他们觉得,将自己的利益交到他的手中是完全可以信赖的"①。一旦公民没有了这种对代表的信任,就会丧失自觉守法的大量动机,他们将完全从心所欲地行动,这个时候暴政或者是无政府状态就会成为不可避免的结果。

布鲁图斯的立场已经非常清楚了。朋友比陌生人更适合担任代理人,因为更有理由相信朋友不会将自身的利益置于所获得的权力之上。亲密感和熟悉感有助于产生一种守法的意愿不仅仅是因为公民对于起草法律之人有天然的亲切感,而且还因为他们有足够的信心相信他们作为代表会勤勉尽责地推进选民利益的实现。由于代表制度的全面和公允,代表们和当地选民非常地熟悉,而且与他们同呼吸共命运,因此他们更容易勤勉尽责地履行代表职责,充满热情和态度端正地推进选民繁荣未来的实现。这种热情同时会伴生公民一种积极的情感,即对于那些有助于自身目标达成的事物所产生的积极的情感,这种积极的情感将以对政府的忠诚和成为好公民的意愿表现出来。

从布鲁图斯对于联合政府的批判中,我们完全可以总结出一套有关于政治忠诚的理论,这套理论在很多根本性的考量方面与普布利乌斯有很强的相似之处。两者都认为,做一个好公民的意愿是稳定的政府统治的必要条件,因此他们都拒绝接受仅仅依靠制度性、机制性的制约与平衡就足以实现稳定的政府统治目标的观点。同时,虽然没有明确表达,但是他们都认为,这种做好公民

---

① Storing, *Complete Anti-Federalist*, Vol.2, p.385.

第七章　反联邦党人和公民美德

的意愿只有在"支持政府并不意味着必然的自我忽视、自我舍弃"这一观念被广泛接受之后才有可能出现。尽管两者都注意到稳定自由的民主运行需要依靠公民对于公共秩序作出应有的贡献，即便这种贡献本身是可以避免的，但是，在两者所使用的"公民美德"的概念中都没有表达出对英雄式的或者说圣人式的自我牺牲的丝毫的附议。无论是以积极还是以消极方式对公共秩序作贡献的倾向，在以极其狭隘的方式所展开的理性计算面前都显得不堪一击、脆弱无比，但是只要公民有足够的理由相信他们的利益将在一个稳定的法律秩序中得以留存和促进时，这种倾向和意愿还是更容易出现的。

无论是反联邦党人还是普布利乌斯都认为，如果要对公民和公职人员狭隘的利己主义构成有效的约束，除了这种"利益观"的存在，还需要其他认知进行补充。至于哪些认知构成有效的补充，两者就发生了根本性的冲突。我前面已经提到了，普布利乌斯将公民的"履行义务的习惯感"（汉密尔顿所言）和统治者交互借助理性和非理性手段进行统治视为确保政府稳定的必需品。这两者有效地填补了公民两种矛盾心理之间的巨大裂痕。这对矛盾心理是：公民一方面认同政府优势；另一方面因为狭隘的自利不想承担任何维系政府的义务，想要将义务完全转嫁他人。而对于反联邦党人而言，仁爱发挥了同样重要的作用，尽管在我看来，他们这样的论述其实承担了自身理论前后不一致的巨大成本。

小型政体的优越性（二）：忠诚与仁爱

卡托秉持了与布鲁图斯和联邦农夫一样的自由主义的政府价值观和社会利益群体划分的观念，但是他围绕宪法所展开的批判中,更多地是将拟通过的宪法所存在的问题归结于没有认识到天生的仁爱的重要性。他主张人类的情感是呈现出一种差序层次(a circle-of-affections)的,因此联邦党人对于大型共和国的倡导忽略了"那些真正将人们凝聚在一起的本能性的意向",从而导致了政体天生的不稳定①。"这种本能性的意向确实就在现实中发挥着作用,就像在平静的湖面扔进了一颗鹅卵石,从中心位置慢慢晕开一个个圆圈,越靠近中心位置的晕圈虽然小,但是表现得积极而有力,随着距离中心位置越来越远,所生成的晕圈将慢慢失去其原有的力量并最终归于平静。"②他事实上想以此来隐喻,作为同一个州的成员(在那里相互的熟悉感、习惯和命运的联系培育了共同体的情感和归属感)之间归属感的衰退,和同一个民族国家成员(对此我们除了知道我们共享同一个国家名称之外,我们似乎没有其他更多的认知)之间归属感的衰退,并不是程度上的差异,而是不同性质的变化③。"是否有足够的理由相信,佐治亚州的居民或者是新罕布什尔州的居民,对于(不属于同一个州的)你会承担跟你自己一样的义务?他们会像你一样带着同样的归属感,同样重视对你的生命、自由和财产的管理?直觉告诉我们,答案应该是否定的。"④

卡托这种论述的路径完全是直觉式的论述路径。他对于在为分辨州的归属和国家的归属之间的相似性和差异方面提供严谨的识别标准并不感兴趣。考虑这些政治游说著作在处理棘手的哲学问题时所表现出来的一贯的不严密性,卡托的论证思路并不令人惊讶。但是,卡托所考虑的问题还是非常重要的。如果人类类似

---

① Storing, *Complete Anti-Federalist*, Vol.2, p.112.
② Ibid.
③ Ibid.
④ Ibid.

第七章 反联邦党人和公民美德

的仁爱即使延伸到国家层面依旧没有消失,那么卡托这种对于州和国家所作的区分其实根本就不存在。但是如果基于这种仁爱而产生的联系过于孱弱,根本无法在类似于由不同的州所组成的地域规模的社会单元当中发挥有效的作用,那么卡托的政治理论就获得了一贯性,他的情感差序理论就被证成了,不过这个时候具有更大的复杂性。这就从根本上否定了借助仁爱去建立国家与人民之间有效联系的可行性。因为仁爱似乎只有在那种面对面的联系可能发生的小型地域中才有可能建立成员之间的有效联系。

卡托认为,仁爱(按照他的定义,指人与人之间因为熟悉感而滋生的友谊和信任的纽带)能够在州这样的广阔范围内为人民忠诚和公职人员的勤勉尽责提供有效的动机。与卡托同时期的相关认知联系起来,这似乎是一个比较矛盾的观点。因为他假设无论政府形式如何,所有政府的统治者都会"滋生与被统治者完全不同的利益诉求,这会导致统治者试图去奴役被统治者"[1]。为此,他认为首先应该在选民当中建立对于统治者的"不信任原则",其次,应该在宪法中设定明确的权力障碍。"正是因为认识到了这一措施的需求的急迫性,人们才有意愿参与到政治社会中。"[2]

卡托这些观点的有效性建立在关于权力倾向所谓的永恒真理(即权力有滥用的本能)基础上。卡托并没有试图主张,这种为防止权力滥用而设置的不信任的态度和宪法限制在那些能够通过仁爱建立有效联系的特定地域疆域内(比任何州的规模都要小的范围)是完全没有必要的。事实上,反联邦党人针对宪法所展开的批判中最负盛名的就是,宪法没有提供那些州认为的、对保有自

---

[1] Storing, *Complete Anti-Federalist*, Vol.2, p.125.
[2] Ibid., pp.125 and 117.

由而言必要的制约措施。这其中最重要的就是缺乏一部《权利法案》。

卡托认为态度性和制度性的要求对于保有正义的自由主义契约原则而言同等重要，这在一定程度上彰显了有关正义与仁爱之间相互关系的休谟式理解。事实上，仁爱终结的地方就是正义（制度）出现的地方。因此，在家庭或者是其他小型的共同体中，正义制度是不需要的，因为在这些领域人们对共同体中其他人福祉的关怀是非常强烈的，甚至超越了那种试图去侵害他人的倾向，即使从这个伤害行为中自己能够获益更多。尽管如此，卡托希望正义制度和仁爱同时发挥作用，而不是处于非此即彼的状态。为此，他同时也表达了更为慷慨的"哈奇森式"的观念，认为人类这种原生的、仁爱式的情感不仅仅是在家庭或者是邻里之间的行动动机，即使在更广泛的政治共同体中，它也能够成为有效的行动动机。但是，卡托的思想论述确实有些不寻常，一方面认为仁爱能够帮助培育公民之间的友谊和相互信任感，另一方面却认为那些有资格代表其同代人的公民并不值得被信任（从而客观上否定了这些代表的仁爱的存在和价值）。

如果采取下面的思路进行论证，有可能使卡托针对联合政府的批判在逻辑上恢复一些连贯性。为了前后保持统一，卡托其实没有必要指出，在那些仁爱超越自利的州，设定的宪法限制被证明是完全没有必要的。他只需要指出，仁爱和自利这些动机之间一旦达成了一种平衡，那么拒绝不公平地给他人带来不便的倾向或者拒绝不公平地压迫他人的倾向就会出现。然而，尽管这种平衡具有一般性，但是并不能保证这种平衡总是能够出现。所以当仁爱的情感被急迫的个人诱惑所超越、所打败时，宪法性的制约与平衡措施就应该出场了。因此，即使在家庭当中，同时重视仁爱和以

第七章 反联邦党人和公民美德

制裁为保障的合作制度的运行之间并不存在任何的冲突和不一致的地方,这能够让个体行动之前认真衡量自己行动的成本和收益。事实上,这样的规则(如分配家务的规则)在家庭当中是非常常见的,尽管在家庭中每个人都非常地关心彼此的福祉所在。

如果大致地浏览,这样的论述会被认为是合理的。但是,依旧无法有效回应那些针对卡托的批评,这些批评主要是围绕卡托论述联合政府存在问题时提出的情感差序理论展开的。麦迪逊在《联邦党人文集》第五十五篇中陈述了其中一种批评意见,他拒绝接受"选区的规模或者是政体的规模与践行美德的趋向之间存在任何必然的联系"的观点。他在文章中写道:"没有什么比把我们的政治考量建立在算数原理上显得更为荒谬的事情了。"① 很显然,卡托(布鲁图斯也是一样的,他试图将"亲密的熟悉感"作为建立对政府信心的资源)想要试图说明,特定情境之下,量变引起质变啊,数量上的改变能够转化为质上的差异。当然,他的政治考量建立在对于人类经验最基本的和最直观认知的事实基础上——考虑的是那些真正能将人类联系在一起的纽带,而不是建立在简单的数人头计算政体规模的算数基础上。但是即使试图对卡托观点的一致性做最大限度的解读,依旧无法帮助我们确定这一论点。他无法用一种如他所愿的清晰模式来陈述区分对州和对全国政府的情感的标准。

可能对于卡托的观点论述而言,存在的更大漏洞还在于,按照他所论述的情感差序论的逻辑,如果一个正义的州政府或者是全国政府想要存续下去,就不能仅仅依靠仁爱的情感,而是需要借助其他约束原则。但是,按照卡托所言,如果伴随着人际交往的规律性的减弱,仁爱也会随之消失,那么即使政府的代表计划完全地按

---

① *Federalist*, 55, p.342.

照反联邦党人的标准全面和公允地得到执行,我们依旧会遇到相应的问题。事实上,在这样的情况下,我们有理由相信,反联邦党人最大的担忧,即立法者的意志会让他们产生独立于人民的利益诉求,将得到一定程度的缓解。每年定期的选举、轮流执政、弹劾程序以及其他制度有效地确保了立法者唯一愿意遵守而且也只能遵守的行动目的就是推动其选民目标的实现。同时我们也有理由相信,如果特定地区的成员都共享相似的利益诉求,在这样(利益同一而非多元)的语境之下,仁爱在确保代表忠实履行对选民的责任上将必然发挥很明显的作用。但是,不足之处在于,卡托的理论中没有解释这些代表在一个需要去协调各种冲突利益的立法机构中是如何发挥作用的,以及他们是如何公平地分配公共产品的成本的。

针对以上问题,有一点推测应该是合理的,如果代表和选民之间存在私交、相互熟悉,仁爱会有效推动代表试图把社会合作中所产生的成本转嫁给州当中不是其选民的其他部分的陌生人,以这样的方式促进选民目标的实现。这一观点汉密尔顿在《联邦党人文集》第十五篇中就有所表达,汉密尔顿认为,人类这种对于地方事务和对象的天然"偏爱"可能导致不正义的出现。因为这种偏爱会鼓励对地方权力和利益损失的抵制,即使这种损失是完全符合正义标准的。很显然,如果汉密尔顿的批判确实有意义,那么除了仁爱,还需要其他东西来解释,为什么对于立法者而言,即使他并不认识当事人本身,依旧愿意守护这些陌生人的权利和利益。那么这个时候为了证成反联邦党人的观点,这些"其他东西"是否也依旧依赖政体的规模而存在,从而能够以此作为批判联合政府的重要立场?如果要回应这一问题,显然就要以一种完全不同于卡托和布鲁图斯所持的情感差序论的论点来予以捍卫了。

第七章 反联邦党人和公民美德

布鲁图斯、卡托、联邦农夫和弱共和主义

对于反联邦党人论点的重组和批判展现了一个事实,那就是试图以伍德口中对"机制性工具"(mechanical devices)或者是"道德再生"(moral regeneration)的偏好,或者是波考克口中的自利对抗美德的偏好为标准来区分联邦党人和反联邦党人,这将面临巨大的困难。这里既没有任何令人信服的哲学理性基础证明这是两种非此即彼、存在对立性的选择,也没有任何文本证据表明在围绕宪法批准展开的辩论中,参加者将这二者对立了起来,恰恰相反,无论是联邦党人还是反联邦党人都同样看重制度和美德对共和国的价值。在反联邦党人当中,像帕特里克·亨利那样批判联邦党人对于公职人员,甚至公民所保有的美德存有一种过度幼稚的信心,是极其普遍的现象(这事实上体现了反联邦党人对于人性的消极评价和对制度制约的看重)①。相反,普布利乌斯也同时在很多场合承认,对于共和国的持续发展而言,美德的存在举足轻重,而且他也宣称他对公民具有足够程度的美德信心,至少在选择出有德性的公职人员这一问题上,公民的美德是值得信赖的(因此,联邦党人也并非对人性彻底失望,也并没有忽视美德在政治中的价值所在)。

但是正如辩论的两大阵营在制度偏好上有所不同,关于有德性的公民群体的认知上,两者也存在着差异,这一差异是修正的合意主义(consesualist)研究路径所不能被忽略的。这种差异,我认为,在一定程度上可以将其视为反联邦党人思想中具有弱共和主义特征的有利证据,尽管对此我要作一些特殊的说明。弱共和主

---

① 参见布鲁图斯的论述,Storing, *Complete Anti-Federalist*, Vol.2, p.407。其他例子会在下文提及。

美国公民身份的基础:自由主义、宪法与公民美德

义当中,并没有像共和主义的至善主义者所主张的那样,将公民参与视为所有在道德和理性上追求至善至美的人所应该追求的善的应有之意。但是,弱共和主义也包含了以下的内涵:首先,认识到参与公共服务在一定程度上是我们作为公民的需求,能够带来精神上的满足;其次,认为这种需求应该遍及公民人口的大部分范围;再次,包含了扩展公民行动的规模和范围的愿望。斯托林正是因为注意到了这些,所以他将反联邦党人介绍为"勉为其难、极为勉强的"(reluctant)自由主义者①。那么现在比较重要的是去理解为什么是"勉强的",其证据资源在哪?

几乎没有任何疑问,当反联邦党人讨论公众参与政府决策所发挥的作用时,他们采取了一种工具主义的视角。他们在介绍政府的功能时,所采用的修辞是"护卫""保有""确保"以及类似的表达。政府所试图捍卫的是私人利益和个人自由,防止他们受到糟糕的统治者的强取豪夺。反联邦党人非常强调这一危险,但却没有像普布利乌斯一样强调由党争所导致的危险。卡托主张"更全面的代表性意味着更好地保有你的利益,你将拥有更多地参与政府管理的机会,这是对于自由人而言最重要的保障之一"②。联邦农夫则不断地强调轮流执政的重要性,他说,"通过采取轮流执政的制度,我们能够有效克服那些有害的社会关联的产生,这种有害的关联常常是由长期执政导致的……因此,如果采取轮流执政制度,那么利益和努力之间的平衡就可实现,而统治者内部派系试图实施的破坏性措施也显得越来越不切实际,很难付诸实践"③。布鲁图斯在论述代表与被代表者之间应该具有一定的亲密度和熟悉

---

① Storing, *Complete Anti-Federalist*, Vol.1, pp.83n.
② Ibid., Vol.2, p.119.
③ Ibid., p.291.

第七章 反联邦党人和公民美德

度时,也采取了类似的(工具主义视角的)论述方法。

但是,在所有的这些论述中,论述本身或者说论述中隐含了这样的观念:在公民通过自己行动对抗那些狡诈的少数以保有自己的利益的同时,他们同时也为公民精神的发展作出了贡献,这些公民精神既是一种有用的,同时也是一种令人敬佩的品德。在本章中所讨论到的三个反联邦党人那些受到公民人文主义激励的演讲中,有一篇较为典型和纯粹地彰显了这样的观念,卡托在这篇演讲中指出,他之所以认为定期选举是一个好的制度,很大程度上是因为,这个制度至少为大多数人"提供了一个有可能成为最高统治者的机会"。而担任公职所带来的荣誉,"使得人们产生了一种要使自己配得上这种荣耀的欲望;这个时候这个欲望成了他们所受教育的一个部分,并伴随着成长,使得对这个欲望的思考变得越来越成熟,最终产生一种对于自己国家炙热的爱"①。类似的,当联邦农夫倡导轮流执政制度时,他同时也宣称,除了前面所提到的目的外,轮流执政也具有其他并行的优势,"(它可以)确保信息的畅通,同时也使人民保有一种积极行动和探索的精神"②。

可能斯托林对反联邦党人以下的思想描述有夸大其词的嫌疑,即反联邦党人认为,"政体组织事实上具有教育的功能,确保小型共和国成为实施公民身份教育最有效的学校应该是每一个政府的目标所在"③。但是无论是斯托林前文对于反联邦党人的评论,还是他所提供的其他证据,尤其是反联邦党人认为一份明确的《权利宣言》所有可能起到的教育作用,确实表明反联邦党人希望州能够具有教育功能的愿望。这个目标与普布利乌斯所希望的人民能

---

① Storing, *Complete Anti-Federalist*, Vol.2, p.118.
② Ibid., p.291.
③ Ibid., Vol.1, p.21.

美国公民身份的基础：自由主义、宪法与公民美德

够确保其集体智慧远离政府统治的目标完全相悖。这同时也彰显了反联邦党人对构建良好政府的制度性要求与公民品性之间所存在的必要联系的理解。他们确实也作了类似的努力，他们试图将特定的公民精神与轮流执政和定期选举这些特定的制度框架联系起来。反联邦党人试图去避免休谟和普布利乌斯所持的一种趋向，休谟和普布利乌斯试图通过从"习惯性服从"这一去美德化的视角来定义忠诚，以此割裂公民美德与具体制度考量之间的关联。

对于反联邦党人的思想而言，极具讽刺意义的是，或者说对试图从共和修正主义的视角去解读他们的思想而言最具破坏性的一点在于，其实并没有太多反联邦党人对宪法的批判是真正围绕那些共和主义的考量所展开的。他们围绕宪法的制度性缺陷所展开的批判，其聚焦点基本上都是采用了古典自由主义契约论的观点，以及与情感有关的观点。他们的作品所展现出的这种没有跳出联邦党人自由主义契约论框架的回应性特征，也许是基于这样一个历史事实——这些批判所针对的宪法本身在当时已经是一种既成的历史事实，因此只能在宪法现有的框架之内去辩论和批判。但是这些都不能有效解释他们在批判宪法时所使用的特定表达所具有的特定意涵。我并不接受波考克的以下观点："新古典政治……代表了国父和他们那一代人独特的文化同质性。尽管并不是所有的美国人都受到这一传统的教化……但似乎他们也没有其他别的选择。"[1]事实上，反联邦党人围绕宪法政府展开的批判，最大的弱点来自他们无法跳出自由主义契约论框架去阐述对这种弱共和主义的考量和担忧。这种局限在反联邦党人有关公众对政治的关注的思考，以及他们是如何看待公民美德与即将发生的社会经济变化的相互关系中呈现了出来。

---

[1] Pocock, *Machiavellian Moment*, p.507.

第七章 反联邦党人和公民美德

联邦农夫经常谴责联邦党人,认为他们将人民"美德"和"强势的习惯"视为在宪法体系之下对自由最强有力的捍卫者,是一种极其幼稚,甚至是言不由衷的信仰①。他提供了两个理由来说明为什么他会如此贬低对于人民美德的信任和依赖。首先,即使是在当下(这个特殊时期),人民也不过是零星地、偶然地注意到政府决定对他们权利和利益的影响。其次,这种具有一定警戒性的关注在未来会变得更不可靠。他注意到,尽管在革命时期,美国人民在这场最为艰难的考验中,已经展现了作为一个自由的人的全部能力,但是"最终还是发现,我们行动的最主要力量源泉还是对于自由的热爱,以及那种转瞬即逝的一时热情"②。联邦农夫并不认为在日常状态下,这种热情依旧可以保持狂热的革命极限状态。但是即使在更温和的期望背景下(即并不期望这种热情能够如革命时期那么狂热),他所相信的这种(对权力)关注度的降低程度也是极其令人瞩目的。

这位反联邦党人提供了他对麦迪逊所倡导的有利/恰当时机(the propitious moment)的观点的不同解读。他主张,人们不应该指望能够依靠修订程序来矫正宪法现有的瑕疵。事实上,很有可能修订程序只会让这些瑕疵变得更为突出。

> 存在着这样一种风险,一旦当下的宪法制度体系被采纳了,人民就不会再注意有关的修订程序了。现在他们的注意力是被唤醒了……但是人们的这种警惕性是很有限的,并不能被惯常地依赖——对于人民群体而言,如果以下现象能够

---

① 关于联邦党人在这个问题上的看法参见汉密尔顿的论述,*Federalist*, 28, p.180。关于反联邦党人对联邦党人围绕这个问题展开的批判,参见 Storing, *Complete Anti-Federalist*, Vol.2, pp.180-181。
② Storing, *Complete Anti-Federalist*, Vol.2, p.260.

美国公民身份的基础：自由主义、宪法与公民美德

出现，一定是一种（作为例外状况存在的）幸运：人们可以对他们的自由保持足够长时间的注意力从而对其自由提供如庙宇般的永久护卫，（如果不能确保这种幸运总是出现）宪法性的制度制约则能够为其永恒的安全提供保障。①

有一些令人费解的地方在于，联邦农夫为什么要在试图揭露宪法有可能导致的专制倾向的一系列信件中表达他对于人民（对公共事务的）专注力的担忧。如果真如他在信中写到的，宪法拟建立的政府对于大多数的美国人民的权利和利益是有害的，那么人民对于"自由的热爱"将足以重燃人民的热情，激励他们把压迫者赶下统治台，就如他们曾经把英国人赶出北美大陆一般。鉴于他在多处注意到和提到了人民的这种疏漏和冷漠可能带来的危险，那就意味着他并不认为宪法会像他在信件中所宣称的那样，无法适应常态的政治统治。或者是他想要主张一种更为显著的观点，即使在权利和所需的物质条件面临严重的威胁时，公民依旧缺乏足够的警惕和专注力。

在这些例子当中，我们认识到了反联邦党人的美德需求观念中一些有意思的地方。那种和公民美德联系在一起的公众警惕性和注意力只有在极其严重的系统性压力出现时才会被唤醒。一旦这种紧张时期结束，那种能够促使大众参与到对自由的捍卫中的"一时的热情"也会随之消失。这就是为什么"当人民专注于自由和公共事务时，他们应该对有关福利的提供保持一种警惕，同时也要非常谨慎地看待那些对他们的公共事务进行管理的过程中所产生的积极变化，因为这些在平时的实践中是常常被他们忽略和无视的"②。换句话说，他们应该建造起一座由宪法制度制约构建的

---

① Storing, *Complete Anti-Federalist*, Vol.2, p.258.
② 参见联邦农夫的论述, Storing, *Complete Anti-Federalist*, Vol.2, p.292。

第七章 反联邦党人和公民美德

庙宇,"以此作为人民永恒的守护者,尤其是在那些必然会出现的,他们忽视或者是无法专注公共事务的时刻,宪法制度的保障就显得尤其必要和珍贵"①。

联邦农夫并不想主张,在这些不可避免地无法专注于公共事务的阶段,人们就"不具有美德"。这个时候在他脑海中呈现的不过是人们将注意力全面地转向了私人事务。其实在大多数情况下,私人事务都是通过工匠、小工商业者、农夫,以及举止得体、严格服从有关规定的人民得以完成的,因此,即使是专注于私人事务,人们依旧可以做到遵守法律、信守合约、文明礼貌。这些道德品质是公民如果想要保有一个能够在受到最少外部限制的前提下自由追求自身目标的政体所必须具备的。这些道德品质是一种消极的美德,并不牵涉大量的参与性努力和很高层次的自我牺牲。联邦农夫发现并承认,客观上存在着这样一个事实——积极美德相较消极美德而言更少见。反联邦党人期待这种个人主义的趋向能够被类似于州的民兵制度或者是定期选举这样的制度抵消,但同时他们依然承认,这种个人主义的趋向是与生俱来的(并非制度能够轻易改变的)。

最后一点需要围绕弱共和主义的解释所进行说明和补充的问题,与反联邦党人是如何看待即将发生的社会经济变化以及这种变化对公民人格特质的影响有关。波考克将那种以多种形式呈现的、对现代性的恐惧视为新古典政治的重要特质之一。在这种恐惧的众多表现形式中,存在一个中心议题,那就是:农业社会向商业社会的转型会损毁小农场主和小资产阶级的财产自由的基础,

---

① Storing, *Complete Anti-Federalist*, Vol.2, p.258.

美国公民身份的基础：自由主义、宪法与公民美德

并因此剥夺了他们作为自由公民的资格①。事实上，反联邦党人从不同的角度表达了这种恐惧。卡托批判联邦党人所持的"美国人民的观念和习俗足以抵抗和防止特权或者是压迫的扩张"的观点。他认为宪法的支持者在这点上表现得过于幼稚。他们忽略了一个事实，"观念和习惯是易变的，并不总是能充当政府侵害行为的永恒阻力"②。他同时将"商业社会的进步"视为是这种不幸的改变发生的原因，因为商业社会"诱发了奢侈之风盛行，滋生了不平等，是美德的掘墓人，是自我克制的天敌"③。考虑到这种"进步"的势不可挡，卡托认为一部建立在平等原则基础上的宪法的出台是当务之急。更重要的是，这部宪法必须明确界定权利和权力的划分及其界限所在，因为公民既无法依赖统治者的善良意志，也无法依靠自身持续的美德来确保自身的自由，而必须依靠宪法明确的界定来保障其自由。

联邦农夫在一篇充满了各种歧义的文章中也对联邦党人进行了类似的批判。

> 不同于对政府构成本身的制约，我们认为在人民当中平等地分配土地，并依靠那些自然和现实情境提供的强有力的（习惯）武器，是保护人民权利、有效对抗他们所任命的公职人员的强取豪夺的有效方法。如果平等分配土地以及保留人民那些很难改变的习惯对于权利保障而言是有利的，那么我们就应该建立旨在确保这些制度和习惯得以永续的政府，而不是无法遵循自然规律运作的政府，这种政府会导致财产的平

---

① 参见波考克在《马基雅维利时刻》中对于杰克逊式民主的解释。Pocock, *Machiavellian Moment*, pp.537-541。
② 这是卡托的观点，参见 Storing, *Complete Anti-Federalist*, Vol.2, p.117。
③ 同上。

第七章　反联邦党人和公民美德

等被破坏,这些自由和习惯被抛弃。但是,很显然,这些我们所赞同的政府构建原则并不是拟通过的宪法建立的自然基础。没有任何一个具有反思能力、精通治理科学的人会相信,依据拟通过的宪法建立的政府能够持续有效地统治,能够确保我们持续和谐相处,甚至它是否能够确保五十年的和谐都成为问题。①

在这篇文章中体现了一种如波考克所提及的对现代性的恐惧。文章同时也分析了社会经济变化(主要涉及土地的分配和与农业社会相互联系的美德)与拟通过的宪法之间的关系,尽管这种关系的本质在这里呈现得并不清楚。宪法由于既过度依赖公民美德以保持稳定,又在实质上会损毁必需的美德而受到批判。我们可以这样理解联邦农夫的思想,他认为宪法是导致那种农业社会特有的习惯被损毁的原因,因此如果说那些宪法的捍卫者在宣称要依赖这些习惯来对抗和防止权力的滥用时没有一点点不真诚之处,那么这些宪法捍卫者自身内部就出现了前后矛盾的地方——既要依赖这些习惯,而所倡导的宪法本身又没有为保留这些习惯提供制度保障,甚至本身会造成这些习惯的损毁。同时联邦农夫还批判宪法,尽管其强调依赖美德,但是却没有提供任何具体的制度性手段以确保美德能够得以存续。然而,这一批判最具讽刺意义的地方在于,联邦农夫自己也没有提供任何可行的具体制度手段。

定期的选举、轮流执政以及小型选区制度能够确保自由民的利益获得充分的代表。但是,从两个角度来看,这些机制并不会从本质上对土地以及其他财产形式的分配产生影响,即使产生任何

---

① Storing, *Complete Anti-Federalist*, Vol.2, pp.251-252.

影响,这种影响也是有限的、外围性的。首先,这些机制并不预设任何特定的"分配正义"的观念。其次,无论是联邦农夫还是其他参与这场宪法批准辩论的成员,无论他们对于合法政府的内部结构有怎样的分歧,都并没有试图主张应该从根本上改变那种根据市场交易所产生的经济分配方式①。

联邦农夫同时也认识到,依靠这种文化上,尤其是宗教上的同质性以促进节制的政府统治并不是长久之计。尽管"当下我们并不希望在宗教上差异太大",但是这种同质的状态不会永远停滞不前。因此,"从长远考虑,也为那些成千上万尚未出生的公民考虑,为什么不将宗教信仰自由确定为全国共同遵守的条约呢"②? 应对这种同质性必然丧失的办法并不是试图去否定它、抵御它,而是应该确保建立必要的宪法堡垒,让那些宗教的少数派获得其应有的庇护。

卡托也认为商业社会的进步势不可挡,至少这种进步是独立于政治结构和政治选择的。无论是卡托还是联邦农夫都并不认为政府可以或者是应该坚决保留能够孕育共和美德的土地平等分配制度。他们恰恰认为,相较拟通过的宪法所倡导的政府形式,应该设计一个在这些分配制度和美德不存在的情况下依旧可以更好运转的政府形式。

附言:一个农夫向往的共和主义

与其他反联邦党人相比,来自马里兰的农夫展示了美国语境

---

① 这并不是说早期的美国政府在经济问题上保持了严格的中立态度。查尔斯·比尔德花费如此之多精力关注的安全问题就是政府决定影响到社会财富分配的现实例子。但是这里要指出的是,无论是对于反联邦党人还是对于普布利乌斯而言,为了培育公民美德,特定形式的经济分配形式必须予以保留这一观点,都是极其陌生的。

② Storing, *Complete Anti-Federalist*, Vol.2, p.249.

第七章 反联邦党人和公民美德

下最美好的,也是最令人畅然若失的共和主义的图景和信仰。他深深地沉浸于古典共和主义的传统中,写出了建国时期最具洞见性的文章之一。他极其敏锐地区分了共和主义传统的不同变种并对他们在美国的适用性作出了极富洞见的分析。但是比较具有讽刺意味的是,他的论述是如此深刻地触及到了关于美国人民性格特质和制度的分析,以致于几乎无法直面和回应他的读者们最为直接关心的具体选择——到底应该支持还是反对新宪法。但是必须承认,无论是联邦党人,还是其他反联邦党人,他们关于良好政府的愿景设计确实远不及来自马里兰的农夫。这一切都决定了来自马里兰的农夫的观点在那个时代,即使不是荒野孤声,也是逆风前行①。

和其他反联邦党人的同伴一样,来自马里兰的农夫将其论述建立在这样的一个拟制基础上:个人权利是一个前政治性的存在,政治共同体存立的价值就是保护这些权利。但是,他和同伴的相似点止步于此,相较他的反联邦党人同伴,他提出了一个显得有些与众不同的观点,使他与自己的同伴分道扬镳。他认为代表制度本身对权利保护而言就是有害的,直接民主才是任何稳定的、以权利立国的政府系统的必备要素。他以卢梭不平等的起源开始他的论述,他主张,如果让人民公正选择,他们一定会选择依靠"平等的法律"来处理他们之间的相互关系。但是,由于财产分配上与日俱

---

① 来自马里兰的农夫的文章在1788年2月到4月在巴尔的摩出版的《马里兰公报》上得以刊登。1788年4月28日,联邦党人在宪法批准的投票中以63比11的差额轻而易举地获胜。马里兰成为第七个批准宪法的州。而纽约州则是一直到了7月才以30比27的微弱优势批准宪法,这个时候事实上已经有九个州批准了宪法,这已经足够令宪法生效。尽管早期的调研表明,是反联邦党人的主张更受认同、更占据上风,但是当十三个州中已经有九个州批准了宪法,这还是在一定程度上影响了纽约州的决定。尽管我无意做任何的因果推断,但是至少有一点是很清楚的,来自马里兰的农夫的观点并没有对参与宪法批准大会的代表产生过大的影响。

美国公民身份的基础：自由主义、宪法与公民美德

增的不平等，"几乎毫无例外，一旦社会建立，这种平等即使不是被彻底损毁，也必然受到实质性的伤害"。平等只有在政府的更高级的阶段，通过法律的平等性才得以重申。我们发自内心渴望的是这样一种最完美的自由状态，即在这种状态中，无论是贩夫走卒，还是达官显贵，法律面前人人平等，所有人都平等地服从相同的法律[1]。

鉴于此，美国人民从革命时期就犯了一个致命的错误。人类权利中最为本质的就是"自治的权利"。在这点上，来自马里兰的农夫的观点并没有不同寻常之处。他的不寻常之处在于他看到，如果人们无法直接有效地参与到自我管理的过程中，那将对所有的权利带来致命的威胁。他感叹到："哎，从我亲爱的公民同胞身上我看不到一点点的迹象，能够让我依旧妄想他们事实上是有能力承担起自我管理的责任。"当自治消失，将由人民中的一部分对全体人民实施统治，这个由部分人掌握的政府，是由人民放弃了他们部分的自然权利建立起来的，它将取代那个仅仅充斥着个人意志和暴力的联合，依靠国家强制力来保护那些作为任何正义的社会契约基础的天赋人权[2]。这个时候，社会不平等在法律当中就会被合法化，早期社会平等的最佳状态因此丧失。用来自马里兰的农夫更为生动的语言就表达为："所谓'天网恢恢，疏而不漏'，不过是相对而言的一种理想状态，事实上，法律这张网，只能捕获苍蝇（暗指社会底层的人民），而让大黄蜂（暗指社会的显赫阶层）逃之夭夭。"[3]

基于一些从未得以清楚表达的原因，来自马里兰的农夫相信，

---

[1] Storing, *Complete Anti-Federalist*, Vol.5, p.55.
[2] Ibid., p.30.
[3] Ibid., p.56.

第七章 反联邦党人和公民美德

代表制本身就会带来政府的偏见,使得政府仅仅偏好和代表了那些社会显贵阶层的利益①。即使代表制受到类似轮流执政和弹劾这样的大众制约机制的控制,这样的偏见依旧不可避免。事实上,轮流执政制度并不是有百益而无一害的,它其实也有一定的危害性,"如果美德得以进入执政者的办公室,那么轮流执政制度将使本来就受到憎恨和鄙视的美德最终被赶出执政者的办公室"②。和其他大多数的反联邦党人一样,对于来自马里兰的农夫而言,仅仅在代表制度中注入牢固的权力制约措施是不足以防止掌权者的权力滥用的。

如果说来自马里兰的农夫并不接受普布利乌斯对于代表制度的赞誉——普布利乌斯认为代表制度是将社会中最杰出的那部分人甄选出来参与政府治理,农夫应该更为赞成不同党派的存在是对多数人权力的有效制约的观点,即使在现实的共和国中也是如此。他在关于大众主权的行使方面,紧紧跟随卢梭的步伐,认为大众主权的行使最终应该指向普遍意志,而不是特定人的意志。卢梭认为,如果在政体中存在着私人利益,那么这种私人利益不能是单一的,应该是多种多样的,这样他们之间就可以自行抵消,相互制约。当然,如果完全不存在私人利益,那自然是最好。在这点上,来自马里兰的农夫的观点非常接近麦迪逊,他主张,公共自由的保护依赖"政党制度的保留"。因为"当人们在重大的公共问题上意见完全一致时……自由就终结了,专制由此开始"。对于每个自由和足够聪慧的人而言,其目标都应该尽量保持党派间的平衡,

---

① 事实上,来自马里兰的农夫宣称,对于这个过程的推理和解释并不是他的目的所在。但是他认为,他所描述的如下衰退周期应该是为古代史的学习者所熟悉的,即"极少数富人"的统治最终将被由常备军支持的君主制终结。参见 Storing, *Complete Anti-Federalist*, Vol.5, p.18.

② Storing, *Complete Anti-Federalist*, Vol.5, p.68.

美国公民身份的基础：自由主义、宪法与公民美德

因为考虑到所有人都存在弱点，相较受到部分人盲目激情的专制统治，应该尽可能地受制于那些汇集了社会不同观点的、通过对话从而有所调和的综合判断①。事实上，考虑到在政府的民主体系中多数人所享有的权力，同时考虑到个体权利常常受到显而易见的多数人利益的压迫，相较其他政府形式，民主政体必备的制度保障不仅仅是政党制度，同时也包括《权利法案》②。这个模范的共和主义者甚至在其思想中展现了强大的自由主义思想的影响力，对于个人权利的威胁确实是其政治考量的重中之重，它们构成了对我们应该选择的政治体制的有效约束。

然而，在来自马里兰的农夫的陈述中，最为清楚的一点就在于，基于共和党人惯常宣称的那些理由，直接民主在本质上就是极富价值的。而且不同于布鲁图斯、卡托和联邦农夫，这一根本价值是来自马里兰的农夫的政治观点的核心。他的政治观念模式是历史性的、哲学性的。他高度称赞和羡慕瑞士模式，在那里，每一个人都是立法者，对于公共事务都像卢梭一般保有高度的热情。同卢梭一样，他高度赞扬被误解的马基雅维利，他认为马基雅维利是一个隐藏的共和主义者："（马基雅维利）富有极其敏锐的洞察力……（马基雅维利）认为，唯有人民大众作为一个整体，才是自由和权力最为安全的保险箱"；"相较贵族或者是君王，他更偏好普通民众；以及"他从来不用代表制度来贬低或是否定人民直接质询的价值"③。

直接民主的美德在于它可以培育那些参与到其中的人的才华。这一点在来自马里兰的农夫对拟通过的宪法拒绝民事审判采用陪审团制度的批判中彰显得非常清楚。

---

① Storing, *Complete Anti-Federalist*, Vol.5, p.36.
② Ibid., p.15.
③ Ibid., p.49.

第七章 反联邦党人和公民美德

> 人们不再培育那些似乎不再有任何用处的能力——如果每一个使用其理性的机会都被剥夺,你将使人类重返那种精神卑贱的状态,在这个地球上十分之九的生物都处于这样的状态中,处于这种精神状态的人类与牲畜唯一的区别仅仅在于声音的表达形式和清晰度。(为了防止这种状态的出现)请赋予他们权力,他们会找到恰当使用它的办法。①

陪审团审判在这里被捍卫并不是因为它能够为被诉者的权利提供更好的保护,尽管它确实有这样的作用,而是因为这对于陪审员而言是一个很好的机会,他们能够在一项重要的公共活动中锻炼其理性能力,并能够学会和他人有效地交谈②。这一论述的基本思路使得来自马里兰的农夫对《邦联条例》之下美国人民明显缺乏自治能力的洞察显得更为尖锐、更有洞见③。

来自马里兰的农夫和卢梭、列宁以及其他人一样,同样面对着鸡生蛋还是蛋生鸡的问题。他们都认为其公民同胞并没有按照最有利于自身利益的方式行动。好的制度能够让公民变得更好,但是如果人民没有能力寻求这种制度的构建,这些制度也根本无法建立。这样一个两难的问题使得卢梭寻求通过立法者来"重塑人

---

① Storing, *Complete Anti-Federalist*, Vol.5, p.39.
② 正如托克维尔在四十年之后观察到的:"陪审团制度使得每个公民都有担任公职的机会,让每一个人都感觉到自己对社会承担的责任,每一个人都应该参与到治理中去共担这种责任。"Tocqueville, *Democracy*, p.274。如果想要测试一个人是自由主义者还是共和主义者,如何理解陪审团的责任是一个有效且有趣的测试点。在我看来,自由主义者会而且也应该基于托克维尔所提到的众多理由珍视陪审团责任,但是,一个自由主义者同样也会拥护法官推翻明确与法律相互冲突的判决的权利。在这里,无论是参与的善本身还是提供判决的权利,都要让步于审判最本质的角色:提供正义。共和主义者也很显然是珍视正义的,但是我怀疑,相较自由主义者而言,在如何看待法官纠正错误判决的这项司法权利上,他们就显得矛盾得多。
③ 虽然在北美的日常统治中,一些纯粹的共和主义政府的治理特质偶有被发现,比如,新英格兰地区的乡镇大会以及宾夕法尼亚的一院制立法机构,但是它们很快就消失得无踪迹了。参见 Storing, *Complete Anti-Federalist*, Vol.5, p.67。

性",从而引导人民能够有效地自我管理,而列宁则转向倡导一个先锋性政党的建立。

来自马里兰的农夫并没有勇敢到寻求以上两种解决方案中的任意一种,但是这个悖论不断折磨着他,因此,他主张:

> 我不再怀疑,当下的人民并没有被要求,也没有准备好,以及确实没有能力对日常事务和平等权利进行有效的管理——但是这是谁的过错?是我们!我们通过极其糟糕的治理使他们变坏,然后还为此折磨和鄙视他们。我们的人民有能力去从事与其人性和能力相互契合的任何事务,如果我们能够表现出一点耐心,并且能够为他们提供健全的制度;但是我没有看到任何这方面的努力,未来也没有任何我们将有所行动的迹象。①

在这里,"我们"到底指称的是谁并不清楚。如果人民并不偏好直接民主,他们中太多的人好逸恶劳,只要他们在追求私人快乐的过程中不被打扰,根本不在乎政府的形式是什么样的,那么除了人民本身,谁应该作为"我们"成为被指责的对象呢②?或者,这个代词究竟是不是用来指称一些没有尽到其责任、没有构建良好制度从而让人民变得更好的立法者的?无论是哪种情况,相较布鲁图斯、卡托和联邦农夫,来自马里兰的农夫的痛惜和悲叹都是更彻底、更明显、更深刻的。布鲁图斯、卡托和联邦农夫都认为,伴随着自由主义政治经济的发展,人民当中所存有的美德将不可避免地逐渐衰落。对此,来自马里兰的农夫和他们一样感到一种彻底的无助,从而寄望于在那种深植于自由主义的、允许人们自主选择和自

---

① Storing, *Complete Anti-Federalist*, Vol.5, p.30.
② Ibid., pp.10 and 35.

由定义"何谓好的生活"的文化中找寻对抗这一趋势的办法。但是不同于其他反联邦党人,他受到这个方案更多的折磨,因为对于他而言,通过政治参与的自我发展的古典共和主义价值更为重要。

正是由于这种悲观,来自马里兰的农夫开始考虑什么是"次好"的政府形式,最终他比较偏好的是由英国宪法所构建的混合型的政府。在任何缺乏直接民主的政府系统中,人民的代表都是从社会显贵阶层中而不是从普通民众中产生的,而且这些代表几乎没有体现出对后者丝毫的尊重。但是,农夫认为,相对比较稳定的社会阶层划分以及设立不受弹劾制约的行政长官和终身制议员事实上是能够有效缓和这种偏见的。这样就有理由相信,由于职位的终身性,官员会表现得足够大公无私,这样就可以在不同的社会秩序中确保社会平衡,在行使权力时也能够对社会最弱势阶层的利益有所考量并产生影响①。

无论这一分析与古典的混合政府理论保持了怎样的一致性,也无论来自马里兰的农夫对由于阶层冲突而导致的权力的盛衰兴废的分析对于亚里士多德或者是波利比乌斯(Polybius)是多么的熟悉,这一混合政府理论都不构成对联邦党人所倡导的宪法的有效反对和驳斥。相反,来自马里兰的农夫直接地破坏了很多其他反联邦党人所提出的关键批判点。这些批判点包括宪法赋予了行政部门太多权力,参议院议员任期太长,议员事实上被授予了一定程度的行政权等。

来自马里兰的农夫几乎没有对行政机构和议会机构之间作任何功能性的区分,更重要的是,其实完全可以合理地主张,如果排除了"平民政府"在美国的适用性,那么拟通过的宪法所倡导的政府形式,事实上比任何反联邦党人所提供的构想都更接近"次好的

---

① Storing, *Complete Anti-Federalist*, Vol.5, p.44.

混合政府"。来自马里兰的农夫似乎对能够设计出任何恰当的政府形式完全不抱希望。他认为,一方面,拟通过的宪法代表了一种"想要通过修补破旧结构从而让英国宪法为我们所用"的意图,但是却忽略了我们并不具备像英国那样"对保有政府的正常运转而言举足轻重的稳定的社会阶层划分"。而另外一方面,由于美国人民所作出的极其糟糕的选择以及他们异常地缺乏美德,导致平民政府或者说直接民主政府在美国完全行不通①。

无论来自马里兰的农夫的理论有多么地迷人,但是这些确实与是否要支持当时倡导的宪法这个选择毫无关联。同时他的观点还与布鲁图斯、卡托以及联邦农夫这些反联邦党人所持的基本政治原则相悖,甚至与普布利乌斯的政治原则比起来,他与后者显示出了更多的相似点。他其实意识到了,大多数他的同胞都否定了他那种将通过政治参与所实现的自我发展视为核心的政治哲学,当然,他本身也没有足够勇敢和强大到立志要提供必要的平台来强调和实现这一主张(尽管他曾经试图通过倡导禁奢法的方式来实现这个目标)。他在处理他的政治信仰与美国政治现实之间的巨大鸿沟时,更多地展现出来的是殉道者的豁达和淡然,甚至是一种无力感,而不是如先知的烈火一般势不可挡、铿锵有力。

总而言之,反联邦党人的观点陈述中并不缺乏共和主义的表达和修辞,而且这些表达中的共和主义语言并不是完全内容空洞。美德语言及其变体作为一种修辞工具,在批判其反对者、动员其支持者时是非常有效的②。这种具有凝聚力的语言在政治游说的作

---

① Storing, *Complete Anti-Federalist*, Vol.5, p.69.
② 约翰·狄金斯(John Diggins)提供了有关共和主义在宪法辩论的修辞和语言表达中所发挥的作用的研究,尽管我看到的反联邦党人所体现的共和主义远比狄金斯提到的要多,但是他的讨论还是非常具有含金量的。参见 Diggins, *The Lost Soul of American Politics*, pp.31-32.

第七章 反联邦党人和公民美德

品中是不断地被期待的,尽管这种语言充满了各种矛盾和不自然之处。但是,当试图迫使反联邦党人不仅仅回答宪法到底存在什么问题,同时要求他们回答是什么样的政治理论支撑了他们的这种判断时,大多数的反联邦党人当中具有代表性的代言人都会发现共和修正主义的论点不再那么具有说服力,甚至在面对具体问题时常常捉襟见肘。这一点在前面讨论分配正义的问题时就表现了出来。对于布鲁图斯、卡托和联邦农夫而言,共和主义无法提供任何分配正义的其他标准,从而能够有效地批判市场对资源的配置。而且反联邦党人还认为,保留自由资本主义的标准——正当的占有和权利,要比共和美德的存续更重要,甚至为了保留这种占有和权利,让后者(美德)付出多大的代价都在所不惜。来自马里兰的农夫则与他们不同,他将美德的存续这种共和主义的善置于最高价值,他与自己反联邦党人的同胞步调完全不一致,对于宪法选择问题也鲜有回应。这些例子表明,一种经过修正的合意主义(利益一致主义)确实存在,即认识到虽然联邦党人和反联邦党人的政治理论中存在着制度与公民性格、行动倾向认知上的分歧,但是其实两种理论都建立在自由主义契约论有关个体、社会和国家的假设基础上。然而,这种共识并不意味着两者在建国之首要原则上的完全一致——这种经过修正的合意主义(利益一致主义)事实上提供了有关宪法批准辩论中所产生的有关政治思想最令人满意的总结和叙述。这些辩论在有关今天美国社会公民身份的本质问题上给了我们什么样的启示,这将是我们最后关心和讨论的问题。

第八章
总结：建国时期的美国公民身份

我是以卢梭所提出的问题开始这项研究的，即个体如何能够在公共生活和私人生活互不相容的要求当中去平衡我们的时间和能量。我试图去探索美国当年的宪法创制者们是如何回应这个问题的。尽管我并不赞同共和修正主义所秉持的"公民美德的古典共和主义理念在塑造宪法创制者们的思想上发挥了重要作用"的观点，但是至少在一点上我是支持修正主义者的，这就是联邦党人和反联邦党人都对公民动机的社会和心理基础进行了一定程度深入的思考。他们在全国政府是否能够培育和保有公民的认同和支持问题上展开辩论。由于反联邦党人在一定程度上认同我称为弱共和主义变体的思想，因此，双方在公民在政治决策中所应该扮演的角色上意见也并不一致。无论是联邦党人还是反联邦党人都并不认为，如果不存在一定程度的公民愿意承担自己公民责任的动机，制度性的制约平衡就足以确保社会稳定。在研究这个问题时，我对双方那种蕴含在广泛的自由主义共识当中所存在的分歧予以了同样的重视，这种自由主义的共识事实上设定了美国政治辩论的基本框架。

并不是所有的读者都会接受我对这场宪法辩论所采取的"修

第八章 总结:建国时期的美国公民身份

正后的合意主义的"立场,我也没有任何新的论证要在这里补充说明。我更愿意回到在前面第二章就提出的一个规范性的问题,提出一个"如果……会怎么样(what if)"的问题。如果我们确实存在可以复兴或者说能够为今天的公民行动提供方向指引的共和主义传统,那会怎么样? 正如最近一位学者所解读的一般,我们的智慧是否足以让我们从这个传统中获得关于"共同善"这样一个更为强大的理念? 如果我们打算做这样的探索,我们将有可能被要求牺牲掉什么样的(现有)政治价值? 我认为,尽管今天有大量的关于"共和主义的复兴"的倡导,但是这些呼吁所具有的理性说服力远不能匹配它们作为信仰的力量。我所称的"新共和主义"并没有获得很好的论证和捍卫。但是,这并不意味着我对普布利乌斯所阐述的完全消极公民身份的支持。事实上,自由主义哲学为了向自由和平等的公民证成政治权力的正当性是要求一场彻底的对话的,这场对话的丰富性远远超越普布利乌斯所认为必要的范围。

这些问题都与本书所关涉的问题有关。今天大量的美国人相信,作为一个民族,我们并没有探索出卢梭所提出的如何平衡公共与私人利益问题的恰当解决方案。无论是学者还是其他人,当直面美国的现实时,常常引用国父们的思想来表达卢梭的这一担忧,感叹他的担忧在美国已经是见怪不怪的现象。确实,我们越来越沉溺于私人的快乐,而对于公共事务越来越冷漠①。我们看到无论是学者还是普通公民都试图以不同的政治观点来分析和解决这

---

① 我基本不太关心如何记录和描述这种不满(几乎没有人否定确实存在这种不满),我其实更关心的是新共和主义为我们所称的"公民衰落"(civic malaise)提供了什么样的解决方案。除了在这章仔细分析的这些著作,一些不是那么学术的例子也呈现了一些信息。公众在总统选举年会展现出非常普遍的对于公民冷漠的担忧。例如,《纽约时报》的专栏作家安东尼·路易斯(Anthony Lewis)就引用了麦迪逊的表述来主张,我们事实上已经距离宪法创制者所期冀的积极民主公民的图景非常遥远了:"麦迪逊的理想图景是由那些信息充分的选民来检视公共品德和政策;选民们应该积极(**转下页**)

美国公民身份的基础：自由主义、宪法与公民美德

种担忧。复兴的共和主义能够在多大程度上作为这个问题的解决方法，还有待探索。为了解决这个问题，我将分析反联邦党人和联邦党人在辩论中所显现出的诸多相似点以及今天围绕美国政体中的公民角色所产生的各种分歧，从而对建国期间围绕公民身份展开的辩论对于我们今天这个时代而言，到底有什么样的影响和意义进行最终的反思。

新保守主义和新共和主义的公民身份

无论是左派还是右派都对美国政治中普遍存在的公民精神有所批判。但是这些批判存在着本质上的差异，尤其是涉及美国政治参与的恰当方式和程度时，这种差异尤为突出。作为新保守主义代表的丹尼尔·贝尔（Daniel Bell）极富热情地描写美国生活中社会力量的消失，并将这种消失归因为自由资本主义社会固有的

（接上页）地参与到公共政策的辩论中。然而今天的选民在整个过程中是消极怠工的，这将最终导致公民被从公共政策的审议过程中彻底地排除……"（New York Times, 10 November, 1988, p.A31）。我并不打算挑战路易斯试图强化公民参与的目标，尽管无论是他对于麦迪逊的解读还是他试图将这种解读用来表征美国民主的衰败都是值得质疑的。在一篇选举结束之后的社论中，《纽约时报》表达了对于51%投票率的遗憾，它同时引用了教育家罗伯特·梅纳德·赫钦斯（Robert Maynard Hutchins）的警示："民主的彻底死亡是从漠然、冷漠和营养不良的渐进衰退中开始的。"（New York Times, 6 November, 1989, p.A24）。

公众对于私人的、个体主义的目标超越公共目标占据统治地位的担忧在20世纪70年代美国的"自我一代"的形成以及其他事件中就越来越盛行和频繁。参见克里斯托弗·拉什（Christopher Lasch）的著作 The Culture of Narcissism（New York: W. W. Norton, 1978）。同时可以参见他在《纽约时报》的专栏文章 "The I's Have It for Another Decade"（New York Times, 27 December, 1989, p.A23）。在这篇文章中拉什主张，美国的年轻一代不仅仅丧失了公民价值观，而且还为此生活在一种"无法忍受的痛苦和挣扎之中"。尽管拉什一般被视为是政治上的左派，但是他在这点上的分析与保守主义者艾伦·布卢姆（Allen Bloom）所表达的不满非常地相似，参见 Allen Bloom, The Closing of the American Mind（New York: Simon and Schuster, 1987）。他们都认为，美国的年轻一代由于无力认真对待包括政治性价值观在内的深植于他们文化中的主导性价值观，而沉溺于狭隘的享乐主义当中，最后甚至都无法满足自身。

第八章 总结：建国时期的美国公民身份

文化冲突。而那些来自左派的批判，一方面倡导更具参与性的民主运作，同时也将他们所看到的（民主参与衰败的）现实归责于无力基于共同的目标用共享的语言描述共同的关怀。其中一个持这样批判意见的社会评论家罗伯特·贝拉呼吁美国人民复兴那个共和主义和圣经时代的传统，因为那个时候公共美德的观念是更有效的观念[1]。

在美国语境之下，对于美国自由民主运行过程中社会力量的衰退和示弱所表达的担忧并不是什么最近才出现的新问题。托克维尔在当时就注意到了，相较一百五十年前，美国社会更多地受到一种过度关注物质成就的拉力的牵引，从而不断地向狭隘的利己主义靠近。确实如此，无论是相较古典共和国的贵族社会，还是相较后期基督教欧洲国家的社会，民主社会创造的"辉煌事迹"确实有限[2]。但是，对我们而言更重要的是，民主社会的个体感受到自身与社会其他部分的联系越来越稀薄，从而无法意识到社会作为一个有机体，它的每一个构成部分都对整体的善有独到的贡献（尽管这种贡献不是同等价值）。正如托克维尔所言，我们能够在邻里层面和乡镇层面，感受到自己是共同体中的一员，但是当进入作为整体的社会的时候，作为共享共同善的共同体的成员的感受就会大大减弱。

托克维尔同样注意到了美国生活当中那些可以对抗以上这些不良趋势的方面，这也非常地重要。他说，美国人天生就是参与者。我们确实频繁地参与到直接与自己相关以及地方性的事务当中。更重要的是，我们以自己的民主为荣，这种民主模式为我们的

---

[1] Robert N. Bellah, R. Madsen, A. Swindler, W. Sullivan and S. Tipton, *Habits of the Heart: Individualism and Commitment in American Life* (Berkeley: University of California Press, 1985), p.292.

[2] Tocqueville, *Democracy*, p.245.

美国公民身份的基础：自由主义、宪法与公民美德

制度和信仰提供了棘手但是有效的防御，它也在我们作为一个自由、民主的个体那种对完全不需要由上而下的指引就能够实现的自豪感中，很好地彰显了自身的价值。总而言之，托克维尔认识到，那种将我们最糟糕的一面予以展示的平等主义和民主的信仰，同时也展现了人性当中最美好的一面。因此，（这种利弊共生的情形意味着）即使我们有可能消除民主中的"弊病"，托克维尔的分析提醒我们，我们也必然要为此付出必要的代价。我们有可能面临丧失民主所独特赋予的"福祉"（blessings）的风险。

其实相较 18 世纪晚期或是 19 世纪而言，美国人的公民意识是不是减弱了，这点是很难确定的。很难找到有效测量公民意识的方法，即使是政治科学家们围绕公民参与最为完备和成熟的方式——全国选举中的投票所展开的研究也是存在广泛争议的，大家并不一致认同相关研究能够有效诠释美国在横向上与其他国家的投票比例差异，也并不认为相关研究能够有效展示纵向上美国不同时期的投票比例变化。有的学者在研究当中强调文化元素，而有的学者则强调《选民登记法案》的影响，另外还有学者关注政党间竞争所带来的影响①。即使他们的研究都有一定的说服力，我依旧怀疑那种由占据主导地位的共和主义向自由主义的根本转

---

① 选举投票并不必然是研究公民意识的最好变量。事实上从比较的视野来看，甚至还会发现美国人民投票行为上的一些相互矛盾之处。一份关于几个西方民主国家政治态度的经典性比较研究发现，美国人民在政治利益的衡量、公民义务的感知以及政治有效性感知领域排名居首，但是在战后的选举投票率上却几乎垫底。参见 Gabriel A. Almond and Sidney Verba, *The Civic Culture* (Boston: Little, Brown, 1965)。与之相反，意大利虽然在以上政治态度的测评中排名非常地靠后，但是投票率却是最高的。参见 Ivor Crewe, "Electoral Participation", in David Butler, Howard R. Penniman, and Austin Ranney, eds., *A Comparative Study of Competitive National Elections* (Washington, D.C.: American Enterprise Institute, 1981), pp.216-263。很大程度上正是因为这里所彰显出来的矛盾，政治科学家们开始寻求文化元素以外的其他能够用于解释美国选举的投票率的因素所在。其中有人认为，美国在很大程度上受（转下页）

第八章 总结：建国时期的美国公民身份

向的观点是对美国公民意识变化的有效解释①。

有一点我们应该记住，《联邦党人文集》的作者们将革命时期所展现的积极爱国主义视为是一种"暂时的热情"所导致的结果，这种热情在日常政治时期并不会持续很久。在反联邦党人当中，不止联邦农夫一人表达了类似的看法，他也提到了革命时期那种短暂的热情，他同样确定，公众对于公共事务的关注很快就会转向私人事务当中，正因为如此，他认为当人们不再那么警觉的时候，对权力构成限制、对权利形成有效保护的宪法限制就显得尤为必要②。

我确实知道很多美国现代社会极具洞见的社会批评家，无论是左派还是右派都认同美国政治生活中的社会力量逐渐在消失，并且试图对此作出解释。为此，丹尼尔·贝尔指出了我们公民文

（接上页）益于其政治态度，但是却受到政党结构以及《选民登记法》的很多不利影响。参见 G. Bingham Powell, "American Voter Turnout in Comparative Perspective", *American Political Science Review* 80(March 1986), pp.17-37。同样的争议存在于对美国不同时期的投票情况的解读中。相较 19 世纪报道的投票率，当下的美国全国选举的投票率大幅度降低。人们再次围绕这种变化展开争论，这样的结果在多大程度上是由人们政治态度和信仰上的变化引发的，以及在多大程度上受到制度和法律环境变化的影响。例如，澳大利亚的公投体系从 19 世纪 90 年代才开始被普遍使用，从那个时候开始，选民登记的有关立法也变得越来越严格，这两点都在很大程度上降低了被认为在 19 世纪已经极其泛滥的选举舞弊现象。由于没有可靠的方法测量舞弊的程度，因此无法去证明 19 世纪的投票率在多大程度上是超越 20 世纪的。而且这些在选举程序上的变化同时还伴随着选举范围的扩大，包括妇女、黑人（他们中的大多数一直到 1964 年的民权法案和 1965 年的选举权法案颁布以前，都是被排除在选举范围之外的）以及 18 岁的成年人。关于美国不同时期的选举变化的讨论参见 Richard G. Niemi and Herbert F. Weisberg, eds., *Controversies in American Voting Behavior*(San Francisco: W. H. Freeman, 1976), especially pp.440-449。在没有确凿证据的前提下，我们要避免把政治行为上的变化归咎于那种反映了深层次的社会意识形态信仰变化的政治态度之上。

① 波考克、威尔斯和伍德都认同这一结论，尽管他们在什么时候是美德政治最后喘息的时刻上存在着分歧。用波考克的话说："美德的沦丧是利益观念出现之后的必然结果。"参见 Pocock, *Machiavellian Moment*, p.521 and especially pp.520-527; Wills, *Explaining America*, p.268; Wood, *The Creation*, especially pp.606-615。

② 参见本书第七章。

美国公民身份的基础：自由主义、宪法与公民美德

化中所存在的一个危机，同时他建议应该建立我们时代所需的新的公共哲学。"现在面临的困难是，20世纪的公共生活不再是一个和谐的共同体，而是一个竞技场，除了讨价还价，并没有任何规范层面的规则可以诠释何谓共同善，同时为基于权利的有关诉求作出判断提供依据。同样的问题再次呈现：什么能够成为公共生活所应该追寻的政治哲学？"①

贝尔就像其他激进分子一样强烈地表达了这样的观点："资产阶级那种不允许对财产占有采取任何限制的欲望是自由社会所产生的各种张力的源泉。"②他对今天公共生活的批判的要点在于，这种欲望在一个越来越民主的政体中受到的限制却越来越少。因此，社会成员对国家提出了越来越多的生存照顾的要求，"将越来越多的社会服务视为理所当然的权利"，这种"个人主义的思潮不断地促使他们尽最大力量维护个人自由"，与此同时也在想尽各种方法逃避那些对于一个公共社会而言必需的社会责任和社会牺牲③。

如果说在19世纪或者说20世纪早期的时候，公众更愿意承担这些公共责任，那对于贝尔而言，唯一有效的解释就是由资本主义和新教伦理的历史性联合所致。后者为资本主义所需的和宣称鼓励的那些美德（勤勉、诚实以及延迟享乐）提供了一种宗教合法性。但是贝尔也指出，后来新教伦理的消亡也恰恰暴露了一种深植于资本主义核心的文化冲突。尽管以上所列举的那些美德对于政治秩序和财富的生产而言是必要的，但是对于消费环节而言，尤

---

① Daniel Bell, "The Public Household: On 'Fiscal Sociology' and the Liberal State", in Bell, *The Cultural Contradictions of Capitalism* (New York: Basic Books, 1978), p.256.
② Ibid., p.248.
③ Ibid., p.249.

第八章 总结：建国时期的美国公民身份

其是在一个充分利用生产资源所产出的商品却无法找到有效的市场的时期，这些美德就无任何意义可言，恰恰相反，这个时候需要的是一种自我满足、自我享乐的精神①。

这一社会文化的变化所带来的政治方面始料未及的结果就在于引发了一场"权利的革命"，公民以"权利"的名义向政府提出数以万计的特殊要求，但是公民合作的意愿却相应地降低，公民越来越不愿意调整和节制自身对于稀缺资源的诉求，从而使得其他人的诉求也能够得以包容。贝尔对这个问题表达得更为直白："这场危机最主要的结果就是社会力量、公民德性的彻底消失，人们不再有遵守法律、尊重他人权利、放弃以公共福祉为代价的个人发展的诱惑的自觉意愿……取而代之的是，每一个人完全不顾虑他人，单纯追求自身好恶，以社会利益为代价放纵自我。"②

贝尔的分析获得了塞缪尔·亨廷顿（Samuel Huntington）的支持，亨廷顿是右派中对美国政治进行批判的人当中比较友善的评论家。亨廷顿对美国政治中社会力量消失、公民美德消逝的理解相较文化视野而言，似乎更偏政治化。他认为："民主系统的有效运作有的时候需要对一些个人或群体保持冷漠和不介入。"现在的问题是，过去那些在政治中完全属于边缘群体，或者是基本不介入政治的群体，包括黑人和妇女，现在越来越多地介入政治，向政府寻求越来越多的资源支持，这就有可能使政治程序超负荷运作。

---

① 贝尔的论点可能就会受到这一观点的挑战。享乐式的消费主义和工作的意愿之间并不必然存在着一种反比例关系或者说逆相关联性。尽管对雅皮士的批判成为我们这个时代的消遣，很大程度上是因为雅皮士被视为贝拉所哀叹的肤浅的消费主义的代表，但是如果考虑到他们对于职业道德的忠诚，这一控诉可能就站不住脚了。（办公桌上的标准日程安排为早上七点半的预约预留了空间，这事实上就延长了一天的工作时间。）宝马可不是轻易得来的。雅皮士被指责自私，其实是新教伦理和人们对忘我所赋予的价值这些持续的力量的低声嘀咕。

② Bell, *The Cultural Contradictions of Capitalism*, pp.244-245.

美国公民身份的基础：自由主义、宪法与公民美德

亨廷顿进一步指出，"特定群体边缘化的改善事实上是应该被社会中所有群体更多的自我克制所替代"①。但是，和贝尔一样，亨廷顿对类似"这种自我克制的精神有可能在20世纪晚期出现吗？如果可能，如何培养？"的问题保持了一种开放的态度，并没有给出特定的答案②。

如果说来自右派的评论家围绕公民身份所展开的批判主要是聚焦于公民过度参与（也可以解读为对政府提出过多要求）所带来的不稳定，那么左派的很多评论家则在抱怨某些公民没有参与必要的公共生活所带来的不利后果。这些"新共和主义"评论家们认为，美国的自由主义民主使得它的公民在与同伴合作领域表现欠佳，从而根本没有很好地理解"生活的意义"。本杰明·巴伯就像今天的很多人一样，表达了类似的担忧：

> "弱势、稀薄的民主（thin democracy）……既没有产生参与的快乐，也没有培育出公民团体的同伴感和合作精神，既没有培育出持续的政治活动中所需要的自治和自我管理能力，也没有通过相互协商、决定和协作扩大共同善的双方受益性……弱势的民主顶多就是一种利益的静态政治，不会是一种变迁的政治；只是一种讨价还价和利益交换的政治，不会

---

① Samuel P. Huntington, "The United States", in Samuel P. Huntington, Michel J. Crozier, and Joji Watanuki, eds., *The Crisis of Democracy*, (New York: New York University Press, 1975), p.114.

② 亨廷顿的观点是，事实上，与其他西方的发达国家（包括日本在内）相比，美国在很大程度上是缺乏这样的民族精神的。因为我们不像这些国家一样，还存在这种传统的和贵族的价值观遗产可供继承。因此，尽管我们的制度和机制与这些现在或者过去任何的主流社会相比，其实都更开放、更自由和民主，但是我们依旧缺乏这样的民族精神，这些制度和机制也因此被认为还不够开放、自由和民主。参见 Huntington, "The United States", p.232. 对于亨廷顿而言，美国自由主义民主的价值代表了一种对于美国治理机制永恒的控诉。参见 Huntington, *American Politics: The Promise of Disharmony*(Cambridge, Mass.: Harvard University Press, 1981), chap.7.

第八章 总结：建国时期的美国公民身份

是一种创新的政治；只会是一种为了消极保障其权利，只看到男人和女人最为糟糕的一面的政治，而不是能够发现他们内在的潜力和最好的一面，从而帮助他们成为更好的自己的政治。①

这个弱势民主的隐喻常常被新共和主义者所使用，他们以此来主张，自由主义的民主导致了公民心理上（甚至可能是精神上）的匮乏。这种理论认为，美国人民对于共同善缺乏一种正确的理解和强势的观念，这不仅仅会影响公共生活，同时也会扭曲他们私人生活的行动方式。谢尔顿·沃林（Sheldon Wolin）指出："合法性的弱势理论和同意的弱势理论，正是美国政治文化的病理所在。"② 20 世纪以来，行政国（administrative state）政治权力越来越集中，以及随之而来的经济权力的高度集中，最终导致了"民主的人的去合法化"，用学术研究中的范本——选民这个稀薄的概念本身代替了公民这个厚重的概念。他写道："一个只需要（程序上）正式合法化表彰的国家，将导致公民成为微不足道的政治考量，从而使得那些政治理论中急切的问题——参与、平等、公民美德和正义，似乎也变得不再重要。"③

这样一来，政治就被降格为一种纯粹属于符号性的、标志性的行为。公民依旧行使投票权从而再次确认政权的合法性所在，但是却对政治结果没有任何实质性影响，政治结果事实上都操控在利益集团的手中。更重要的是，有效参与机会的缺失剥夺了公民

---

① Benjamin R. Barber, *Strong Democracy* (Berkeley: University of California Press, 1984), pp.24-25.
② Sheldon Wolin, "The Idea of the State in America", in John P. Diggins and Mark Kann, eds., *The Problem of Authority in America* (Philadelphia: Temple University Press, 1981), pp.47 and 54.
③ Ibid., p.56.

美国公民身份的基础：自由主义、宪法与公民美德

"道德自主"和"政治代言能力"等这些善，而这些善是好的生活的本质①。公共生活就分化为国家认同的仪式性再确认和有产阶级之间相互博弈的竞技场。

罗伯特·贝拉和他的合作作者对不同领域的美国人进行了一系列的访谈，访谈结论也表达了类似的观点，尽管在细节上存在一些差异。贝拉等指出："道德话语的一般传统所存在的局限剥夺了这些被采访的美国人（他们相信自己在政治中已经被充分地代表）描述其社会信仰和政治信仰的语言能力。"他们的"第一语言"，即他们能够自然而然地表达的东西，是彻底的个人主义的语言。这些语言足以用来描述获得每个人所想要的东西的公正程序观念（即机会平等的观念），但是却无力描述"什么是我们应该追求的东西"②。正是在围绕后者的公共观念的测试中，贝拉发现美国人民常常词不达意，无法做到清楚的表达。这种有关公共利益/共同善的共享观念的弱势表达导致公民认为，"关于好的生活的目标的设定事实上可以存在武断和任意的部分"，因此，如何用那些谢尔顿·沃林所认为的西方政治传统的核心价值来定义"好的生活"，以及这些价值是如何规范公民的日常行为的，依旧不清楚，这些弱势的表达依旧无法提供有效的答案。在这些问题上，确实很难达成共识。贝拉等同时写道："存在着一种仅仅局限于程序问题的弱势的同意理论。"③因此，仅在私人领域寻求自己的生活目标，对于美国人而言就再自然不过了，而对于那些作出任意和武断的选择的人而言，他们很自然地认为自己的观念并不需要（也许也并无法）

---

① Sheldon Wolin, "The Idea of the State in America", in John P. Diggins and Mark Kann, eds., *The Problem of Authority in America* (Philadelphia: Temple University Press, 1981), p.57.
② Bellah, et al., *Habits of the Heart*, p.21.
③ Ibid., p.287.

第八章　总结：建国时期的美国公民身份

在公共舆论的法庭上获得认同和捍卫。

巴伯、沃林和贝拉都主张，参与对我们而言是有益的，美国政体中缺乏参与的有效通道本身是令人遗憾的①。似乎相对于其他大多数的美国人，他们赋予了参与更高的价值，但是他们所表达的一切担忧在全国报纸编辑的页面和电视评论中都以一种虽然不如他们强势，但相当普遍和频繁的表达出现，尤其是在选举时期。同时，这种试图提高公民参与度的努力在很多政党和选举政治的机制和程序改革中处处可见，至少1980年的总统选举就彰显了这一特点②。这些理论家们所表达的一系列的价值问题，并没有超越现实政治家和决策者所担心的主要问题。

我们今天再来看新保守主义或者是新共和主义的评论家，发现他们所持的观点对于研究美国建国史的人而言都异常熟悉。与亨廷顿一样，《联邦党人文集》的作者们也同样表达了对公民向政府提出一系列要求的深深的担忧，尤其是一个积极的参与性公民所提出的与再分配有关的要求。这种担忧一方面导致了对于代表制度的强烈捍卫，以此来反对直接民主；另一方面则带来了对休谟式的拒绝的认同，即拒绝号召公民注意到政府现实和想象的瑕疵和不足，担心这种过度积极的关注会打破他们惯常性的、习惯性的对政府的归属感。

但是这并不是说普布利乌斯或者新保守主义在有关公民参与问题上所持的立场、所讨论的问题已经涵盖了当下所有的现实问题。我们的社会事实上承受住了相较麦迪逊和汉密尔顿所能够接

---

① 我在第二章指出，这种主张的本质事实上是模糊不清的。
② 可以看到很多围绕在这一参与性动机驱动之下的改革的讨论。参见 Jeane J. Kirkpatrick, "Changing Patterns of Electoral Competition", in Anthony King, ed., *The New American Political System* (Washington, D. C.: American Enterprise Institute, 1978), pp.249-285。

美国公民身份的基础:自由主义、宪法与公民美德

受的更为广泛的选民压力。贝尔和亨廷顿在20世纪70年代所提出的新共和主义的担忧似乎都已经过时了。里根和布什时代的政治家们非常成功地抵制了那些公民认为应该是其权利的、要求增加新的社会福利项目的诉求,尽管这些抵制并不总是有益的。无论是对于民主党而言,还是共和党而言,预算压力是正当化这种对公民诉求予以抵制的最常见的理性原则和基础。事实上,贝尔所提出的"权利革命"以及亨廷顿所表达的"超负荷的民主危机"在一定程度上就被搁置了。

此外,尽管显得有些薄弱,但是当下的新共和主义的立场和反联邦党人用于支持地方民主的有关言论确实具有一定的相似性。上文所提到的新共和主义的代表们附和了,或者说用更为强烈的语词表达了反联邦党人带着较强的自我意识呼吁在当代美国政治生活中复兴共和主义所关涉的问题。在我看来,反联邦党人对"联合政府"的批判以及对于确保拉近政府与人民距离的民主实践的支持(例如,对大型立法机构、选举周期的缩短、轮流执政制度的支持),几乎没有一点是从一个完整表述的共和主义哲学当中产生的。相反,尽管我们同时也看到,一些反联邦党人在表达公民参与的有关理念时,认为其价值主要体现在培育一种共同体的归属感,同时培育更具公德心的个体。但是,反联邦党人会提出这些主张的一个很重要的原因在于事实上他们都是坚定地信仰洛克式的自然权利理论的,同时也坚信,政府的主要角色就是保护这些权利。相比较而言,这些新共和主义者,如巴伯和贝拉,他们在对待洛克式的自由主义承诺问题上比那些弱共和主义的美国前辈们显得更为纠结和矛盾,但是,他们对于公民参与对好的生活的重要性的共和主义视角则强调得更为频繁。

除了他们所倚赖的历史主张,新共和主义者还提出了一个有

第八章 总结：建国时期的美国公民身份

意思的规范性问题：如果古典共和主义的信仰在我们建国时期的大辩论中发挥了更为强势的影响，美国今天会不会变得更好？对此我深表怀疑。这在一定程度上是因为无论是反联邦党人还是当下的新共和主义者都没有为自由主义和共和主义的价值是否能结合，以及如何结合提供足够的指引。共和主义所提供的政治图景更像是一个可以无限靠近的理想，但是却无法彻底地实现，这就使得观察者很难判断，如果我们认真对待共和主义，我们有可能要失去什么，以及我们必须捍卫、追求和最终获得的是什么。

正如托克维尔所认识到的，也是新共和主义者所认识到的，自由民主会对公共利益的认知和共同体成员感产生潜在的不利影响。我在第二章中讨论过相关的不利影响。但是，如果要求一个人为了构建共同体放弃自由主义，那么必须对放弃的理由进行充分的说明。我们需要知道，借助于托克维尔的表达，如果放弃自由主义，我们将把什么样的、民主所独特赋予的"祝福"置于危险当中。整体上，这个问题并没有得到很好的回应。今天的新共和主义和反联邦党人主张的那种类似于弱共和主义的合成思想一样，并没有获得太多有效的捍卫[①]。这对于新共和主义而言，是一种比较致命的控诉，需要获得进一步的解释。

新共和主义的考量

深植于参与性政治的现代性呼吁中的是某种形式的至善论的、亚里士多德式的善的理论的表达。巴伯对于弱势民主的批判

---

① 尽管基于不同的理由，唐·赫佐格(Don Herzog)也得出了同样的结论。参见 Don Herzog, "Some Questions for Republicans", *Political Theory* 14(August 1986), pp.473-493。

美国公民身份的基础：自由主义、宪法与公民美德

对这一点展示得非常明确。他的批判主要建立在这样一个观念基础上：每一个人在公民语境之下，在公共生活中才有可能展现那个最好的自己。自由民主无法在个人发展的过程中实现这一点就是对自由民主最大的控诉。政治系统应该在一定程度上能够帮助公民成为"那个更好的自己"。

贝拉的公民身份理论其实也潜在地彰显了至善主义的立场。他对于美国政治中缺乏实质性的同意（以此来反对程序性的同意）以及缺乏足以描述共同目标的共同道德语词的担忧，都彰显了这种至善主义的关怀。同时具有表征性的是，他通过观察所得出的令人沮丧的结论："美国人民在对于好的生活的理解上表现出一种任意性。"美国人认为一种生活方式之所以是好的生活，是因为他们选择了它，而不是因为这种生活方式本身具有任何内在的美德。这就意味着这种任意性事实上是可以避免的，如果美国人民具有一种有效的道德语言，那么他们就可以在"何谓好的生活"这一问题上达成共识。事实上，贝拉这样介绍其作品的主要目的：帮助美国人民重返美国政治对话的传统（主要是指圣经时代和共和主义的传统），相较现在占据主导地位的完全的个人主义，这样的传统能够有能力产生一种"强势的共识"。

巴伯和贝拉的至善主义引发了超出本章讨论范围的认识论和道德上的问题（例如，什么是善？我们是如何知道何谓善的？）[1]。我将把自己的讨论严格限制在两个点上。首先，我估计他们以公

---

[1] 事实上，巴伯在《强形式的民主》（*Strong Democracy*）这本书之后写了很多有关的文章试图去解决这些问题。他倡导一种务实的反哲学主义观念，依据这个观念，政治知识并不是有待发现的真理，而是通过民主实践创造的产物。参见 Benjamin R. Barber, "Political Judgment: Philosophy as Practice", in Benjamin R. Barber, *The Conquest of Politics: Liberal Philosophy in Democratic Times* (Princeton, N.J.: Princeton University Press, 1988), pp.193-211.

第八章 总结：建国时期的美国公民身份

民参与为核心的好的生活的概念对于很多读者而言，仅仅具有一种直观的吸引力，即使是那些行动和直觉之间常常不一致的人，也会受到他们观念的吸引。我们常常听到人们宣称，他们只是单纯地没有时间，从而无法做到有效的公共参与，他们很愿意获得有关公共事务的更多信息，从而能够让他们更有效地参与到政治当中去（也就说如果他们获得的信息充分，他们认为自己就会表现得更好）。实践中很容易看到，很多公民告诉民意调查员，他们是登记的选民，而且他们确实在选举中投票了，但是事实是，他们根本没有这么做。就如拉罗什福科（La Rochefoucauld）所言，虚伪是恶行对美德的致敬，没有投票的人却宣称自己投票了，只不过是因为认识到了那种将投票定义为我们的义务的社会规范的有效性而已①。

但是，这种直观的吸引力有它的局限性，而且会伴随着依据自由主义的首要原则所做的反思受到越来越多的限制。这也是我要讨论的第二点——如果巴伯和贝拉想要在诸多存在竞争性的"好的生活"观念中宣称政治生活的独特和优先地位的话，他们的立场在自由主义的视野看来，就会存在诸多问题。如果要坚持这样的立场，就意味着那些不按照这种善的理念行动的人，在认知或者是道德上存在一定的缺陷，他们可能根本就没有能力判断什么是对

---

① 有一系列非常精彩的作品描述了这一现象，参见 Lee Sigelman, "The Nonvoting Voter in Voter Research", *American Journal of Political Science* 26 (February 1982), pp.47-56; Brian D. Silver, Barbara A. Anderson, and Paul R. Abramson, "Who Overreports Voting", *American Political Science Review* 80 (June 1986), pp.613-624。确实有大量没有参与投票者表达了对于公民规范的敬意。那些最好的调查数据基本都显示了报道的投票率与实际的投票记录和地方的统计数据的冲突之处。从1964年到1980年的选举研究表明，至少有四分之一的未参加投票者宣称自己参与了投票。参见西尔弗（Silver）的文章，同时也发现，这些谎报自己投票情况的人都是受过良好教育的，和那些常常参与投票的人一样，具有很强的政治效用感。但是，其实这种谎报的情况在所有社会阶层中都存在，不过是程度上的差异。

他们自身而言真正好的生活,或者更糟糕,即使他们看到了,他们就是不愿意按照这个标准来行动①。

　　恰恰是这一点存在着潜在的麻烦。亚里士多德可以毫无顾忌地秉持这样的论调,因为他的政治理论本身就是至善主义的。当他给定国家的作用就是让公民认识到什么是对人类而言好的生活时,那么对于他而言,给出有关好的生活的本质性的理论认知就是其义不容辞的责任所在。为此,通过对小型的、同质的希腊城邦本质的探索,亚里士多德认为好的生活的本质在很大程度上就是在政治生活中彰显的(我们不能忘记亚里士多德和柏拉图一样,认识到了沉思的生活的美德所在)。但是,当希腊城邦被希腊化和罗马的大都市取代之后,这种观点的合理性也就不复存在了。

　　可能越来越都市化的生活不必然导致我们会越来越疏离亚里士多德所倡导的好生活应该具有的政治本质的观念,但是如果确实如此,至少也是可以理解的。奥斯卡·王尔德(Oscar Wilde)在评论社群主义的过程中以其非凡的智慧捕捉到了这一非亚里士多德式的观点——需要花这么多的时间参加这么多的委员会会议,这对于做学术的人而言是很难理解、很难引起共鸣的。我不知道巴伯所主张的观点是否能够说服王尔德,相较伏案写作和在埃菲尔铁塔之下喃喃细语,如果将时间花在委员会会议中会更适得其所。但是,我更有理由相信,对于后世之人而言,他们更愿意看到,或者说他们更多地受益于能够通过王尔德的著作触碰到他出类拔萃的感知力和情感,而不是听说他因为过多的政治活动耽误了写作。

　　我甚至还没有提及那种强迫王尔德或者其他有自己偏好的人

---

　　① 唯一避免这种推测的方法就是退回到相对主义:政治的善对于我而言也是一种善。但是这事实上是一种自我击溃。

第八章 总结：建国时期的美国公民身份

变得"更政治化"的更麻烦的立场所要面对的反对意见。即使基于目前的讨论，鉴于已经出现的不和谐和冲突，贝拉和巴伯的公民图景在多大程度上能够与自由主义的意识形态相互兼容，需要作出什么样的调整才能确保两种理想都能够得以很好地保留，这些都是问题。两位作者都意识到了这个问题，双方又都不否定自由社会存在自身特有的美德。但是有一点也是真实的，那就是两位作者都没有给我们提供任何在能够尽量避免两种理想的不足和弊病的前提下，同时又能够让人类同时受益于共和主义和自由主义的阳光和馈赠的现实指导。这就是问题所在，双方的政治偏好并没有在各自的主张和相互的辩论中获得有效的支撑。

为了更好地说明这一点，我们来看一个自由主义和共和主义之间存在可能张力的地方。贝拉呼吁建立一个"新的社会生态系统"，这就意味着要按照他所偏好的文明世界的逻辑去重构人与人之间、人与自然之间的关系。这种变化的其中一点就要求人们应该更看重他们的行动所带来的内在满足，而不是沉溺于行动所带来的成功这种外在虚荣之中。这种区分和差异就体现在一个练声是为了提高技艺的音乐家和采取一切行动想要成为巨星的功利的人之间。贝拉认为，更多地注重内在的满足不仅仅会让我们更快乐，同时也为建立一个"融合性更强的社区"奠定了基础①。

> 对于完成工作的满足感事实上应该来自"对于卓越的追求"，这是一个永恒且积极的人类动机。这就意味着人的满足感源于身边其他人的赞扬和认可，而不是所谓的私人财富的积累，这种建立在他人赞扬和认可基础上的满足感能够带来

---

① Bellah, et al., *Habits of the Heart*, p.286.在这里，贝拉采用了阿拉斯戴尔·麦金太尔所作的内在于和外在于实践的善的追求的区分。参见 MacIntyre, *After Virtue*, especially pp.175-181.

美国公民身份的基础：自由主义、宪法与公民美德

我们共和国的国父们所称的公民美德。事实上，在一个复兴的新的社会生态之中，这本身就是美德的一种主要形式。①

贝拉认为，这种公民美德的出现需要在政府和经济之间的相互关系，尤其是在具体的生产关系中作出一些改变。比如，政府应该鼓励在经济民主方面所作的努力，尽管这不会导致产业的国有化。这两点全部是贝拉在有关他所支持的变化将如何影响美国商业方面提供的实践指导。尽管我们不应该期待从他那里获得一个有关未来的蓝图或者是未来的党纲，但是令人好奇的是，丹尼尔·贝尔甚至没有试图探索和考虑，生产关系的资本主义模式的现实以及这种现实对实施那些有助于他的公民愿景实现的制度性改革所施加的限制是什么。其中最为突出的一点在于，贝尔事实上已经注意到的，经济扩张所要求消费者和生产者具备的那种外在奖励和满足感，事实上对我们所期待的公民愿景而言是有害的。

即使不是新保守主义者或者是马克思主义者，也能够认识到，放弃个人成功的梦想会侵蚀生产的动机。但是也如很多人所主张的，少一些成功的欲望其实可能会让我们变得更好。但是无论怎样，我们都需要去面对和处理由于消费模式的变化所带来的工人失业问题，以及谁负责对他们的再就业培训和向着什么方向培训这一系列的问题。贝拉的新社会生态系统的主张必然引发再分配的有关后果，这里面利弊共存。事实上，在我看来，如果不考虑这些相关的后果，贝拉所倡导的改革的正当性是无法评估的。

贝拉认识到资本主义经济与身处其中的人们对外部物质的欲望之间存在一些联系。对于这点认识而言，无论是马克思主张的

---

① Bellah, et al., *Habits of the Heart*, p.288.

第八章 总结：建国时期的美国公民身份

"经济基础决定上层建筑"还是韦伯所主张的"反之亦然"的观点，都不重要。重要的是这种欲望和资本主义经济之间确实存在某种非随机性、非任意性的联系[①]。由于贝拉非常担心占有欲和其所引发的政治后果的问题，那么探索如何打破它们之间的这种联系就是合理的。例如，我们并不清楚，在个人企业中实施经济民主的渐进式改革，是否足以带来他所倡导的价值变迁。企业当中实施经济民主也许可以改变所有者、管理者以及劳动者之间利益分配的模式，从而使得工人在生产工厂中能够有更多的投入。但是，如果这些企业依旧在一个竞争性的经济模式中运行，这些实施民主模式的企业将和非民主模式的企业一样受制于同样的市场力量，那么，这种民主模式的改变也并不必然导致管理者和受雇者的动机随之发生任何的改变。因此，我们有理由相信，他们会继续致力于追逐个人成功的梦想，尽管公司里的其他成员将完全按照比例分配所得。再一次，贝拉的社会愿景的激进性，由于他所倡导的用于实现这种愿景的改革措施的不足，并没有获得任何正当性，也没有取得任何实质性的进步结果。

除此之外，在巴伯为了促进强民主化进程所倡导的政治程序的变革中，同样发现了很多类似的矛盾的表达。巴伯注意到了强民主形式与自由主义民主之间存在某种潜在的不兼容性，因此他在其著作当中花了大量的精力和篇幅试图去探索如何解决这种不兼容性。由于他认识到大多数的美国人民事实上是信仰自由民主的，因此他向那些强民主形式的改革者们推荐了渐进主义的改革模式。这些拥护强民主形式的坚定的民主主义者需要试图去解开一个节，去帮助人们舒缓甚至克服那种因为开放参与机会所可能引发的后果所产生的恐惧。例如，这样做会不会真的导致本位主

[①] 同时参见 Barber, *Strong Democracy*, pp.254-258。

美国公民身份的基础：自由主义、宪法与公民美德

义、地方狭隘主义盛行，从而导致社会整合的压力上升，以及小型议会中秘密操控投票行为事件的发生。建议采取渐进式改革方式的最好理由就是，这些恐惧在很大程度上确实会发生①。所以，对于坚定的民主主义者而言，他们应该去强调，参与性改革能够对包括"少数人宪法权利保障"以及"代议民主制"在内的其他措施构成有效补充。

> 强民主形式的坚定信仰者主张"让我们和邻居们结合起来组成公民团体，推进公民创制程序和复决程序……一起参与到公共服务的供给中，参与到立法程序的决策当中去"，即使自由主义民主主义者并不同意他们的主张，但是依旧尊重他们所言。这些高喊着"让我们推翻寡头的代表机构，摆脱那些让主权人民深陷制约与平衡泥潭的无效的宪法保障……"的强民主形式的支持者们，事实上在急于实现自己民主目标的过程中颠覆和背叛了自己的民主信仰，他们是不值得被信任的。强形式的民主应该是一种并不试图否认任何既存制度，不过是锦上添花的补充性策略，是一种不会对现有制度进行任何歪曲的进一步发展和审视。除此之外，我们别无选择。②

巴伯在这点上是完全正确的，即鉴于大多数美国人对于自由主义民主的信仰，强民主形式的信仰者如果试图从正面去攻击自由主义的民主，那么必然收效寥寥。如果他真的希望自己的主张能够产生影响、发生效果的话，那么一种强调补充目标的渐进式政策就会浮出水面。但是，和刚刚引用的这篇引文类似的文章其实

---

① Barber, *Strong Democracy*, pp.273 and 308.
② Ibid., p.309.

第八章　总结：建国时期的美国公民身份

都留下一个疑问：自由主义民主和强形式民主的优势和弊端之间将如何平衡？

巴伯提供了一系列能够将强的民主形式真正制度化的具体措施，这些措施涵盖了从邻里到国家层面的改革措施。在地方层面，他倡导通过邻里的结社来有效参与到地方的决策过程中，同时能够有效讨论更为广泛的问题；他倡导建立公民团体承担社区的公共服务，同时在处理轻罪的司法和相关机构中进行有关的民主实验，以及通过抽签的方式选择地方官员。在国家层面，他支持公民创制程序和公民复决程序，支持公共基金支持的公民信息服务以及能够提供即时公众调研数据的电子投票（通过一个互动式的电视系统实现）；他同时倡导在 VISTA① 中的强制性公共服务，或者是美国的和平队模式以及办公场所的民主实验等②。尽管这些措施的落实需要面对扑面而来的大量现实困难，巴伯依旧强调将这些改革措施作为一个整体、一揽子地共同实施的必要性。这些困难包括了美国政治程序历来的渐进性本质以及一个不可回避的事实——这些改革措施中的一部分相较其他而言，对于自由主义民主更具攻击性。

这些改革几乎都有可能成为诉讼的主题，这些诉讼主要涉及是否侵犯了有关宪法权利的问题。巴伯曾经一度指出，宪法的"惯性力量"本身就是对强民主形式过度扩张"最好的制约"③。但是如果这种制约直接导致一些改革项目流产，那么这个制约就有点

---

① 全称为 AmeriCorps VISTA（Volunteers In Service To America），是一个 1965 年由约翰·肯尼迪总统所提出的旨在解决扶贫问题的全国性的志愿者服务项目。——译者注
② 关于巴伯的政策推荐，参见 Barber, *Strong Democracy*, chap.10, 有关政策推荐的总结参见 p.307。
③ Barber, *Strong Democracy*, p.308.

过头了。最近和登记法草案有关的司法经验意味着普遍的公共服务也许会成为宪法争议的一个议题,哪怕这一公共服务并不涉及服兵役的问题。有的公民会认为,这种强制性的"善行"服务,事实上和要求服兵役一样令人恼火,甚至有过之而无不及之。考虑到对于巴伯而言的政治首要性,这种信仰是否能够成为良心不服从的理由呢?其他改革措施的合宪性将严格地取决于这项改革将带来有关国家机关什么样的具体行动。邻里的集会组织可以被允许做哪些决定?同样的问题也会向工作场所的集会组织以及社区行动的组织提出。如果你的邻居没有割草或者是没有达到其他行为得体的标准,可以强迫他们"自由"吗?

允许公民参与公共决策的范围事实上是巴伯想要实现的自由主义的民主和强的民主形式之间互补性的中心议题。为了彰显他在强的民主形式的倡导中所作的至善主义的努力(一种能够让公民发生转变,成为更好的自己的实践),我想,(在他看来)公共参与的决策范围应该要比宪法允许的范围要更广。其实我们并不清楚,如果将邻里聚会组织的决策权局限于起草区域规划法,个体是否会转变为卢梭所期待的理想公民形象。毫无疑问,让公民直接参与到这个程序中,并对其发表充分的意见是完全正当的,但是很难证明,这样就能够确保他们成为更好的自己。至少我们无法证明,他们参与这项活动会比他们参加其他的公共活动明显能够获得更多,成长更多,比如,策划公司的野餐或者是训练当地的小小先锋足球队等。

上面所列举的关于地方公民集会团体的权力限制似乎显得有些过度了,但是,这确实彰显了自由主义会在强民主形式上所施加的限制。在自由主义传统中,权利的本质就是构成对国家权力的限制,无论这种权力是否是民主地构成的。就如那些在宪法的前

第八章　总结：建国时期的美国公民身份

八修正案中所涵盖的权利,权利本身会限制什么样的议题可以进入普通的民主程序中①。有一些领域是坚决不能适用民主决策程序的,因为它们被认为对于个体追求的自身善而言是如此重要,不允许多数人的民主决策进行任意干涉。这个观念在洛克式的生命权、自由权和财产权的三权论述中得以彰显。

在自由主义民主的理论和政治实践中一直存在的问题就是,如何确定这些严格限制民主决策进入的领域的边界所在。联邦层面的法院经常被要求去解决围绕这些边界所发生的争议。例如,在多大程度上,色情作品的发行需要受到地方法律的限制?强民主形式的支持者们不可能比自由主义者更不关心这个问题,特别是如果他们倡导对强民主形式的实践和自由主义的民主实践进行融合的话。如果不认真思考和回应这个问题,他们确实无力为那些并不会从直觉上就接受他们的理念的人,提供接受他们所设想的政体形式和人格特质的任何良好理由。鉴于我对言论自由和契约自由价值的强调,我想知道,这些民主的改革者们是否愿意,以及会在多大程度上,要求这些权利(或者是在具体现实中对这些权利的行使)服从民主审议的结果。出于自利的原因,我很想知道这一点,我是否会因为在行使一项一如既往的权利过程中所受到的限制而获得补偿?但是,除了得到补偿,我同时也要求对强民主实践的正当性本身作出说明,为什么我的权利需要服从这个民主决策的结果,其正当性来自哪儿。民主参与并不是唯一的政治的善、对于正义的考量,需要我们平衡"消极自由"所代表的正义与获取物质资源的权利所代表的正义。

总之,围绕巴伯强民主形式的观念所展开的两方面的批判事

---

① 关于这一点非常深入的讨论参见 Robert Nozick, *Anarchy, State, and Utopia* (New York: Basic Books, 1974), pp.164-166。

实上是可以相互印证的。一方面,如果认真对待自由主义的诉求,那么就会导致将民主程序有权涉足的决定范围局限在一个非常狭小的范围内,从而无法满足要求建立强民主形式的至善主义的诉求。另一方面,如果认真对待强民主形式,那么将会大大扩展这个民主程序可以发挥作用的决定范围,从而对宪法保障的自由主义权利构成侵犯。无论从哪个方面,巴伯所试图倡导的互补论似乎都存在问题。但是,巴伯确实是一个合格的政治思想家,他并没有忽略这种张力,他也注意到了按照强民主形式要求对美国人民参与政治的方式进行根本性的重新定义的诉求所在。他的这种意识在以下的这段演讲中得以表现:

> 如果民主意味着以个体自由之名建立并且为了维护个体自由而存在的人民政府的话(经典的洛克式表达),那么任何在政治和经济事务上的集体强制似乎总是非法的……另一方面,如果民主意味着以平等和社会正义之名建立的人民政府,集体强制似乎不仅仅是合法性的必需品,甚至它就是合法性的本质。合法的共同意志将在行动的共同体当中得以彰显,并致力于将自己变成塑造共同未来的决定性工具。[1]

这里面的后一种理解很显然是一种强民主形式的彰显,尽管巴伯在试图阐释它的时候,并没有对社会正义或者是平等进行深入的讨论。但是无论如何,刚刚引用的这段卢梭式回响的文字总是会让自由主义者有所反思——而且是基于一些非常好的、非常重要的理由。对于自由主义者而言,未来是由很多(受到政府规制的)个体和利益集团成员所作出的每一个"任性和独断的小决定"所塑造的(个人意志的优先性)。而对于强民主形式的支持者而

---

[1] Barber, *Strong Democracy*, p.252.

第八章 总结：建国时期的美国公民身份

言,未来是那些设计未来的共同意志(common will)的产物。巴伯是对的,他注意到了自由主义者趋向于抵触政府权力任何形式的行使,即使它具有良好的民主基础也不例外。但是即使认为强民主形式的支持者似乎准备好更多地接受"集体强制",也还是没有免除要为政府权力行使所产生的效用的合法性提供判断标准的必要性(政府追求哪些目标是合法的、符合正义标准的)。如果没有提供这一基于正义理论的标准,那么强形式的民主无论是作为一种思想还是作为一种实践,还是没有得到很好的捍卫。

我对如下历史主张表示怀疑:如修正主义者们所认为的那样,共和主义在宪法辩论时期产生了非常重要的智识影响。如果共和主义如它当代的倡导者所阐释的那样,我也很怀疑共和主义作为一种指导性意识形态的可欲性。但是,我们也必须清楚,自由主义的公民身份并不等于麦迪逊式的公民身份。在质疑修正主义者的同时,我并没有认同普布利乌斯对消极的、习惯性忠诚的公民的不言自明的倡导,我也并不同意他对积极公民所带来的潜在危险的认知。

有足够多的理由让那些坚定的自由主义者被普布利乌斯有关公民参与的观念中那些规范化的隐喻困扰。我在本书的第二章中已经指出,自由主义不仅仅可以与彻底的公共对话共存,甚至它还要求这种彻底的公共对话的存在,因为只有这样才能向自由和平等的个体去论证政治权力的正当性①。普布利乌斯认为,任何情况下都诉诸政府的"首要原则"讨论本身是不应该被鼓励的,就像麦迪逊在回应杰弗逊所提出的定期召开宪法大会的提议时所表现的那样,那么现代自由主义者一定会追问,这是为什么?

---

① 参见本书第二章。表述这样的思想有落后于时代的风险,从这个意义上讲,麦迪逊并不是一个完美的自由主义者。

美国公民身份的基础：自由主义、宪法与公民美德

这场关于自由主义的原则到底要求什么的争论将无法一劳永逸地得以解决，尤其是伴随着技术的发展，事实上会出现国家控制的新的可能（如监控技术的发展）以及个体选择的新领域（如基因工程的发展）的扩展。自由主义者必须愿意不断地重新思考：鉴于新的社会可能性的出现，以及必须尊重所有人都有平等的机会参与政治对话的诉求，自由主义的原则会提出什么新的要求？这就会带来对参与所施加限制的取消，这些限制包括（决定其选举资格的）人头税或者是文化水平测试等。我想这也会带来一定程度的实质性平等，如果没有这种实质性平等，就会对那些没有足够时间参与政治的人构成一种参与性障碍。

自由主义的理想要求政府政策必须从个人的立场获得正当性，这一条件只有在存在足够的（公共讨论的）机会来决定政治辩论的结果的情况下才有可能获得满足。但显然，这一点并没有得到实现。我们的社会不仅仅历史性地排斥特定的种族团体和性别团体进入政治程序，同时也一直纵容由选举性资金和游说所导致的进入政治程序的不平等现象的发生。这些都是自由主义者所担忧的，因为这会导致赋予一些特定的利益团体以特权，但是却基于一些道德上极其任意的理由将另外一些利益诉求在公共的论坛和竞技场上彻底遮蔽。

正如罗纳尔多·德沃金所指出的，牺牲（如在那些政府的紧缩项目中要求公民所承担的义务）只有在而且也只能在共同体成员能够在公共决策的过程中真正发声时，才被视为一个对公民而言合法的要求。他写道："如果人们被要求为了共同体作出牺牲，他们必须被说服，为什么那个能从他们牺牲中受益的共同体是属于他们的？……（个体）之所以……能够接受当下的剥夺，不将其视为一种暴政而仅仅是一种牺牲，除非他能够有权帮助决定共同体

第八章 总结：建国时期的美国公民身份

未来的具体走向。"①

德沃金主张，一个自由主义的政治共同体中的成员身份事实上就预设了一种让自己的政治偏好能够被听到、被认识的能力。人们愿意参与那些会与自身其他活动之间构成冲突的政治行动的时间和愿意为之付出的努力是有差异的。自由主义的社会要确保那些选择去追求自己目标（而不是投入到政治生活中）的人并不会因为这样做而受到惩罚。但是，如果我们所有的政治制度、政治机制都建立在一个参与性民主的模本之上，这就可能会是个问题。这个时候整个社会机制都会对一些政策产生偏见，为其实施设置障碍，因为这些政策整体偏向那些不代表公共利益的行动者的个人利益。

与其他政治哲学一样，自由主义民主也提供了一套关于"共同善""公共利益"的理念，但是同时也强调，基本权利构成了对追求个体定义的善的一种限制，尤其是在这个过程中和他人的权利发生冲突的时候。因此，像对在学校祷告或者是对颠覆性、破坏性的言论实施限制这样的行动，无论其能够在培育共同体更为丰裕、更为积极向上的价值观念方面有多么大的价值和贡献，但是如果这些行动本身对于个体的宗教信仰的表达或者是政治立场的表达构成了限制的话，那么这些行动本身就会受到质疑。如果对个体权利构成了侵犯，无论是社会效用还是公共美德的观念都无法被视为作出社会选择的正当性依据。什么时候社会效用或是公共美德可以用于决定社会选择，当然就是一个立法和司法所要决定的问题。

麦迪逊和汉密尔顿非常怀疑在这样一个公民被高度动员起来

---

① Ronald Dworkin, "Why Liberals Should Care about Equality", in his *A Matter of Principle* (Cambridge, Mass.: Harvard University Press, 1985), p.211.

美国公民身份的基础:自由主义、宪法与公民美德

的状态之下,生命权、自由权和财产权是否能够获得充分的尊重和保障。于我而言,他们的这种悲观主义本身与麦迪逊所表达的核心的自由主义信仰之间没有什么联系,至少不是必然伴随这种自由主义的承诺和信仰产生的。事实上,每一次当我们将那些之前排斥的群体容纳进来从而扩大选民基础的时候,如赋予黑人和妇女选举权时,我们就有效地证明了一点,自由主义的民主制度是完全能够与超越麦迪逊和汉密尔顿想象的更大、更多元的公民团体相互兼容的。尽管新保守主义有不同的观点,但是也并没有任何的理由怀疑自由主义的民主制度事实上是能够与一个更具参与性的公众团体相互融合的。完全没有必要把我们的公民承诺和信仰是什么以及应该是什么的最终的话语权交给这些宪法创制者们,在宪法创制者的思想中为个人价值寻求同源性的美国实践并不总是收效显著、受益良多的,尤其是涉及公民承诺、公共参与这个问题的时候。

尽管如此,我们必须清楚,宪法创制者的政治思想中依旧存在最有价值的以及在今天依旧具有可行性的遗产:自由主义正义的信仰和承诺意识到了每个个体的道德价值所在,并且将其极富政治意义地融入对基本权利的信仰和保障当中。现代共和主义者也必须意识到,或者说不能忽视那些宪法创制者们所看到的危险,即如果一味地从美国的共和国中寻求那种超越其本身所渴望的,以及有能力培育的古典共和主义的美德,那么真的可能会将共和国置于乌合之众的颠覆危险之中。

附录
关于方法的说明

近些年来,认为政治学理论不过就是历史,甚至什么都不是的观点颇为流行,尽管这种观点的表述方法千差万别,但是贯穿其中的核心理念却是一致的,即认为文本的意涵只能在当时的语境中予以把握①。无论是谁表达了这样的观点,我都认为有些夸大其

---

① 理查德·阿什克拉夫特非常明确地表达了这一观点:"政治理论作为一种结构性意涵只能在参考特定语境之下才能被理解,在这个语境中,概念、术语以及政治理论的内部结构本身都被视为与社会生活的各种因素的综合性组合有关。"参见 Ashcraft, *Revolutionary Politics*, p.5。毫无疑问,对于那些与阿什克拉夫特所进行的对于洛克及其所生活的政治语境的研究相关的历史性问题的回答而言,历史语境是必不可少的。阿什克拉夫特专注于以下问题的研究:洛克对激进政治的实践,洛克作为沙夫茨伯里(Shaftesbury)伯爵的助手这段经历在其思想中所具有的根本建构意义,以及洛克和他的异见者所构建的小圈子之间的相互影响。但是对于阿什克拉夫特所提出的两个观点我并不认同:其一,他所研究的问题就代表了我们所有想要围绕洛克展开的研究所应该提出的所有问题;其二,对洛克的解读之所以是可质疑的,是因为缺乏史实性的材料。关于第二点,阿什克拉夫自己也承认,在洛克的写作中存在大量的证据有可能会引发麦克弗森以及其他试图对洛克进行世俗化解读的人的误读。这里就无法认为他们的方法论本身是应该受到责难的。对于第一点,关于洛克有很多的问题值得引起我们的重视,但是历史语境本身并无助于澄清这些问题。例如,那些对于洛克的容忍思想感兴趣的当代自由主义者也许就想知道,如果剥夺了洛克理论的神学基础,洛克对于容忍本身的捍卫在今天是否依旧切实可行?如果不可行,为了我们今天的时代应该如何将容忍建立在一个更为稳定的根基之上?阿什克拉夫特并不否定这些疑问的有效性,但是他的方法对于解决这些哲学分析的本质性问题确实有些无能为力。我也并没有找到很好的理由,将这些问题从阿什克拉夫特所认为的政治思想的领域中抛弃。关于历史方(转下页)

词。政治哲学家,即使是那些被冠名为政治思想史学家的人,其实都并没有接受过思想史学的专门训练。在一定程度上,我们不过是想要挑战自己的智识,按照马修·阿诺德(Matthew Arnold)的说法,就是去挑战、批判那些曾经被认为或者被视为最佳的思想或者方案。确实,这在一定程度上显得有些孤芳自赏、自说自话,因为试图去解释和批判那些并不是具有很强影响力的观点本身并不能带来任何的满足感或者有任何益处可言。但是这样做也是有意义的,而且这种思考和探索本身也是有章可循的。

那些诠释了西方政治学说传统的伟大书籍之所以被认为是伟大的,主要是因为它们提供了有关人类境况最为重要的反思。尤其是,它们澄清和发展了那些社会成员普遍所持有的不成熟的观念,使之趋向成熟和系统。比如,亚里士多德就展现了有关希腊城邦实践的有些理想化的景象(尽管他同时也在批判希腊城邦存在的问题)。但是实际上,那些真正伟大的书籍并没有止步于此。我们不仅仅需要政治哲学家们、政治思想家们阐释那些具有主导性的思想观念,事实上,政治思想家们更大的贡献在于批判这些主导性的思想观念,同时为社会提供可替代的选择方案。这种批判是需要一个起点的,这些起点很多时候就是由政治文化中那种共享的直觉提供的。这种批判能够深入的程度,至少有一部分是取决于政治思想家们在多大程度上存在这种共享的直觉。这些直觉之间本身就存在内在冲突和不一致的地方,或者说在它们的价值排

(接上页)法的进一步阐述,参见 Pocock, *Politics, Language and Time*; John Dunn, *Rethinking Modern Political Theory: Essays 1979-1983* (New York: Cambridge University Press, 1985); Quentin Skinner, "'Social Meaning' and the Explanation of Social Action", in Peter Laslett, et al., eds., *Philosophy, Politics and Society*, 3rd ser. (Oxford: Basil Blackwell, 1972), pp.136-157; Quentin Skinner, "Some Problems in the Analysis of Political Thought and Action", *Political Theory* 2(August 1974), pp.277-303。

序上也没有一致的看法,这对于那些优秀的政治思想家而言是显而易见的,但是对于政治思想家而言,最基础的任务就是根据一致性和连贯性的理性标准来审视这些直觉。其目的就是要评估,通过反思之后哪些直觉是经得起考验、依旧为我们所接受的[①]。

政治哲学家、政治思想家们总是试图为自己的社会从那些伟大的著作中获得有益的启发,即使做不到这一点,也希望能够使自己的心灵受益,但是这样的现实关切在历史学家看来,事实上充满了各种危险。政治哲学家、政治思想家们这种基于当下或者是基于个人化的关注,会很容易就不知不觉地滑入不合时宜的历史性错误当中。比如,当下引起广泛质疑的、麦克弗森和列奥·施特劳斯(Leo Strauss)对洛克所进行的广受诟病的现世化解读就是一个例子。他们都将洛克视为引发现代性弊端的先锋,无论是资产阶级对于资本的占有问题还是深植于现代性中的虚无主义都被视为洛克的思想"贡献"。一旦将洛克的思想解读赋予了这样的现实关照,那么洛克思想中的"前现代"内容被彻底隐匿或者彻底忽略也就不足为怪了。

事实上,西方政治思想传统这个观念本身在一定程度上就是虚构的,至少,对于我们这样一个社会环境如此多元的国家,围绕这一主题产生了如此之多分歧明显的著作,不得不说"传统"在我们的语境中是一个显得比较怪异的观念[②]。如果我们把这些著作视为围绕一场"伟大的对话"展开,那么参与到这场关于传统的"伟

[①] 这里我主要参考和依据的是罗尔斯的"反思的平衡"(reflective equilibrium)观念。参见 John Rawls, *A Theory of Justice* (Cambridge, Mass.: Harvard University Press Belknap Press, 1971), especially pp.48–51。

[②] 约翰·甘内尔(John Gunnell)对于这一点提供了比较有说服力的讨论。参见 John Gunnell, *Political Theory: Tradition and Interpretation* (Cambridge, Mass.: Winthrop Publishers, 1979), especially chap.2。

大的对话"中,我们就还可以永续这种虚构。事实上,包括施特劳斯、埃里克·沃格林(Eric Voegelin)以及谢尔顿·沃林在内的很多20世纪的政治思想史学家,最主要的任务就是通过重构这场对话从而能够将特定的政治思想家纳入特定的西方政治思想的传统。

将政治传统视为一场伟大的对话,这个观点还是可以站得住脚的,因为那些被用来构建我们政治思想传统的政治哲学家们确实在自己的著作中或者是思想阐述中频繁且直接地提及彼此。我们只要想想霍布斯是怎样嘲讽中世纪的"经院哲学家"的,以及洛克是如何想要试图澄清和区分自己与罗伯特·费尔默(Robert Filmer)爵士和霍布斯的观点差异的,就可以证明这一点。但是如果强调这一点,我们就有可能面临一种风险,那就是把这些伟大的政治思想家们描绘得过于"书卷气"。马基雅维利、洛克、马克思以及其他思想家在所属时代的被流放证明了他们那些对于当代而言非常重要的思想,在当时那些有权势的人看来是极具威胁性的。他们的思想之所以重要,并不是因为国王或者是议会特别关心类似于权利的本质、善这些理论的问题,而是因为他们的著作所呈现的对现实政治的挑战。所以,为了促进这场伟大的对话而将这些伟大的著作从其产生的具体语境中抽象出来,变成一种纯理论的探讨,事实上是要付出代价的。因为这样我们就丧失了一种认知和意识,这种认知和意识可以帮助我们认识到,政治思想对于参与政治实践的人而言有多么重要。

事实上,在现代历史学家和政治思想家之间所存在的争论当中,恐怕没有比伟大的政治思想到底在多大程度上影响了政治实践者和未来的思想家这块更难啃的骨头了。当我们这些政治思想家试图去解决这个历史性的问题时,我们常常会有"最伟大、最好的思想就是那些产生最广泛影响力的思想"的假设,一般情况下我们很少会如此草率地得出结论,但是这种假设确实影响到我们对于研究材料的选择。我想有一点是无法否定的,那就是对于很多政治思想家而言,或者说对于大多数普通读者而言,将美国宪法创制者的政治思想溯源到洛克而不是布拉马基(Burlamaqui),或者是把他俩相提并论,要显得合理得多。但是问题是我们确实不应该秉持一种前见,认为历史人物总是受到那些可触及到的思想中最为优秀、最为伟大的思想的影响。这里,我对我们对于优秀和伟大思想的判断是否可以避免不合时宜的历史性错误的问题暂且搁置①。比如,我们知道,对罗纳德·里根(Ronald Reagan)而言,相较埃蒙德·伯克或者亚当·斯密,他更容易从美国保守主义的《读者文摘》(*Reader's Digest*)以及《世事》(*Human Evants*)周刊中发现更多的灵感。

  作为一种传统,政治思想家的倾向和偏见(人们总是受到那些可触及到的思想中最为优秀,最为伟大的思想的影响)在历史上不应该是站不住脚的,尽管确实会如此。一个有说服力的例子就是,那些在《世事》中所阐述的观点其实不过是伯克或者斯密更充分、更系统阐述的观点的一种不太成熟的表达。这也是我们能在现代保守主义的传统中理解罗纳德·里根的原因,尽管他自己可能还在等待《国富论》和《反思法国大革命》的电影版。我并不是质疑这

---

① 我想这样做应该是恰当的。例如,霍布斯今天被广泛地阅读并不是因为他的思想的历史影响。事实上,霍布斯对于绝对主权的捍卫在后来的世代中所具有的反对者、批判者要远远超越拥护者(尽管对于未来思想的影响既可以是积极的,也可以是消极的)。他之所以被广泛地阅读是因为他提出和试图解决的问题的重要性,因为他对政治推理的方法提出了一种很有说服力的观点,以及因为他所提出的使得我们大多数人一听到就想要反对的论证结论所具有的影响力。这些原因都是超越历史的。伟大的书籍本身也应该是超越它们自己的时代的。历史语境的重要性取决于我们所感兴趣的问题类型。

种表述思想的记录形式对思想内容是否有能力全面进行记录和报道,我只是质疑其记录思想的清晰度和可理解性。

里根的例子其实给我们一个启发,那就是我们可以将影响力的问题转换为,或者至少可以重新解读为思想的对应性问题,也就是说,未必一定直接阅读或者是接触过某个思想家的观点,但是却接触到了与其思想具有相似性的载体,从而使其思想与某位思想家具有了对应性。我用"思想的对应性"来解释那些从其政治文化中吸收特定思想的作者或者是演讲者的情况,无论这种吸收是以赞同的方式表达出来的还是以隐形否决的方式表达,都意味着他们吸收了特定的思想。考虑思想的对应性,帮助我们很好地界定了我们在试图理解罗纳德·里根时的主要关注点,从而将他到底是从什么地方获得特定政治思想的问题暂且搁置。我们不想生搬硬套地主张某人受到了一本他根本没有阅读过的书的影响。但是,这也不会导致我们放弃理解他的思想的一个重要的武器,那就是他的思想与一位更为清晰、更为深刻的思想家的思想的相似性/对应性,以及他是如何进一步解读这位思想家所表达的观点的。

但是,这种对有关思想的历史性与现实性关联的问题的有意识的忽略,必然会导致,也确实导致了思想史学家与政治思想家之间的困惑。比如,认为洛克是一个霍布斯主义者的主张可能对其中一方而言是完全可以理解的,而对于另外一方而言就是毫无意义、无法理解的。一方面,历史学家会提醒我们,无论是洛克还是他那个充满了宗教异见者的圈子都明确反对这种对他们思想起源的说法。另一方面,政治思想家们会否定洛克在相关问题上的独创性,而是会像麦克弗森所主张(尽管在一些根本性的问题上可能存在错误)的那样认为,洛克确实受益于霍布斯关于人类动机和政治合作的假设,但是他从更为温和的视角陈述了这种假设。他是否确实这么做了是可以争论的。但是这里要强调的是,这场争论的结果既不取决于洛克自己的理解,也不取决于他同时代的人对他的理解。

如果说在很多大学中,存在于政治思想家(包括研究政治思想的历史学家)与历史学家之间的学科界限给彼此的交流和理解带来了各种各样的问题,事实上,除此之外,两者在各自的研究方法当中本身就存在着严重的解释性难题。对于思想史学家而言,追溯思想的影响问题就面临各种各样严重的困难。举一个手边的例子,联邦党人和反联邦党人为了宣扬自身的主张都引用了一大堆的人名。尽管和今天的政治家相比,他们具备了更多的自我意识,但是两者的相似之处在于,无论是否真的受到这些所引用的思想家的影响,他们都像政治思想的拾荒者,极力寻找力所能及的支持,让这些思想家为其主张背书(事实上很难判断他们到底是不是受到了他们所引用的思想家的影响)。

研究影响问题还有一种可能有用但是有其局限性的方法——对作品进行内容分析,尤其是注意那些不同来源的引文的引用频率[①]。同样的办法可以用来研究特定的词组或者是概念。尽管这种方法是有用的,但是对完成我们所想要完成的研究任务而言还是有些捉襟见肘,哪怕这个方法的倡导者也是这么认为的。影响是一个过于抽象和模棱两可的概念,而一段话或者一个概念与那些把它们仅仅作为引文使用来解释不同观点的人之间的关系又充满了各种无限的可能性,因此内容分析的方法也是有其局限性的。

与实证化研究的困难相对,从概念/观念(相似性)的角度研究

[①] 参见 Donald S. Lutz, "The Relative Influence of European Writers on Late Eighteenth-Century American Political Thought", *American Political Review* 78 (March 1984), pp.189-197。

美国公民身份的基础：自由主义、宪法与公民美德

历史影响的困难也不能被低估。我们中的大多数都很容易被那些我们(具有前见)多多少少倾向于接受的思想说服。怀疑这一点的人可以想想,自己都订阅了哪些思想性杂志,哪些专栏作家对于自己而言最有说服力(这就很难说是这些杂志和作家影响了我们,让我们形成了特定的观点,还是我们主动选择了这些杂志和作家,因为他们确认了我们已经存在的认知和观点)。哪怕对于我们自己而言,我们也很难确定我们所阅读到的思想或者是主张是否确实影响到了我们的观点——如果我们所提到的"影响"是指在没有阅读到特定读物之前我们并不会改变我们的坚定的主张,或者是阅读到特定的读物或者类似的经历使得我们加强或者是进一步强化了之前的坚定的主张。如果判断的对象涉及除我们自己之外的第三方,这就显得更困难了,因为要做到这一点我们就需要假定更多的经验和知识,这个过程本身就会带来一些问题。因此,非常有说服力地证明一个人对另外一个人产生了直接的、可追溯的影响的确凿例子事实上是非常少见的,尤其是在政治问题这种前见性很强的领域。这些问题都要求我们进行一些远远超越当下可能的更为清晰的理论考察。尽管思想的影响问题是一个历史学家主要关注的问题,但是这个问题的解答需要借力于其他领域的研究,特别是认知心理学领域。认知心理学主要就是探索引入的新信息是如何改变人们的信念的[①]。

更重要的是,正如昆廷·斯金纳(Quentin Skinner)观察到的,仅仅关注政治语言本身是无法准确把握作者的意图的。我们需要进一步关注这些语言的用途[②]。在这些用途中,有可能是旧瓶装

[①] 有越来越多的文献开始讨论信仰和偏好的形成,这些文献的讨论参见 Jon Elster, *Sour Grapes*: *Studies in the Subversion of Rationality* (New York: Cambridge University Press, 1983), especially chap.4, ("Belief, Bias and Ideology") pp.141-166。

[②] Skinner, "Some Problems", p.288.

新酒,用过去那些肯定性的表达使得一种新的实践获得其合法性。《联邦党人文集》的作者们就深谙此道,他们在使用"联邦主义"(federalism)这个表达时,其实就是借用了与"邦联"这个过去的表达的相似性,似乎并没有倡导任何根本性的改变,但是目的却是用类似的表达来描述他们所偏好的更为中央集权化的政府形式。

另外一种对于语言的使用方法是通过将特定的词组放置在一种充满褒义的语境之下从而中和其之前的贬义定义。阿尔伯特·赫希曼通过野心、商业以及利益这些概念向我们展示了这种情况在17、18世纪是如何发生的。当人们通过商业以一种和平的方式使自己变得富有时,利益就驯服了激情,并具有褒义价值。而之前那些值得欢呼的词汇,如荣耀、荣誉等则被相应地作了去合法化处理,因为它们被认为是中世纪暴力和冲突的源头①。

其他对于语言的使用方法在政治辩论中比比皆是,但是其中一种"间接引用"的方法在这里值得特别提及。这种情况下,一个作者的观点可能被采用了,但是却没有提及他的名字,因为一旦提及他的名字就会引发批判联想。比如,麦迪逊时而会采取一种意译的方式而非直接引用的方式使用休谟的思想,就是一个很好的例子。一旦我们发现在某些表达中采用了这样的策略,那么我们就有足够理由相信我们已经锁定了一个产生真正影响的例子。但是这其实是有风险的,因为一旦我们披露了思想的来源,就会使得使用者本身信誉受损,这涉及使用者的真诚度问题。尽管如此,我们还是可以得出结论,休谟的思想被采纳过,因为只有休谟的思想最真实地表达了麦迪逊的信仰。

此外,想要追溯思想的历史影响,具备一定当时盛行的社会

---

① Albert O. Hirschman, *The Passions and the Interests* (Princeton, N.J.: Princeton University Press, 1977).

习俗和语言习俗的知识是关键。例如,如果我们没有了解更多关于洛克和孟德斯鸠在那个盛行的信仰体系中所扮演的角色和发挥的作用,我们就无法知晓为什么休谟很少被直接提及,而孟德斯鸠却常常被直接引用。如果没有类似的知识,我们想要从那些策略性部署中识别出产生真正影响的引文的能力就会显得捉襟见肘。

尽管这些知识是必要且相关的,但是我认为,对于主要还是依赖思想家所持思想的对应性来解读的现实问题而言,这些知识就显得不是那么核心。注意到这种对应性是很有启发的,尽管必须个案性地探讨这种对应性。当然我们也很容易就想到那些试图采取研究对应性的方法所导致的非常糟糕的社会分析。比如最近试图要将当代亚原子物理学与古代佛教对存在(非存在)的理解联系起来的著作[①]。鉴于这两者产生的文化的巨大差异,这种对应性并没有向我们展示当代物理学或者佛学的真正关注点所在,尽管它试图向我们展示这一点。另外就是从科学和人文学科之间的巨大差异所得出的一个例子。现代那些偏好观察者效应和方法的人文社会科学家,非常喜欢运用海森堡的不确定原则来论证其观点,这也是当下非常流行的做法。根据海森堡的表述,测量这个动作不可避免地搅扰了被测量粒子的运动状态,因此产生观测的不确定性。

为这种用一个文本来澄清或者挑战另外一个文本的对应性研究方法的适用性和可行性设定基本的规则,这已经超出了我要讨论的范围。比较客观地讲,只有在那些文化差异和认识论分歧不

---

① 参见 Fritjof Capra, *The Tao of Physics: An Exploration of the Parallels between Modern Physics and Eastern Mysticism* (Berkeley, Cal.: Shambhala Publishing, distributed by Random House, 1975)。

是很大的地方，这样的研究才是最有用的。在海森堡的例子中，观察者所引发的干涉的类型和程度之间、被观测的对象（无论是电子还是人类）之间的差异是如此之大，以致于除了在最具隐喻意义的层面，没有任何类比是具有说服力的。但是，与之不同，在西方哲学的传统中，用一个哲学家的思想去阐明另一个哲学家的思想是卓有成效的。这么做会提升我们对于两者的理解，鉴于这本身就是我们的目标，即使是"不合时宜"或者是"存在时代性错误"这样的指责也基本上显得无关紧要了。

对于现代哲学家而言，到底是他/她从康德对休谟的人的同一性（personal identity）的批判中形成了自己的观点，还是休谟的经验主义不仅反对而且有效指出了康德超验形而上学（transcendental metaphysics）的弱点所在，其实并不重要。重要的是两种论点所具有的力量和影响力，而不是它们的历史排序。

总之，不同的问题需要适用不同的分析方法和不同类型的证据。当所谓的历史性影响被提出的时候，读者就理所当然地应该期待，这种影响必须要通过指出所涉及的各方的思想的因果联系、因果链来展示。这并不是一个容易的任务，因为这种因果链可能会以很多方式展现出来（a 影响了 b，a 和 b 共同受到了 c 的影响，或者其他形式），或者像麦迪逊和休谟的例子那样，作者甚至还试图去掩盖自身的思想路径。无论怎样，能够诉诸的证据类型应该是非常清楚的（如图书馆的馆藏目录、大学的课程、具体的参考文献），尽管任何给定的归属或者是属性都是很难百分百地确定的。

思想的对应性的判断取决于它在帮助澄清所涉双方的思想上所发挥的现实效用。如果在一定程度上认为麦迪逊是一个"休谟主义者"，那么知道这一点能如何帮助我们更好地理解麦迪逊，尤其是当我们自己就生活在这样一个"麦迪逊式"的政体当中时,这一现实问题以及那些类似的与反联邦党人有关的问题,是我作为一个政治思想家的主要关切,也是本研究试图解决的问题。关注历史性的影响是对研究的一种限制条件,但不是我分析的终点和目的。

图书在版编目(CIP)数据

美国公民身份的基础:自由主义、宪法与公民美德/(美)理查德·C.西诺波利(Richard C. Sinopoli)著;张晓燕译.—上海:复旦大学出版社,2019.4
(公法与政治理论译丛)
书名原文:The Foundations of American Citizenship;Liberalism, the Constitution and Civic Virtue
ISBN 978-7-309-14120-7

Ⅰ.①美… Ⅱ.①理…②张… Ⅲ.①公民教育-研究-美国 Ⅳ.①D771.24

中国版本图书馆 CIP 数据核字(2018)第 300780 号

The Foundations of American Citizenship:Liberalism, the Constitution and Civic Virtue
By Richard C. Sinopoli
ISBN 0195070674
Copyright© Oxford University Press 1992
All rights reserved. No part of this book may be reproduced or transmitted in any form or by any means, electronic or mechanical, including photocopying, recording or any information storage and retrieval system, without permission in writing from the publisher.
This simplified Chinese translation edition is published by arrangement with Oxford University Press.
Simplified Chinese translation Copyright© 2019 by Fudan University Press
版权所有。未经出版人书面许可,对本书的任何部分不得以任何方式或途径复制或传播,包括但不限于复印、录制,或通过任何信息或可检索的系统。
本书经牛津大学出版社授权出版简体中文版。
简体中文版权© 2019 由复旦大学出版社所有。

上海市版权局著作权合同登记 图字:09-2017-180 号

美国公民身份的基础:自由主义、宪法与公民美德
[美]理查德·C.西诺波利(Richard C. Sinopoli) 著 张晓燕 译
责任编辑/孙程姣
复旦大学出版社有限公司出版发行
上海市国权路 579 号 邮编:200433
网址:fupnet@ fudanpress.com http://www.fudanpress.com
门市零售:86-21-65642857 团体订购:86-21-65118853
外埠邮购:86-21-65109143
上海盛通时代印刷有限公司

开本 890×1240 1/32 印张 11.25 字数 249 千
2019 年 4 月第 1 版第 1 次印刷

ISBN 978-7-309-14120-7/D·976
定价:58.00 元

如有印装质量问题,请向复旦大学出版社有限公司发行部调换。
版权所有 侵权必究

关于封面插图的版权声明
(The Statement of Copyright for Jacket Image)

This "Statue of Scottish Philosopher David Hume (1711 to 1776) by Alexander Stoddart at one of the prominent landmarks on the Royal Mile in Edinburgh, Scotland" (source: https://upload.wikimedia.org/wikipedia/commons/0/0e/DavidHume.jpg) by Bandan is licensed under the Creative Commons Attribution-Share Alike 3.0 Unported license. Here is the link to license: https://creativecommons.org/licenses/by-sa/3.0/deed.en.

封面照片系由Bandan拍摄的主题为"苏格兰爱丁堡皇家大道上的著名地标之一——出自亚历山大·斯图达特之手的苏格兰哲学家大卫·休谟的塑像"的照片(照片来源:https://upload.wikimedia.org/wikipedia/commons/0/0e/DavidHume.jpg),该照片的使用来源由知识共享(the Creative Commons)授权。授权链接参见: the Creative Commons Attribution-Share Alike 3.0 Unported license(https://creativecommons.org/licenses/by-sa/3.0/deed.en)。

Link to third party websites are provided by Fudan University Press in good faith and for information only. Fudan University Press disclaims any responsibility for materials contained in any third party website referenced in this work.

复旦大学出版社本着善意使用和信息提供的目的提供第三方网站链接,对于第三方网站内容所引发的责任一律免责。